乡镇国土空间总体规划

吉燕宁　麻洪旭　郝燕泥　编著

中国建筑工业出版社

图书在版编目（CIP）数据

乡镇国土空间总体规划 / 吉燕宁，麻洪旭，郝燕泥
编著. — 北京：中国建筑工业出版社，2023.9
ISBN 978-7-112-29215-8

Ⅰ. ①乡… Ⅱ. ①吉… ②麻… ③郝… Ⅲ. ①国土规
划—研究—中国 Ⅳ. ①F129.9

中国国家版本馆 CIP 数据核字（2023）第 184718 号

本书撰写的目的是弥补在乡镇级国土空间规划教学中教材的空缺，补充学生指导用书。本书凝聚了总体规划教学团队多年的教学经验和案例，系统梳理了设计过程，给出设计步骤并指出不同阶段要注意的问题，通过教学中正确和错误案例的列举，让同学们能够更清晰准确地认识问题、避免发生同类问题。希望本书第一，能够让同学们在乡镇总体规划设计课程中手到擒来，辅助课程学习，收获更多；第二，能够在实践中辅助设计人员快速掌握乡镇国土空间规划技巧；第三，能够成为同类课程指导教案，辅助老师教学。诚然，本书在很多方面还有不足之处，为了保证叙述逻辑，有很多庞杂的内容没有编排进去，今后教学团队将继续精进，将复杂不成体系的问题梳理清晰。我们会认真听取各方意见，不断完善指导用书，更新版本，与时俱进。

责任编辑：费海玲　焦　阳
责任校对：刘梦然
校对整理：张辰双

乡镇国土空间总体规划
吉燕宁　麻洪旭　郝燕泥　编著

*

中国建筑工业出版社出版、发行（北京海淀三里河路 9 号）
各地新华书店、建筑书店经销
北京红光制版公司制版
北京中科印刷有限公司印刷

*

开本：787 毫米×1092 毫米　1/16　印张：12¼　字数：292 千字
2024 年 2 月第一版　　2024 年 2 月第一次印刷
定价：**62.00** 元
ISBN 978-7-112-29215-8
（41677）

前　言

　　《城市总体规划与村镇规划》课程在《高等学校城乡规划本科指导性专业规范》中是城乡规划专业的十门核心课之一。针对《总体规划》课程已经有很多优秀的教材在教学中广泛使用。但随着国土空间规划的开展，国土空间总体规划这个大的类型和传统总规相比在多个方面都有编制要求上的变化，特别是在国土空间规划五个级别中，尚无乡镇级的国土空间总体规划教材。

　　乡镇级国土空间总体规划对于大多数本科生来说，作为课程训练难度适宜，且乡镇国土空间规划编制项目较多，很多设计单位需要能够快速上手该类项目的毕业生，为学生选择该类型任务进行训练也有助于学生就业。基于以上目标，教学团队结合本科教学进程和乡镇国土空间规划知识点，按照实践步骤串联知识点，将理论与实践结合，打造了这本设计课工具书。

　　全书共分为六章。其中，第一章是对乡镇国土空间总体规划基本概念、相关法规文件的解读；第二章是引导学生认识乡镇，培养现场调研的综合能力并在分析软件操作上给出明确指导；第三章是按照教学进程对一草、二草、三草的具体内容和设计注意问题进行精准分析；第四章详细阐述设计成果，包括图纸及文本说明书；第五章分析总结学生在设计过程中易犯的错误，让学生在设计过程中避免产生同类问题；第六章是课程思政部分，强调在设计过程中规划师的职业道德和职业操守。

　　本书是教学团队在长期教学中做的总结与探索，由吉燕宁教授提出本书的总体构想，明确篇章结构及各章重点；麻洪旭副教授审核各章细节，包括逻辑和知识点；郝燕泥副教授完成统稿工作。各章节执笔分工如下：第一章由麻洪旭、郝燕泥编写；第二章由姜岩、郝从娜编写；第三章由徐莉莉、时虹、王梓涵编写；第四章由郭宏斌、许德丽、麻洪旭编写；第五章由郝燕泥、徐莉莉、郭宏斌、许德丽编写；第六章由钟鑫编写。

　　由于编者的认识局限和经验不足，本书定然存在不成熟之处，恳请读者们批评指正，提出改进意见。

目　　录

第一章
乡镇国土空间总体规划
编制理论基础

第一节　国土空间总体规划的概念与发展

一、基本概念

《中共中央 国务院关于建立国土空间规划体系并监督实施的若干意见》（2019 年）指出，国土空间规划是国家空间发展的指南、可持续发展的空间蓝图，是各类开发保护建设活动的基本依据。建立国土空间规划体系并监督实施，将主体功能区规划、土地利用规划、城乡规划等空间规划融合为统一的国土空间规划，实现"多规合一"，强化国土空间规划对各专项规划的指导约束作用，是党中央、国务院做出的重大部署。

（一）主体功能区规划

编制全国主体功能区规划，就是要根据不同区域的资源环境承载能力、现有开发密度和发展潜力，统筹谋划未来人口分布、经济布局、国土利用和城镇化格局，将国土空间划分为优化开发、重点开发、限制开发和禁止开发四类，确定主体功能定位，明确开发方向，控制开发强度，规范开发秩序，完善开发政策，逐步形成人口、经济、资源环境相协调的空间开发格局。

编制全国主体功能区规划，推进形成主体功能区，是全面落实科学发展观、构建社会主义和谐社会的重大举措，有利于坚持以人为本，缩小地区间公共服务的差距，促进区域协调发展；有利于引导经济布局、人口分布与资源环境承载能力相适应，促进人口、经济、资源环境的空间均衡；有利于从源头上扭转生态环境恶化的趋势，适应和减缓气候变化，实现资源节约和环境保护；有利于打破行政区划，制定实施有针对性的政策措施和绩效考评体系，加强和改善区域调控。

全国主体功能区规划是战略性、基础性、约束性的规划，是国民经济和社会发展总体规划、人口规划、区域规划、城市规划、土地利用规划、环境保护规划、生态建设规划、流域综合规划、水资源综合规划、海洋功能区划、海域使用规划、粮食生产规划、交通规划、防灾减灾规划等空间开发和布局的基本依据。同时，编制全国主体功能区规划要以上述规划和其他相关规划为支撑，并在政策、法规和实施管理等方面做好衔接工作。

全国主体功能区规划由国家主体功能区规划和省级主体功能区规划组成，分国家和省级两个层次编制。

（二）城乡规划

城乡规划是城镇体系规划、城市规划、镇规划、乡规划和村庄规划的统称；对一定时期内城乡社会和经济发展、土地利用、空间布局以及各项建设的综合部署、具体安排和实施管理[1]。根据《中华人民共和国城乡规划法》，城乡规划是以促进城乡经济社会全面协调可持续发展为根本任务、促进土地科学使用为基础、促进人居环境根本改善为目的，涵盖城乡居民点的空间布局规划，包括城镇体系规划、城市规划、镇规划、乡规划和村庄规

---

[1]　城乡规划基本术语标准

划。城市规划、镇规划分为总体规划和详细规划，详细规划分为控制性详细规划和修建性详细规划。城市规划是政府调控城市空间资源、指导城乡发展与建设、维护社会公平、保障公共安全和公众利益的重要公共政策之一。

（三）土地利用总体规划

土地利用总体规划是在一定区域内，根据国家社会经济可持续发展的要求和当地自然、经济、社会条件，对土地的开发、利用、治理、保护在空间上、时间上所作的总体安排和布局，是国家实行土地用途管制的基础。土地利用总体规划是指在各级行政区域内，根据土地资源特点和社会经济发展要求，对今后一段时期内（通常为 15 年）土地利用的总安排。

党中央作出了"多规合一"的重大决策部署，推进土地利用规划、城乡规划、主体功能区划等空间类规划的有机融合，全面提升国土空间治理体系和治理能力现代化水平。

2019 年 5 月，《中共中央 国务院关于建立国土空间规划体系并监督实施的若干意见》印发，明确要求建立全国统一、责权清晰、科学高效的国土空间规划体系，逐步建立规划编制审批体系、实施监督体系、法规政策体系和技术标准体系，标志着新时代国土空间规划体系顶层设计完成。自然资源部牵头开展《全国国土空间规划纲要（2021—2035 年）》和《长江经济带国土空间规划（2021—2035 年)》《全国海岸带综合保护与利用规划》等专项规划的编制，指导地方编制省级及以下各级国土空间总体规划、专项规划、详细规划，积极推动"五级三类"国土空间规划体系的建立。统筹推进永久基本农田、生态保护红线、城镇开发边界的划定，落实国家意志，严守粮食安全、生态安全等安全底线；统筹实施区域重大战略、区域协调发展战略、主体功能区战略，促进各类要素合理流动和高效集聚；优化国土生态安全格局、现代农业格局、城镇开发格局、海洋空间格局，推动形成主体功能明显、优势互补、高质量发展的国土空间开发保护新格局；建立国土空间规划基础信息平台，科学解决各类国土空间交叉冲突问题，坚持一张蓝图绘到底[①]。

二、发展历程

（一）试点"多规合一"

针对愈演愈烈的"政出多门"的空间性规划不协调，甚至"打架"的情形，国家发展改革委会同国土资源部、环境保护部、住房城乡建设部于 2014 年 8 月印发了《关于开展市县"多规合一"试点工作的通知》（发改规划）〔2014〕197 号。

根据《通知》："开展市县空间规划改革试点，推动经济社会发展规划、城乡规划、土地利用规划、生态环境保护规划'多规合一'，形成一个市县一本规划、一张蓝图，是2014 年中央全面深化改革工作中的一项重要任务。""开展试点的主要任务是，探索经济社会发展规划、城乡规划、土地利用规划、生态环境保护等规划'多规合一'的具体思路，研究提出可复制可推广的'多规合一'试点方案，形成一个市县一本规划、一张蓝

---

① 党领导土地管理事业的历史经验与启示[EB/OL].（2022-01-05）. https://www.mnr.gov.cn/dt/ywbb/202201/t20220105_2716604.html

图。同时，探索完善市县空间规划体系，建立相关规划衔接协调机制。"①

（二）组建自然资源部

将原国土资源部的职责，国家发展和改革委员会的组织编制主体功能区规划职责，住房和城乡建设部的城乡规划管理职责，水利部的水资源调查和确权登记管理职责，农业部的草原资源调查和确权登记管理职责，国家林业局的森林、湿地等资源调查和确权登记管理职责，国家海洋局的职责，国家测绘地理信息局的职责整合，组建自然资源部，作为国务院组成部门。自然资源部对外保留国家海洋局的牌子②。

（三）建立"五级三类四体系"的国土空间规划体系

2019年1月23日，中共中央总书记、国家主席、中央军委主席、中央全面深化改革委员会主任习近平主持召开中央全面深化改革委员会第六次会议并发表重要讲话。会议审议通过了《中共中央 国务院关于建立国土空间规划体系并监督实施的若干意见》。

《若干意见》明确了国土空间规划的重要意义："各级各类空间规划在支撑城镇化快速发展、促进国土空间合理利用和有效保护方面发挥了积极作用，但也存在规划类型过多、内容重叠冲突、审批流程复杂、周期过长，地方规划朝令夕改等问题。建立全国统一、责权清晰、科学高效的国土空间规划体系，整体谋划新时代国土空间开发保护格局，综合考虑人口分布、经济布局、国土利用、生态环境保护等因素，科学布局生产空间、生活空间、生态空间，是加快形成绿色生产方式和生活方式、推进生态文明建设、建设美丽中国的关键举措，是坚持以人民为中心、实现高质量发展和高品质生活、建设美好家园的重要手段，是保障国家战略有效实施、促进国家治理体系和治理能力现代化、实现'两个一百年'奋斗目标和中华民族伟大复兴中国梦的必然要求。"

国土空间规划的构建，也是按照国家空间治理现代化的要求来进行的系统性、整体性、重构性构建。可以把它简单归纳为"五级三类四体系"。从规划运行方面来看，可以把国土空间规划体系分为四个子体系：按照规划流程可以分成规划编制审批体系、规划实施监督体系；从支撑规划运行的角度可以分成两个技术性体系，一是法规政策体系，二是技术标准体系。这四个子体系共同构成国土空间规划体系。《若干意见》指出，2020年要基本建立国土空间规划体系。自然资源部自组建以来就着手推动这四个子体系重构的前期工作，目前已经形成了一些阶段性成果，从规划层级和内容类型来看，可以把国土空间规划分为"五级三类"。"五级"是从纵向看，对应我国的行政管理体系，分为五个层级，就是国家级、省级、市级、县级、乡镇级，其中国家级规划侧重战略性，省级规划侧重协调性，市、县级和乡镇级规划侧重实施性。"三类"是指规划的类型，分为总体规划、详细规划、相关的专项规划。总体规划强调的是规划的综合性，是对一定区域，如行政区全域范围涉及的国土空间保护、开发、利用、修复作全局性的安排。详细规划强调实施性，一般是在市县以下组织编制，是对具体地块用途和开发强度等作出的实施性安排。详细规划是开展国土空间开发保护活动，包括实施国土空间用途管制、核发城乡建设项目规划许

---

① 赵民. 国土空间规划体系建构的逻辑及运作策略探讨［J］. 城市规划学刊，2019（4）：18.

② 《第十三届全国人民代表大会第一次会议关于国务院机构改革方案的决定》（2018年3月17日第十三届全国人民代表大会第一次会议通过）。

可，进行各项建设的法定依据。这次特别明确，在城镇开发边界外，将村庄规划作为详细规划，进一步规范了村庄规划。相关的专项规划强调的是专门性，一般是由自然资源部门或者相关部门来组织编制，可在国家级、省级和市县级层面进行编制，特别是对特定的区域或者流域，为体现特定功能对空间开发保护利用作出的专门性安排①。

第二节　国土空间总体规划内容

一、国土空间总体规划五级体系

在规划类型上，国土空间规划分为总体规划、详细规划和相关专项规划三种类型。总体规划是对一定区域内的国土空间，在开发、保护、建设方面，在时间和空间上作出的总体安排，强调综合性，如前述的国家级、省级、市级、县级、乡镇级国土空间总体规划。详细规划是对具体地块用途和开发建设强度等作出的实施性安排。详细规划强调可操作性，是规划行政许可的依据，一般在市、县及以下地区编制。在城镇开发边界内，由市、县自然资源主管部门组织编制详细规划，即控制性详细规划；在城镇开发边界外，由乡镇政府组织编制"多规合一"的实用性村庄规划，以此作为详细规划。相关专项规划是指在特定区域、特定流域或特定领域，为体现特定功能，对空间开发、保护、建设作出的专门安排，是涉及空间利用的专项规划，强调专门性。相关专项规划也有国家级、省级、市级、县级的层级划分，要因地制宜地选择编制类型和精度。如京津冀城市群规划、自然保护地规划、长江流域空间规划，或者是交通规划、能源规划、市政规划等，都是涉及空间利用的专项规划。这三种类型的规划之间的关系是：总体规划是详细规划的依据，即详细规划的编制、修改要依据总体规划，是相关专项规划编制的基础，即指导约束相关专项规划的编制。相关专项规划要遵循总体规划，不得违背总体规划的强制性内容；要与详细规划做好衔接，将主要内容纳入详细规划；相关专项规划之间也要互相协同。详细规划要依据总体规划进行编制、修改，将相关专项规划主要内容纳入其中。

二、国土空间总体规划中的"三区三线"

中共中央办公厅、国务院办公厅印发了《关于在国土空间规划中统筹划定落实三条控制线的指导意见》，为统筹划定落实生态保护红线、永久基本农田、城镇开发边界三条控制线（以下简称"三条控制线"），提出如下意见。

（一）总体要求

1. 指导思想

以习近平新时代中国特色社会主义思想为指导，全面贯彻党的十九大精神，深入贯彻习近平生态文明思想，按照党中央、国务院的决策部署，落实最严格的生态环境保护制

---

① 自然资源部：国土空间规划按层级内容分为"五级三类"［N/OL］．中国新闻网，2019-05-27．https：//www.chinanews.com.cn/gn/2019/05-271884846.Shtml

度、耕地保护制度和节约用地制度，将三条控制线作为调整经济结构、规划产业发展、推进城镇化不可逾越的红线，夯实中华民族永续发展的基础。

2. 基本原则

底线思维，保护优先。以资源环境承载能力和国土空间开发适宜性评价为基础，科学有序统筹布局生态、农业、城镇等功能空间，强化底线约束，优先保障生态安全、粮食安全、国土安全。

多规合一，协调落实。按照统一底图、统一标准、统一规划、统一平台的要求，科学划定落实三条控制线，做到不交叉、不重叠、不冲突。

统筹推进，分类管控。坚持陆海统筹、上下联动、区域协调，根据各地不同的自然资源禀赋和经济社会发展实际，针对三条控制线的不同功能，建立健全分类管控机制。

3. 工作目标

到 2020 年底，结合国土空间规划编制，完成三条控制线的划定和落地，协调解决矛盾冲突，纳入全国统一、多规合一的国土空间基础信息平台，形成一张底图，实现部门信息共享，实行严格管控。到 2035 年，通过加强国土空间规划实施管理，严守三条控制线，引导形成科学、适度、有序的国土空间布局体系。

（二）科学有序划定

1. 按照生态功能划定生态保护红线

生态保护红线是指在生态空间范围内具有特殊重要生态功能、必须强制性严格保护的区域。优先将具有重要水源涵养、生物多样性维护、水土保持、防风固沙、海岸防护等功能的生态功能极重要区域以及生态极敏感脆弱的水土流失、沙漠化、石漠化、海岸侵蚀等区域划入生态保护红线。其他经评估目前虽然不能确定但具有潜在重要生态价值的区域也划入生态保护红线。对自然保护地进行调整优化，评估调整后的自然保护地应划入生态保护红线；自然保护地发生调整的，生态保护红线相应进行调整。生态保护红线内，自然保护地核心保护区原则上禁止人为活动，其他区域严格禁止开发性、生产性建设活动，在符合现行法律法规的前提下，除国家重大战略项目外，仅允许对生态功能不造成破坏的有限人为活动，主要包括：零星的原住民在不扩大现有建设用地和耕地规模的前提下，修缮生产生活设施，保留生活必需的少量种植、放牧、捕捞、养殖活动；因国家重大能源资源安全需要开展的战略性能源资源勘查，公益性自然资源调查和地质勘查；自然资源、生态环境监测和执法包括水文水资源监测及涉水违法事件的查处等，灾害防治和应急抢险活动；经依法批准进行的非破坏性科学研究观测、标本采集；经依法批准的考古调查发掘和文物保护活动；不破坏生态功能的适度参观旅游和相关的必要公共设施建设；必须且无法避让、符合县级以上国土空间规划的线性基础设施建设、防洪和供水设施建设与运行维护；重要生态修复工程。

2. 按照保质保量要求划定永久基本农田

永久基本农田是为保障国家粮食安全和重要农产品供给，实施永久特殊保护的耕地。依据耕地现状分布，根据耕地质量、粮食作物种植情况、土壤污染状况，在严守耕地红线的基础上，按照一定的比例，将达到质量要求的耕地依法划入。已经划定的永久基本农田中存在划定不实、违法占用、严重污染等问题的要全面梳理、整改，确保永久基本农田面积不减、质量提升、布局稳定。

3. 按照集约适度、绿色发展的要求划定城镇开发边界

城镇开发边界是在一定时期内因城镇发展需要，可以集中进行城镇开发建设、以城镇功能为主的区域边界，涉及城市、建制镇以及各类开发区等。城镇开发边界划定以城镇开发建设现状为基础，综合考虑资源承载能力、人口分布、经济布局、城乡统筹、城镇发展阶段和发展潜力，框定总量、限定容量，防止城镇无序蔓延。科学预留一定比例的留白区，为未来发展留有开发空间。城镇建设和发展不得违法违规侵占河道、湖面、滩地。

（三）协调解决冲突

1. 统一数据基础

以目前客观的土地、海域及海岛调查数据为基础，形成统一的工作底数底图。已形成第三次国土调查成果并经认定的，可直接作为工作底数底图。相关调查数据存在冲突的，以过去 5 年真实情况为基础，根据功能合理性进行统一核定。

2. 自上而下、上下结合实现三条控制线落地

国家明确三条控制线划定和管控原则及相关技术方法；省（自治区、直辖市）确定本行政区域内三条控制线总体格局和重点区域，提出下一级划定任务；市、县组织统一划定三条控制线和乡村建设等各类空间实体边界。跨区域划定冲突由上一级政府有关部门协调解决。

3. 协调边界矛盾

三条控制线出现矛盾时，生态保护红线要保证生态功能的系统性和完整性，确保生态功能不降低、面积不减少、性质不改变；永久基本农田要保证适度合理的规模和稳定性，确保数量不减少、质量不降低；城镇开发边界要避让重要生态功能，不占或少占永久基本农田。目前已划入自然保护地核心保护区的永久基本农田、镇村、矿业权逐步有序退出；已划入自然保护地一般控制区的，根据对生态功能造成的影响确定是否退出，其中，造成明显影响的逐步有序退出，不造成明显影响的可采取依法依规相应调整一般控制区范围等措施妥善处理。协调过程中退出的永久基本农田在县级行政区域内同步补划，确实无法补划的在市级行政区域内补划。

（四）强化保障措施

1. 加强组织保障

自然资源部会同生态环境部、国家发展改革委、住房城乡建设部、交通运输部、水利部、农业农村部等有关部门建立协调机制，加强对地方的督促指导。地方各级党委和政府对本行政区域内三条控制线的划定和管理工作负总责，结合国土空间规划编制工作有序推进落地。

2. 严格实施管理

建立健全统一的国土空间基础信息平台，实现部门信息共享，严格三条控制线监测、监管。三条控制线是国土空间用途管制的基本依据，涉及生态保护红线、永久基本农田占用的，报国务院审批；对于生态保护红线内允许的对生态功能不造成破坏的有限人为活动，由省级政府制定具体监管办法；城镇开发边界调整报国土空间规划原审批机关审批。

3. 严格监督考核

将三条控制线划定和管控情况作为地方党政领导班子和领导干部政绩考核内容。国家自然资源督察机构、生态环境部要按照职责，会同有关部门开展督察和监管，并将结果移交相关部门，作为领导干部自然资源资产离任审计、绩效考核、奖惩任免、责任追究的重要依据。

第三节 乡镇国土空间总体规划的内容及特征

一、乡镇国土空间总体规划内容

（一）政策文件

《中共中央 国务院关于建立国土空间规划体系并监督实施的若干意见》的编制要求体现战略性。全面落实党中央、国务院的重大决策部署，体现国家意志和国家发展规划的战略性，自上而下编制各级国土空间规划，对空间发展作出战略性、系统性安排。落实国家安全战略、区域协调发展战略和主体功能区战略，明确空间发展目标，优化城镇化格局、农业生产格局、生态保护格局，确定空间发展策略，转变国土空间开发保护方式，提升国土空间开发保护质量和效率。

1. 提高科学性

坚持生态优先、绿色发展，尊重自然规律、经济规律、社会规律和城乡发展规律，因地制宜地开展规划编制工作；坚持节约优先、保护优先、自然恢复为主的方针，在资源环境承载能力和国土空间开发适宜性评价的基础上，科学有序统筹布局生态、农业、城镇等功能空间，划定生态保护红线、永久基本农田、城镇开发边界等空间管控边界以及各类海域保护线，强化底线约束，为可持续发展预留空间。坚持山水林田湖草生命共同体理念，加强生态环境分区管控，量水而行，保护生态屏障，构建生态廊道和生态网络，推进生态系统保护和修复，依法开展环境影响评价。坚持陆海统筹、区域协调、城乡融合，优化国土空间结构和布局，统筹地上地下空间综合利用，着力完善交通、水利等基础设施和公共服务设施，延续历史文脉，加强风貌管控，突出地域特色。坚持上下结合、社会协同，完善公众参与制度，发挥不同领域专家的作用。运用城市设计、乡村营造、大数据等手段，改进规划方法，提高规划编制水平。

2. 加强协调性

强化国家发展规划的统领作用，强化国土空间规划的基础作用。国土空间总体规划要统筹和综合平衡各相关专项领域的空间需求。详细规划要依据批准的国土空间总体规划进行编制和修改。

3. 注重操作性

按照谁组织编制、谁负责实施的原则，明确各级各类国土空间规划编制和管理的要点。明确规划的约束性指标和刚性管控要求，同时提出指导性要求。制定实施规划的政策措施，提出下级国土空间总体规划和相关专项规划、详细规划的分解落实要求，健全规划实施传导机制，确保规划能用、管用、好用。

（二）主要内容

1. 现状分析与规划基础

现状分析：分析人口经济、区位交通、自然历史、土地利用、土地确权、村庄建设、宅基地确权以及相关规划等资料，全面了解当地气候和地形地貌条件、水土等自然资源禀赋，生态环境容量等空间本底特征，总结国土空间开发保护存在的主要问题。围绕区域协同发展、新型城镇化、乡村振兴等重大战略及省市县发展的新要求，分析乡镇在经济社会、国土空间保护开发、生态修复与国土整治等方面面临的形势。

"双评价"和风险评估成果应用：衔接市县"双评价"和风险评估成果，识别全域生态保护极重要区、农业发展适宜区、城镇建设不适宜区以及开发保护面临的安全风险，优化调整生态空间、农业空间和建设空间，明确生态、农业、建设三大空间容量，为土地用途结构调整、资源要素保护利用、土地整治和生态修复等方面提供指引。

规划实施评估：开展土地利用总体规划、乡镇总体规划等规划的实施评估，围绕耕地保护、建设用地调控等约束性指标、人口变化、产业发展、住房建设、综合交通、绿地与开敞空间、景观风貌、基础设施、公共服务设施、历史文化保护、公共安全等方面总结规划存在的问题。

2. 规划定位

立足于地区整体发展情况，落实上位国土空间总体规划对乡镇的总体定位要求、主要职能分工和管控要求，确定乡镇功能定位和发展方向。

3. 规划目标与指标落实

落实上位国土空间总体规划对本乡镇的社会经济发展目标、国土开发保护目标和规划指标要求。社会经济发展目标包括总体发展目标、产业目标、乡村振兴目标、城乡品质目标等。国土开发保护目标包括资源保护、开发利用、整治修复等方面的目标。规划指标包括耕地保有量、永久基本农田面积、生态保护红线面积、城乡建设用地规模、新增生态修复面积等涵盖底线管控、结构效率、生活品质三个方面的规划指标。

4. 国土空间格局与结构

1）总体格局

以区域自然地理格局为基础，结合市县"双评价"、市县灾害风险评估、规划实施评估等成果，强化底线约束，结合规划目标与定位，统筹"三生"空间，构建国土空间开发保护总体格局。

生态保护空间：基于对生态安全和生物多样性的维护，衔接、落实上位规划的生态安全格局和自然保护地体系，顺应丘岗山地、河沟溪流走向及完整性，识别重要生态廊道、生态屏障和网络。

农业生产空间：落实粮食生产功能区和重要农产品生产保护区，因地制宜地划定种植业、畜牧业、养殖业等农业发展主要区域，合理引导农业现代化。

城乡发展空间：结合村庄分类与布局成果，按照挖潜存量、激活流量等节约集约用地的要求，稳妥地开展村庄搬迁撤并，拓展镇村发展空间，明确城乡发展空间。

2）底线约束

落实三条控制线：落实上位规划确定的生态保护红线、永久基本农田和城镇开发边界的规模、位置和管控要求。

村庄建设边界划定：划定城镇开发边界以外的乡政府驻地和村庄的建设边界。避让生态保护红线和永久基本农田，在城乡建设用地规模的约束下，以现状村庄用地范围为基础，实施乡村建设行动，提出村庄建设边界规模，将边界落实到具体地块上，并分解至村庄。涉及长期稳定利用耕地的，以"开天窗"的形式予以标注。搬迁撤并类村庄在统筹考虑村民安置的基础上，原则上不划定村庄建设边界。

落实上位规划划定的其他控制线，如河道（湖泊）岸线控制线、历史文化保护控制线、市政廊道控制线、交通廊道控制线等，明确具体管控措施及要求。

3）规划分区

围绕国土空间开发保护总体格局，结合本乡镇国土空间特点和经济社会发展需要，按照全域全覆盖、不交叉、不重叠的原则，协调生态、农业、城镇三大空间结构，落实上位规划确定的规划分区，合理优化全域规划分区边界，确定各规划分区的国土空间功能导向和主要用途方向，细化用途准入原则和管控要求。

4）结构调整

落实上位规划目标指标，统筹考虑生态保护、农业生产及其他土地需求，严格控制各类建设占用生态和农业用地，提出乡镇域范围内国土空间结构调整优化的重点、方向和时序安排，编制国土用途结构调整表。

5）规划留白

可预留不超过5%的建设用地机动指标，村民居住、农村公共公益设施、零星分散的乡村文旅设施及农村新产业、新业态等用地可申请使用。将一时难以明确具体用途的建设用地作为留白用地，可暂不明确规划用地性质。

5. 自然资源保护和利用

落实国土空间开发保护目标，分类梳理自然资源利用的特点和问题，深入践行"两山"理念，落实"双碳"目标，深化细化各类自然资源要素的管控边界、保护范围，提出管控措施，并结合地域特色，探索生态价值转换路径，提升生态价值转化效率。

耕地资源：落实耕地保有量目标，按照数量、质量、生态"三位一体"的保护要求，严格保护耕地，尤其要稳定耕地，坚决遏制耕地"非农化"，严格管控"非粮化"。切实强化黑土地的保护性利用，提出针对性的保护措施。在确保生态安全的前提下，合理开发耕地后备资源。从严控制建设占用耕地，严格落实耕地占补平衡，确保可以长期稳定利用的耕地总量不减少。落实永久基本农田储备区划定成果，明确面积、布局，提出管控要求。

水资源：落实饮用水水源保护区、水源涵养区、水土流失重点防治区等水生态保护区，落实河道（湖泊）岸线控制线，明确保护范围和管控要求。提倡节水农业，控制农业用水总量，提高农田灌溉水有效利用系数，提出节水措施。

森林资源：落实林地保有量目标，明确林地资源规模和布局。严格用途管制，执行森林采伐限额、有偿使用林地等要求。重点保护上位规划确定的天然林和公益林，商品林在不破坏生态的前提下，采取集约化经营措施。合理引导退耕还林。

草地资源：落实上位规划划定的基本草原、禁牧区和草畜平衡区。通过实行草场围栏封育，禁牧、休牧、划区轮牧等途径，治理"三化"草地，逐步恢复草原植被。明确乡镇域草地资源规模和布局，提出管控要求。

湿地资源：落实湿地保护面积目标，积极推进合理利用，严格限制建设项目占用湿地，严禁开垦排干湿地、永久性截断湿地水源等破坏湿地及其生态功能的活动。明确湿地资源规模和布局，提出管控要求。

矿产资源：协调保护与开采、地上与地下的关系，落实矿产资源开发格局、时序安排、调控目标和重要矿产资源保护与开发的重点区域，提出矿产资源开发规模、布局。加强矿山地质灾害防治，建设绿色矿山，提出提高矿产资源利用效率的措施。

建设用地：按照集约化、内涵式发展要求，坚持最严格的节约用地制度，推进建设用地节约集约利用，提出实行"五量"调控，框定总量、严控增量、盘活存量、用好流量、提升质量的措施，明确建设用地、城乡建设用地、城镇用地等规模控制要求。

对于其他具有重要保护和利用价值的自然资源，根据相应的管控要求进行开发利用。

6. 镇村布局与产业

1）镇村体系

结合乡村振兴战略要求，在落实县域村庄分类、布局成果的基础上，预测镇、村人口规模和流动趋势，合理构建镇村等级结构、职能分工、居民点布局结构。

2）产业发展策略

结合上位规划，在分析产业发展优劣势的基础上，提出产业培育的方向和类型、重点和目标，优化产业结构，提出产业发展策略。依据发展战略定位及发展目标，统筹规划产业空间布局，推动一、二、三产业深度融合，鼓励引导发展新产业、新业态，特色化、产业化、规模化经营。

3）产业布局

落实上位规划确定的农业发展格局和农业"两区"发展要求，因地制宜地提出具有地方特色的农业生产布局规划方案。结合地方实际合理布局各类农业生产，规范设施农业建设，提出畜禽养殖设施建设用地规模。安排不少于10%的建设用地指标，重点保障乡村产业发展用地，引导工业项目向乡镇产业园区的城镇开发边界内集聚布置；直接服务种养殖业的农产品加工、电子商务、仓储保鲜冷链、产地低温直销配送等产业，原则上应集中在建制村村庄建设边界内；利用农村本地资源开展农产品初加工、发展休闲观光旅游所必需的配套设施建设，在不占用永久基本农田和生态保护红线、不突破国土空间规划建设用地指标等约束条件、不破坏生态环境和乡村风貌的前提下，可安排少量建设用地在村庄建设边界外，提出规模、位置和准入条件。

结合产业发展布局，对村庄内零星、分散的闲置宅基地、闲置集体经营性建设用地、废弃的集体公益性建设用地等进行整合，按照就地入市、调整入市等方式，确定集体经营性建设用地重点区域。

7. 历史文化与景观风貌

历史文化保护：分析非物质文化遗产的保护、利用与空间的关系，梳理非物质文化遗产名录，提出非物质文化遗产保护、利用的原则、策略、利用方式与管制规则。

景观风貌管控：结合东、中、西部不同的地貌特征，细化落实市县规划提出的城乡总体风貌指引和管控要求，确定乡镇总体景观风貌定位，突出表现乡土特色、地方特色与民族特色。对全域山水格局、空间形态、绿廊绿道、建筑风貌等提出具体的空间形态引导和管控原则。对滨水地区、山麓地区、生态廊道、特色景观风貌组团和特色村落等重点景观区提出有针对性的管控要求。

8. 支撑保障体系

综合交通体系：落实上位规划中对区域交通线网、站场等重要交通设施的规划布局，明确综合交通发展目标与策略，协调交通体系与市县公路网的衔接，配置相应的公交站（点）等交通设施。

公共服务体系：落实上位规划确定的区域公共服务设施，根据镇村体系划定社区生活圈，统筹确定机关团体、文化、教育、体育、医疗卫生、养老等公共服务设施的布局指引，明确位置、数量和配置标准。

区域公用设施：落实上位规划确定的水利、能源等区域性基础设施和廊道，提出邻避设施控制要求。统筹安排给水排水、电力通信、供热燃气、环卫等设施，提出建设标准、规模和重要设施布局。科学谋划风、光、热、生物质等清洁能源，提高可再生能源的利用比例。

综合防灾体系：落实上位综合防灾减灾目标、设防标准和防灾分区。结合风险评估和防灾减灾要求，提出地质灾害防治、防洪、消防、抗震、防疫等各类灾害的防治标准和规划要求。明确危险品存储设施用地布局方案及安全管控要求。

9. 乡镇政府驻地规划

用地布局：确定规划期内乡镇政府驻地的城镇开发边界或村庄建设边界内用地的发展方向。优化用地结构，合理确定居住、工业、公共服务设施、公用设施、道路交通、绿地广场等各类用地的规模和布局。推进公共空间与公共服务设施、公用设施的共用共享。

社区生活圈构建：统筹公共服务设施资源配置，明确机关团体、文化、教育、体育、医疗卫生、社会福利等公共服务设施的布局和规模要求，镇政府驻地构建城镇社区生活圈，乡村集镇构建乡村社区生活圈，具体配置标准参照《社区生活圈规划技术指南》相关要求执行。

空间形态与风貌管控：结合自然山水格局与地方文化特色，确定重要风貌管控分区、景观廊道、开敞空间的布局和控制要求。划定开发强度和高度分区，明确分区的容积率、建筑密度、建筑高度等开发强度管控要求。划定绿地、水体等控制线，提出重要开敞空间、景观街路沿线及周边区域的天际线控制要求，制定风貌管控措施和风貌引导示意。

历史文化保护：确定各级文物保护单位、历史文化名镇、历史街区、历史建筑等历史文化遗存的保护范围、保护线及管控要求。

住房建设：确定居住用地规模和布局，保障人均住房面积。结合各地实际情况划定城镇更新片区，制定更新方案。居住用地布局应优先利用空闲地、闲置宅基地和未利用地，引导集中建设。

道路交通：明确乡镇政府驻地道路交通网的结构和密度，确定主次干路走向、控制点、红线宽度、道路断面形式，合理布局公交站场（点）、客运站、停车场、公共加油加气站及充换电站等交通设施。落实铁路（轨道）站场用地范围，明确铁路线路空间分布及管控要求。

公用设施：细化落实上位规划及相关专项规划对于给水排水、电力通信、供热燃气、环境卫生等公用设施的布局要求和配建标准，对线路、场站等设施进行空间落位，并制定相应的管控措施与要求。

综合防灾：落实消防站、消火栓、消防通道、消防供水、防洪工程设施、避震疏散通道、避难场地、人防工程等各项设施布局，明确各项设施的安全防护距离、用地和防控要求。加强对危险源的规划控制，对重大危险源的防治、搬迁、改造提出管控要求。

五线管控：划定道路控制线、重大基础设施和公共安全设施控制线、公园绿地和防护绿地控制线、结构性水域控制线、历史文化资源保护控制线，明确管控范围及要求。

10. 国土综合整治和生态修复

落实上位国土综合整治和生态修复安排，以乡镇为单元系统谋划全域土地综合整治，围绕农用地整理、农村建设用地整理、乡村生态保护修复等整治修复类型，明确整治修复的目标任务，确定各类项目的规模、布局、时序、建设内容以及投资等。

农用地整理：推进高标准农田建设、农田基础设施建设、耕地提质改造、污染土壤修复、宜耕后备资源开发，加强稳定耕地建设以及不稳定耕地改造，增加耕地数量，提高耕地质量，改善农田生态环境。

建设用地整理：开展农村宅基地、工矿废弃地、城镇低效用地以及其他低效闲置建设用地整理，有序实施农村空心房、空心村整治，搬迁撤并类村庄搬迁，优化建设用地结构布局，支持农村新产业、新业态融合发展。

乡村生态修复：系统谋划矿山生态环境、林草湿退化、地下漏斗、地质灾害、水土流失、水环境、土地盐碱化、土地沙化等的修复治理，保护和恢复乡村生态功能。

11. 规划管控与传导

城镇开发边界内：应根据城镇社区生活圈服务半径以及干道、河流等自然地理界线，结合管理边界以及开发时序，合理划定详细规划编制单元，明确单元公共服务设施配置要求、开发强度和高度等风貌管控要求。

城镇开发边界外：乡镇可因地制宜，结合县域村庄分类布局成果，划定乡镇内实用性村庄规划编制单元。以集聚提升类村庄（或兼容集聚提升职能的村庄）为中心，结合周边稳定改善类村庄连片编制，城郊融合类、兴边富民类村庄可独立或周围几个村庄连片编制，特色保护类村庄原则上单独编制，稳定改善类村庄可不单独编制村庄规划，搬迁撤并类村庄不单独编制村庄规划。对村庄规划编制单元提出规划传导要求，将规划目标、规划分区、重要控制线、要素配置、风貌管控等规划内容传导到村庄，并结合乡村社区生活圈构建提出公共服务设施、道路交通设施、公用设施和农业产业服务设施共建共享的相关要求。不编制规划的村庄应在乡镇国土空间规划中制定国土空间用途管制规则、建设管控和人居环境整治要求，保证乡村建设有规可依。

12. 规划实施保障

近期项目计划：按照国土空间规划建设目标与任务，提出近期需要实施的交通、水利、能源、电力、环保、旅游、风貌整治、殡葬等重点建设项目及建设计划，落实项目建设性质、建设年限、用地规模、涉及村组、预算资金、资金来源等情况，提出项目实施措施、实施途径等。

公众参与：充分利用各种媒介向社会公布和宣传乡镇国土空间规划，建立规划宣传和交流互动机制，将规划核心内容纳入村规民约，促进规划好用、管用和实用。

监督实施：完善社会监督机制，鼓励公众积极参与规划的实施和监督。利用国土空间规划"一张图"实施监督系统，实现对乡镇规划刚性管控执行情况的实时监测、预警和定期评估。

（三）名词解释

乡镇政府驻地规划范围：乡镇政府驻地需要集中布设公共服务设施、基础设施等的开发建设区域，以城镇开发边界为规划范围，若没有划定城镇开发边界，以驻地所在地的村庄建设边界为规划范围。

村庄建设边界：因村庄发展需要，可进行村庄开发建设的区域的空间界线。

社区生活圈：在适宜的日常步行范围内，满足城乡居民全生命周期的工作与生活等各类需求的基本单元，融合"宜业、宜居、宜游、宜养、宜学"的多元功能，引领面向未来、健康低碳的美好生活方式。

城镇社区生活圈：城镇开发边界范围内构建"15分钟""5～10分钟"两个社区生活圈层级，配置满足居民日常生活、生产需求等，内容丰富、规模适宜的各类服务要素。

乡村社区生活圈：构建"乡集镇—村/组"两个社区生活圈层级，强化县域与乡村层面对农村基本公共服务供给的统筹。

集体经营性建设用地：具有生产经营性质的农村建设用地，包括工矿用地、仓储用地、商业服务业用地。

留白用地：在国土空间规划确定的城镇、村庄范围内暂未明确规划用途的用地。

（四）规划分区

1. 一般规定

规划分区应落实上位国土空间规划要求，为本行政区域国土空间保护开发作出综合部署和总体安排，应充分考虑生态环境保护、经济布局、人口分布、国土利用等因素。

坚持城乡统筹、地上地下空间统筹的原则，以国土空间的保护与保留、开发与利用两大功能属性作为规划分区的基本取向。

规划分区划定应科学、简明、可操作，遵循全域全覆盖、不交叉、不重叠，并应符合下列基本规定：

1）以主体功能定位为基础，体现规划意图，配套管控要求；

2）当出现多重使用功能时，应突出主导功能，选择更有利于实现规划意图的规划分区类型；

3）如乡（镇）域内存在本指南未列出的特殊政策管控要求，可在规划分区建议的基础上，叠加历史文化保护、灾害风险防控等管控区域，形成复合控制区。

2. 分区类型

规划分区分为一级规划分区和二级规划分区。一级规划分区包括以下6类：生态保护区、生态控制区、农田保护区以及城镇发展区、乡村发展区、矿产能源发展区。各地可在县级规划分区的基础上，在符合规模管控和"三线"要求的前提下，优化规划分区布局，细化用途管制措施。规划分区类型和具体含义见表 1-1、表 1-2。

规划分区类型 表 1-1

一级规划分区	二级规划分区		含义
生态保护区			具有特殊重要生态功能或生态敏感脆弱、必须强制性严格保护的陆地和海洋自然区域，包括陆域生态保护红线、海洋生态保护红线集中划定的区域
生态控制区			生态保护红线外，需要予以保留原貌、强化生态保育和生态建设、限制开发建设的陆地和海洋自然区域
农田保护区			永久基本农田相对集中、需严格保护的区域
城镇发展区			城镇开发边界围合的范围，是城镇集中开发建设并可满足城镇生产、生活需要的区域
	城镇集中建设区	居住生活区	以住宅建筑和居住配套设施为主要功能导向的区域
		综合服务区	以提供行政办公、文化、教育、医疗以及综合商业等服务为主要功能导向的区域
		商业商务区	以提供商业、商务办公等就业岗位为主要功能导向的区域
		工业发展区	以工业及其配套产业为主要功能导向的区域
		物流仓储区	以物流仓储及其配套产业为主要功能导向的区域
		绿地休闲区	以公园绿地、广场用地、滨水开敞空间、防护绿地等为主要功能导向的区域
		交通枢纽区	以机场、港口、铁路客货运站等大型交通设施为主要功能导向的区域
		战略预留区	在城镇集中建设区中，为城镇重大战略性功能控制的留白区域
	城镇弹性发展区		为应对城镇发展的不确定性，在满足特定条件的情况下方可进行城镇开发和集中建设的区域
	城镇特别用途区		为完善城镇功能，提升人居环境品质，保持城镇开发边界的完整性，根据规划管理需划入开发边界内的重点地区，主要包括与城镇密切关联的生态涵养、休闲游憩、防护隔离、自然和历史文化保护等区域
乡村发展区			农田保护区外，以满足农林牧渔等农业发展以及农民集中生活和生产配套为主的区域
	村庄建设区		城镇开发边界外，规划重点发展的村庄用地区域
	一般农业区		以农业生产发展为主要利用功能导向划定的区域
	林业发展区		以规模化林业生产为主要利用功能导向划定的区域
	牧业发展区		以草原畜牧业发展为主要利用功能导向划定的区域
矿产能源发展区			为适应国家能源安全与矿业发展而划定的重要陆域采矿区、战略性矿产储量区等区域

（来源：《市级国土空间总体规划编制指南》）

基础资料清单

表 1-2

级别	资料名称
县级资料	近年政府工作报告、国民经济和社会发展规划、重点项目资料、统计年鉴
	市县国土空间总体规划、城乡规划、土地利用规划，市县乡村建设专项规划
	第三次全国国土调查数据成果、乡镇域地形图、乡镇政府驻地地形图、遥感影像、地理国情监测数据、最新行政区划调整的区划图纸和相关资料
	生态保护红线、永久基本农田、城镇开发边界划定成果，耕地后备资源调查成果、用地审批供应资料
	市（县）生态脆弱区、水源涵养保护区、自然保护地情况，生态环境保护专项规划
	社会福利设施、文化、教育、医疗、体育等专题规划
	主要物质文化遗产和非物质文化遗产资料、文物保护单位、历史文化保护专项规划
	市（县）域粮食生产功能区和重要农产品生产保护区划定成果资料、农业发展等相关专项规划
	交通、电力、环保、能源等专项规划
	地质环境、能源矿产、土地整治等专项规划
	国家公园、自然保护区、风景名胜区、森林公园、湿地公园、林业草原等专项规划
	河道管理范围线
	用水量、用水现状基础数据、未来用水节水情况、水资源情况、地下水超采区、地下漏斗分布情况、河湖管理范围界线划定情况、水利专项规划
	美丽乡村、人居环境整治等村庄规划
	防洪（潮）排涝、消防、人防、抗震、森林防火等防灾减灾资料和专项规划
	旅游发展现状及旅游发展等相关专项规划
乡镇资料	近年乡镇政府工作总结、乡镇总体规划、乡镇域和乡镇政府驻地地形图
	第一、二、三产业结构，主导产业状况及发展趋势
	近年城镇人口、乡村人口等变化情况，劳动力就业情况
	山体、河流、能源、矿产、风景名胜、文化遗产等自然和文化资源的情况
	乡镇及各村庄建设用地、农用地、其他用地等各类用地构成及变化情况
	乡镇域及政府驻地住房和宅基地、基础设施、公共服务设施等的建设情况
村庄资料	村庄人口、人均收入等经济资料，村庄发展设想等情况，村庄公共服务设施、基础设施布局等

（来源：作者绘制）

二、乡镇国土空间总体规划特征

国土空间规划体系是按照国家的总体改革要求制定的，新的空间规划体系更加注重落实新发展理念、促进高质量发展，更加注重坚持以人民为中心，更加致力于提高空间治理体系和治理能力现代化水平。具体来看，有利于实现"多规合一"；体现国家意志的约束性，国土空间规划自上而下编制，把党中央、国务院的重大决策部署，通过约束性指标和管控边界逐级落实到最终的详细规划等实施性规划中；强化规划权威；以先进技术支撑，利用最新的自然资源调查数据，应用全国统一的测绘基准和测绘系统，构建全国统一的空间基础信息平台；落实"放管服"改革。

全国国土空间规划是对全国国土空间作出的全局安排，是全国国土空间保护、开发、利用、修复的政策和总纲，侧重战略性，由自然资源部会同相关部门组织编制，由党中央、国务院审定后印发。省级国土空间规划是对全国国土空间规划的落实，指导市县国土空间规划的编制，侧重协调性，由省级政府组织编制，经同级人大常委会审议后报国务院审批。市县和乡镇国土空间规划是本级政府对上级国土空间规划要求的细化落实，是对本行政区域开发保护作出的具体安排，侧重实施性。需报国务院审批的城市国土空间总体规划，由市政府组织编制，经同级人大常委会审议后，由省级政府报国务院审批；其他市县及乡镇国土空间规划由省级政府根据当地实际，明确规划的编制审批内容和程序要求。各地可因地制宜，将市县与乡镇国土空间规划合并编制，也可以几个乡镇为一个单元编制乡镇级国土空间规划。

随着国土空间规划的开展，很多省市相继出台了乡镇国土空间总体规划编制指南。各类《指南》中，在编制审批与编制类型上基本一致，都强调市县中心城区范围外的乡镇按该《指南》编制乡镇级国土空间总体规划。市县中心城区范围内的乡镇、街道和社区，应纳入市县级国土空间总体规划统一编制，不再单独编制乡镇级国土空间总体规划。乡镇级国土空间总体规划由乡镇人民政府组织编制，县级自然资源主管部门负责业务指导和相关协调工作。以几个乡镇为一个单元合并编制的乡镇级国土空间总体规划，由县级自然资源主管部门指导相关乡镇人民政府联合组织编制。

各类《指南》明确了乡镇级国土空间总体规划的若干要求。一是坚守粮食安全底线，严格实行国土空间用途管制，落实最严格的耕地保护制度。牢牢守好发展和生态两条底线，加强山水林田湖草沙整体保护，严控增量、盘活存量，促进城镇发展由外延扩张向内涵提升转变，推动形成绿色发展方式和生活方式。二是坚持以人民为中心的发展思想，处理好人与自然的关系，提升人居环境质量，改善基础设施和公共服务设施水平，实现城乡高质量发展、高品质生活。三是坚持城乡融合发展、镇村联动，深入实施乡村振兴战略，按照生产集约高效、生活宜居适度、生态山清水秀的要求，科学有序统筹布局农业、生态、城镇等功能空间，统筹优化城乡空间和资源配置，推进城乡基本公共服务均等化，建立全要素、全方位、一体化的空间保护开发利用秩序。四是突出地域特点，立足本地特色，根据乡镇资源禀赋、历史文化、民族特色和发展阶段，创新开发和保护方式，加快资源优势向经济优势的转变，有针对性地开展规划编制工作，注重解决实际问题。五是加强社会协同和公众参与，充分听取公众意见，问需于民，问计于民，实现共商共治，使规划成果充分体现民生民意。

各类《指南》都提出进行国土综合整治和生态修复，主要包括农用地的整理、建设用地的整理和生态修复。从"土地整治"到"全域土地综合整治"，更强调以乡镇为单元或者以几个村庄为一个单元推进全域土地综合整治，要求乡镇统筹"人、地、财"三大要素。乡镇国土空间总体规划能不能实施，取决于投入和产出能否实现平衡，如增减挂钩、集体建设用地上市等，整理出来的基本农田、新增建设用地指标都可以通过市场进行交易，获取的资金主要为平衡乡镇保护与发展投入的资金。这使得乡镇国土空间总体规划不仅要做好项目梳理和投资测算，还要考虑如何平衡投入和产出，保证规划能够落地实施。

各类《指南》均强调乡镇对村庄的规划传导，从等级类型、指标体系、发展方向等方面强调乡镇国土空间总体规划对村庄规划的传导作用，将生态保护红线、永久基本农田保护红线等底线管控的指标规模和空间布局传导至村庄。特别是对于村庄分类引导和编制单元划分，均有具体指引作用，明确了设施配置标准和建设要点。同时，乡镇也可因地制宜地将一个或几个村庄作为整体，确定村庄规划编制单元。有的《指南》指出，村庄建设用地规模要适当减量，对农村生产、生活空间布局进行优化，并要有一定的建设用地指标来保障乡村产业发展用地，从而使得村庄规划具有时代特色和可操作性，以切实保障农村的发展权益和农民的个体利益。

　　首先，除了原来的规划文本、图件和附件外，还需要提交规划数据库，按照统一的国土空间规划数据库标准与规划编制工作同步建设、同步报批，从而形成国土空间规划"一张图"。其次，在规划实施管理方面，各地因地制宜，根据自身发展情况，主要在生态修复、国土空间综合整治、城镇建设、城乡统筹等方面进行了近期和远期相结合的规划建设。

　　乡镇层级的国土空间总体规划有着自身的价值和意义，是构建分级、分类、分层、分区域国土空间规划体系的重要内容，也是建立健全城乡一体的空间规划制度的重要环节。总体来说，乡镇级的国土空间总体规划是实施类的规划，有些地区的乡镇国土空间总体规划甚至要求做到定线、定量、定指标的控规深度。因此，乡镇国土空间总体规划与传统总规相比更注重量的控制和实施性。

第二章

乡镇国土空间总体规划
设计前期

第一节 任务书阶段

一、知识准备

（一）理论的巩固与理解

城乡规划理论大致包括三个方面：规划理论、专项规划理论、乡镇规划理论。

规划理论集中在规划学科自身以及城市的社会性研究方面。专项规划理论更多地讨论乡镇物质性的一面，包括市政公用设施工程规划的基本细则，如给水排水、供热供电、燃气、环境工程、通信和防灾等，同时还包括城市工程管线综合规划的基本知识以及竖向规划的基本知识。而乡镇规划理论对两者均有涉及。这三方面的理论是互补的、彼此支持的，而不是排斥的。其关系犹如马赛克，即相互共存、补充、完善，从而使我们对城市这个复杂的客体包括其可见的物质层面和不可见的社会层面的认识日益全面、深化和丰满。

乡镇国土空间总体规划课程注重对城乡规划理论的应用，这就要求学生必须掌握相关的理论知识，并学会应用到规划实践中。对于城乡规划理论基础知识，在一些原理类和技术类课程的学习中，往往只作了解性的掌握，而在乡镇国土空间总体规划设计中则成为指导性、参考性甚至工具性的实用知识，所以，掌握经典的城乡规划理论，并注重在规划实践中的应用，是做好乡镇国土空间总体规划的必要前提。

1. 经典规划理论汇总

现代规划理论在体系演化上经历了城市美化运动、田园城市运动、战略规划思想、倡导性规划、城市复兴运动和可持续发展理念等的发展；在方法论上经历了从系统方法、理性规划、新马克思主义、实用主义、后现代主义到协作规划的发展；在规划理念上经历了从生态环境、以人为本、社会公平、公众参与、滚动规划、控制引导到历史文化成为共识等阶段；在内容上有三个明显的转变，即从单纯的物质规划论到把社会、经济、文化、环境因素纳入总体规划的转变，从终极蓝图到动态发展的转变，从规划设计到控制引导的转变。

2015年以后，城市规划更多地关注生态文明、文脉传承、存量规划、精明增长、乡村治理、区域协调、科学发展等核心关键词。

2. 乡镇国土空间总体规划理论要点

国土空间规划是国家空间发展的指南、可持续发展的空间蓝图，是各类开发保护建设活动的基本依据。《中共中央 国务院关于建立国土空间规划体系并监督实施的若干意见》的印发，标志着国土空间规划编制工作的全面开展。

《若干意见》指出国土空间规划体系整体谋划新时代国土空间开发保护格局，综合考虑人口分布、经济布局、国土利用、生态环境保护等因素，是推进生态文明建设、建设美丽中国的关键举措，是坚持以人民为中心、实现高质量发展和高品质生活、建设美好家园的重要手段。因此，生态优先、全域管控和精明发展理应成为国土空间规划的基本逻辑。

目前，构建国家—省—市—县—乡镇五级空间规划体系已成为共识，《市级国土空间总体规划编制指南》已经颁布，然而，乡镇国土空间规划编制指南一直处于探索当中，对基本认识的探索也有待深入，围绕乡镇国土空间规划编制思路与内容的探讨尚很浅显，同时缺乏实证研究。

乡镇级空间单元处于我国国土空间规划体系最低层次，直面社会矛盾和经济利益冲突，是生态文明建设指引、全域管控与城乡发展的最终落脚点。乡镇国土空间规划以实现各类国土空间要素精准落地为目的，以建立乡镇全域"一张蓝图"为主要工作内容，是"五级三类"国土空间规划编制体系的最基本组成部分。

习近平总书记指出："自然是生命之母，人与自然是生命共同体，人类必须敬畏自然、尊重自然、顺应自然、保护自然。"保护自然就是保护人类，建设生态文明就是造福人类。推进生态文明建设、坚持人与自然和谐共生，建设望得见山、看得见水、记得住乡愁的美丽中国，成为共识。

国土空间是国家主权或主权权利管辖下的地域空间，是全要素的国土空间，是人地关系组成的"生命共同体"，规划必须将其作为一个整体来进行统筹配置和管控。未来城市的发展也将以自然资源保护为基础，以满足人与社会的发展需求为导向，从外延扩张向内涵提质转型，从粗放式增长走向精明发展。

因此，生态优先、全域统筹和精明发展逻辑的建构，将是乡镇国土空间规划编制的前提和导向。

1）生态优先逻辑

正如自然资源部总规划师庄少勤（2020年）所言："生态文明的新时代是讨论规划逻辑的起点和基点，国土空间规划的理论、方法和实践应顺应新时代发展要求而优化。"编制国土空间规划，是贯彻落实中央生态文明建设的根本要求和实现空间治理现代化的现实需要。坚持生态优先、绿色发展，尊重自然规律、经济规律、社会规律和城乡发展规律，在"双评价"的基础上，科学统筹三大空间，将成为规划编制的核心思想。

因此，应从开发建设导向转向生态优先和底线约束思维，把生态安全、粮食安全、环境安全、经济安全和文化传承等摆在优先位置，坚持"山水林田湖草生命共同体"理念，保护生态屏障，构建生态廊道和生态网络，推进生态系统保护和修复，在生态环境可承载范围内有序推进资源保护与开发。

2）全域统筹逻辑

随着国务院机构改革的完成，我国已迈向山、水、林、田、湖、草等全域全要素统一管理的新阶段。构建全域全要素分类体系是国土空间规划编制和自然资源统一管理的基础。在传统乡镇总体规划编制过程中，重点对集镇城乡空间进行引导和控制，谋划和统筹建设空间的用地布局与建设安排；新一轮乡镇国土空间规划将推动区域协调发展、城乡融合发展，统筹全域各类要素与全域空间，"综合考虑人口分布、经济布局、国土利用、生态环境保护等因素，科学布局生产空间、生活空间、生态空间"。

规划应坚持实施性与操作性原则，从过去多张图的矛盾协调，转向绘制一张底图，以提高规划的科学性和统一性；应因地制宜、强化实施，制定乡镇全域五年发展计划与近期实施重点，结合实际，针对乡镇现实问题提出切实有效的解决方案，满足乡镇发展和人民生活需求，明确国土空间规划近期重点和项目库。

3）精明发展逻辑

习近平总书记在中央城市工作会议上提出："要坚持集约发展，树立'精明增长''紧凑城市'理念，科学划定城市开发边界，推动城市发展由外延扩张式向内涵提升式转变。"我国经济已由高速扩容增长阶段转向高质量发展阶段，精明发展是适应新形势、新需求的发展，是关注城市内涵的发展，是践行绿色可持续的发展。

我们应坚持规划利民、为民、惠民的原则，改善人居环境，着力完善交通、水利等基础设施和公共服务设施，强化人地协调，实现城乡高质量发展、高品质生活，不断满足人民日益增长的美好生活需要。从过去关注城镇规模、人口规模和城镇化率，转向关注空间高效、集约利用、人口结构、受高等教育人口占比、人才吸引能力、基尼系数、恩格尔系数和户籍人口城镇化率等指标。

要重视量的发展，但更要解决质的问题，在质的大幅度提升中实现量的有效增长。从过去关注 GDP 总量和增速指标，转向关注经济结构、财政收入占 GDP 的比例、全要素生产率对 GDP 的贡献、高新技术企业占规上企业比例、单位 GDP 的能耗水耗、地均产出和利润等指标。

3. 乡镇国土空间总体规划的编制重点与对策

1）强化落实——建体系、落指标

（1）构建简洁实用的乡镇空间规划体系

目前，国家尚未出台乡镇国土空间总体规划的编制指南，本文参考《市级国土空间总体规划编制指南》《湖南省乡镇国土空间规划编制技术指南（试行）》《山东省乡镇国土空间总体规划编制导则（试行）》的要求，结合辽宁省实际，确定了"定位目标、国土空间格局优化、控制线落实、土地整治和生态修复"等十大内容体系，并在"三区三线"落实和优化调整的方法上进行探索，为开展乡镇国土空间总体规划的编制和相关技术导则的制定提供实践支撑与佐证案例（图 2-1）。

（2）落实上位国土空间规划各项指标

乡镇国土空间规划指标体系强调纵向传导落实，包括逐级落实和逐级细化两种方式：前者指每一层级规划都设置相应指标，上下联动、协调制定并各自落实；后者指部分指标在上级规划中不作要求，在下级规划中细分。简化非空间性要素的内容，强化"定量化、坐标化、可监管、可传导"，重点明确县市级国土空间总体规划约束性指标和刚性管控要求的传导落实，加强规划传导的强制性。落实"底线管控、结构效率、生活品质"三类指标，共计 25 项，在市县级国土空间总体规划指标体系的基础上，简化国土开发强度、人均公园绿地和单位 GPD 用水量等指标，结合偏远山区实际情况，增加农村生活垃圾、污水处理率和农村水质达标率等关键指标（图 2-2）。

2）生态优先——控底线、促修复

（1）以县级"双评价"为基础落实"三区三线"

一是衔接和落实县级"双评价"成果，以县级三类空间结果为基础，根据乡镇实际，增加地质灾害分布、乡镇级饮用水源保护区和土地复垦等因素，优化调整县级划定结果，最终确定生态、农业和城镇空间。

二是衔接和落实县级"生态保护红线和基本农田保护研究""城镇开发边界"等专题

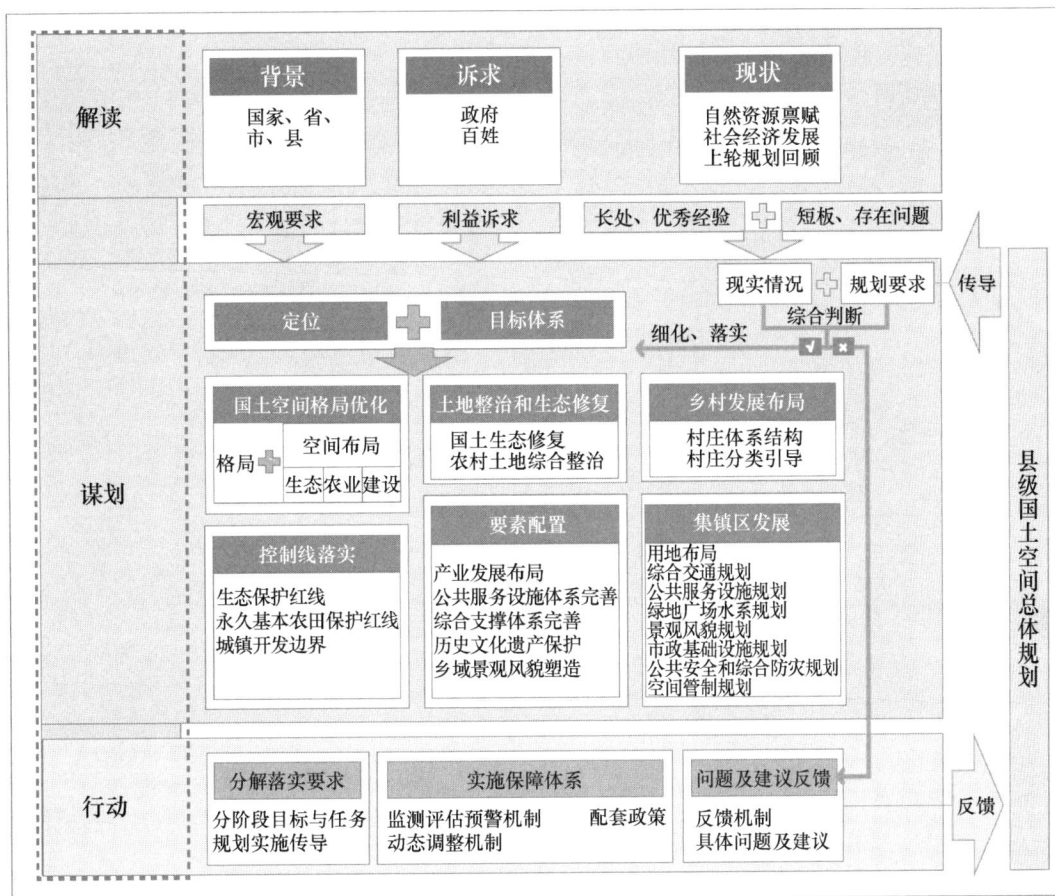

图 2-1 乡镇国土空间总体规划内容框架图

(来源：作者自绘)

成果，对县级的乡域 3 条控制线进行正向优化调整。通过对生态保护红线和基本农田内存在的矛盾冲突、划定不实、违法占用的图斑进行评估，制定调整和补划原则。综合考虑调整后的生态保护红线和基本农田、各类项目驱动、用地潜力分析和集镇发展方向等因素，优化城镇开发边界。在充分协调 3 条控制线交叉重叠区域后，最终确定 3 条控制线的范围和管控要求。

（2）推进乡镇国土整治和生态修复

一是衔接县级"国土综合整治和生态修复"专题，秉持"山水林田湖草生命共同体"理念，分类明确农村土地整治、城镇土地整治和矿区综合整治的重点工程，系统制定山体、水源、水库、林业生态和土壤等的生态修复措施。

二是建立"旱改水、坡改梯、永久基本农田恢复、低效耕地整治、土地复垦、旧厂房改造"等整治项目库和"水利枢纽生态修复、林地抚育"等生态修复项目库，落实建设地点、建设内容、年限、规模、资金预算和来源，增强规划的可操作性。

3）全域统筹——构格局、优空间

（1）构建乡镇国土空间总体格局

图 2-2　乡镇国土空间总体规划控制指标体系图
（来源：作者自绘）

　　按照乡镇总体定位和发展目标，落实上位规划划定的生态、农业、历史文化等重要保护区域和廊道，推进建设国土开发集聚区和培育国土开发轴带，构建乡镇总体发展框架结构。合理安排城镇空间和重要节点以及重大公共、市政及交通基础设施网络，因地制宜地确定乡镇国土空间保护、开发、利用、修复、治理的总体格局。统筹三大类用地，以农用地占比为主，布局农林用地、建设用地和自然保护与保留用地。

　　（2）优化乡镇三类国土空间

　　乡镇三类空间布局应遵循核验落实、微调反馈的基本原则，保持县市国土空间总体规划划定的三类空间总体格局不变，在省（自治区）、市等上级下发的"双评价"成果中的三类空间结果的基础上进行校核调整。调整思路为：将原生态空间中自然保护区核心区、饮用水保护区、现状河流、水库以外的永久基本农田调整为农业空间；自然保护区核心区、饮用水保护区及现状河流和水库以外的现状城镇建设用地调整为城镇空间；将原农业空间中的自然保护区核心区、饮用水保护区、生态适宜性集成评价结果为一级的区域以及现状河流、水库调整为生态空间；现状城镇及工矿建设用地调整为城镇空间；将原城镇空间中的永久基本农田与耕地、农业适宜性集成评价结果为一级的区域调整为农业空间；自然保护区核心区、饮用水保护区、生态适宜性集成评价结果为一级的区域、现状河流、水库调整为生态空间。

4）精明发展——谋发展、提品质

（1）谋划乡镇产业经济等发展目标

乡镇国土空间规划要注意落实县级规划的战略和目标任务，尤其是产业方面，要根据乡镇的特色资源禀赋、经济社会发展状况、历史文化特色和城乡发展诉求等，确定不同时段的发展定位和目标。明确产业发展方向，制定乡村禁止和限制发展产业目录，引导产业空间高效集聚利用，推动城乡融合发展。结合生态和旅游资源优势，推进农林旅结合，实现产业转型升级和特色旅游提升。打造宜业宜居的产业强镇，切实平衡发展与保护的关系。

（2）重点提升集镇空间品质和农村人居环境品质

一是双轨制配置符合人群特性的公共设施，实现高品质生活。未来乡镇人口将由本地居民、村民和大量的旅游人口构成，有必要针对不同的人群特征配套不同的公共设施，利于当地人口和外来人口的融合。为当地人口配套生活型服务设施，如增加便利店、集贸市场和学校等；为旅游人口配套旅游服务设施，如增加旅游集散中心、民宿、购物中心和展销中心等；配套兼容性服务设施，如停车场、骑行驿站和餐饮酒吧等。

二是优化乡村特色空间。结合广场、河流水域、公园绿地和文化场所等重要景观节点，营造具有地域特色和民族特征的标志性公共活动空间，提升人居环境质量。

三是统筹自然历史文化传承与保护。尊重乡村山水格局和自然脉络，顺应乡村地形地貌、河湖水系等自然环境，延续乡村传统空间格局、街巷肌理和建筑格局。深入挖掘和梳理乡村历史文化资源，明确和制定文物古迹、传统村落、民族村寨、传统建筑、农业遗迹和灌溉工程遗产等的保护措施。

5）着重实施——重底图、重实施

（1）实现与县级国土空间"一张图"无缝衔接

全域"一张蓝图"的构建作为乡镇层级国土空间规划编制的首要工作内容，必须实现与县级"一张图"无缝衔接。"三调"与国土空间规划用地分类存在"一一对应、一对多型、多对一型、无对应型"等多种复杂情况，如何从"三调图"向"国土空间总体规划现状图"转变，也是新时期面临的难点之一。

（2）夯实乡镇五年发展计划与近期实施重点

乡镇国土空间规划作为"五级三类"规划中最基础层级的规划，其着重强调实施导向。因此，乡镇国土空间规划的重点是执行与落实县市级国土空间规划近期实施要求，制定和分解乡镇五年发展目标计划和项目库，明确项目名称、建设性质、建设内容、用地规模、投资估算、涉及区域、建设年限和项目业主等内容。同时注意统筹乡镇交通、水利、旅游、农业、工业、生态修复和国土整治等要素，进而夯实乡镇土地储备、整治、分年度计划的空间落实等实施重点。

4. 相关知识的掌握与融汇

城乡规划是一个涉及面非常宽广的专业，是政治与经济、技术与艺术在城市空间上的具体体现，天文地理、人文社会等多方面的知识内容都是构成一个规划方案或一个城市问题研究的影响因素。

1）经济学原理

经济学与城乡规划关系密切，在编制城乡规划时要了解经济学的基本知识。规划中经常运用宏观经济学的分析方法，探讨城乡整体的经济增长与衰退、城市规模以及城市化问题；运用微观经济学的原理，可研究乡镇的空间、土地利用、交通、灾害、居住等问题。

2）地理学基础

地理学的研究主要为城乡规划的核心工作——城市布局，从经济发展、空间布局上提供了理论和事实依据。城市规划中的区域规划、城镇体系规划等需要以地理学作为基础，而地理学从空间研究的角度，对于城市空间结构也提出了许多精辟的见解。

3）生态学理论

城乡规划的任务之一正是在认识和把握自然规律和社会准则的基础上，合理地保护与利用自然资源，维护城市的生态环境平衡。运用生态学理论，通过合理的城市规划，使城市在发展的过程中就有可能做到对外尽量降低对自然生态环境的影响，对内实现自然环境与人工环境的有机结合，最终形成城乡一体化的城市乡村关系和城市体系。这种城乡一体化的田园城市也是近代城市发展过程中人们不断追求的一个梦想。随着生态学理论被大量运用在城市规划中，以营造高质量城市生态环境为目标的理念与思想相继出现，如生态城市、绿色城市、普世城、山水城市、园林城市等。

4）社会学思维

社会学为城市规划提供了多角度的思维，规划中采纳社会学的成果和方法，可以更深入地把握城市的本质和规律，实现以人为本的规划。城市是社会实体，具有物质性和社会性两方面的属性，人与人之间的相互作用和社会关系决定了城市的物质空间形态。城市规划是政府的公共行政手段，是人类社会控制城市空间实现特定目标的工具，需要运用社会学的观点和方法，考察和评价它的社会价值与效果。在城市规划的公共参与、城市更新、文脉发掘等各个方面，社会学正发挥着越来越大的作用。

5）法学理性

法与现代城乡规划存在着密切的关系，法对于规划而言不仅仅是一个可利用的工具，更是城市规划理性发展的重要来源。现代城市规划走上法制发展之路是必然的。对于乡镇国土空间总体规划设计，相关知识是解决实际问题的重要知识内容之一，尤其是对于问题的分析、思路的拓展、研究的深入都需要有强大的相关知识体系来支持。除了掌握原理之外，与总体规划紧密相关的课程主要有城市经济学、区域规划、城市地理学、城市道路交通规划、城市生态与环境保护规划、城市工程系统规划、城市规划管理与法规等。

（二）乡镇分级分类

①（乡）镇：经省级人民政府批准设置的（乡）镇。乡和镇在行政建制上属于同一级。

②镇域：镇人民政府行政的地域。

③ 镇区：镇人民政府驻地的建成区和规划建设发展区。

④ 村庄：农村居民生活和生产的聚居点。

⑤镇域镇村体系：镇人民政府行政地域内，在经济、社会和空间中有机联系的镇区和村庄群体。

⑥ 中心村：镇域镇村体系规划中，设有兼为周围村服务的公共设施的村。一般拥有小学、幼儿园、金融商贸等公共服务设施。

⑦ 基层村：镇域镇村体系规划中，中心村以外的村。

⑧ 集镇：集镇的概念类似于"城市"，是一种自然形成的居民点，而非区划概念（区划是人为划分的）。

集镇与乡、镇的关系是：乡镇驻地往往是集镇，集镇不一定是乡镇驻地，也可能是较大的村庄。一般来说，一个乡镇至少有一个集镇，往往就是乡镇政府驻地。一个乡镇有多个集镇的情况也不鲜见。这一点，有农村生活经验的人应该不难理解，平时出门赶集买菜去的定期有集市的村庄，就是集镇。而非集镇的村庄几乎没有像样的商业（除了小卖部之类的），这就是区别。

（三）乡镇"综合规划"方法

乡镇"综合规划"方法强调综合性、总体性和长期性。

1. "分离渐进规划"——特别注意分解问题，就事论题。较大规模或全局性问题，则分解成若干小问题，再逐一解决。

2. "混合审视规划"——在作基本决策时采用综合规划方法，关注实现最重要的目标而不是所有目标；注意城市发展过程中部分变量之间的关系，不是分散力量研究所有的要素。在基本决策的整体框架之下，作项目决策时采用分离渐进规划，保证项目成果服务于基本决策。

3. "连续性乡镇规划"，克服了以往某些总体规划固守终极状态的僵化，强调乡镇规划的渐进过程。连续性规划不是最终的蓝图，而是指导现状改进的法则。不同的城镇规划要素各有一定的时效，例如修建道路与给水排水干管，规划期限应长达 50 年，而特定地区的土地利用不必限定得过于久远，以适应未来经济与社会形势的变化。

（四）国土空间用地用海分类表

用地用海分类采用三级分类体系，本指南共设置 24 种一级类、106 种二级类及 39 种三级类，详见附录表 11。

二、任务书解读

（一）充分理解上位规划，细化规划用途分区

结合乡镇（片区）空间发展策略，在上位国土空间总体规划确定的规划用途分区的基础上进行细化落实，划定二级用途分区，明确各规划用途分区的范围边界和面积。

1. 生态保护区

落实上位国土空间总体规划划定的生态保护红线区、生态保护控制区和一般生态保护区，遵从保护面积不减少的原则，细化至对应的二级用途分区。若各用途分区出现空间交叉、重叠的问题，按照保护低级别服从高级别的原则进行整合，将符合条件的优先整合至保护要求高级别的用途分区。

2. 生态保护红线区

生态保护红线区可细分为核心红线区和其他红线区，应根据二级规划用途分区的管控范围划定核心保护和其他红线区的四至边界和控制点坐标，两区面积之和应不小于上位国土空间总体规划划定的生态保护红线区面积。

核心红线区包含国家公园和自然保护区的核心保护区。其他红线区包含国家公园和自然保护区的其他控制区，自然公园的核心区等。

3. 生态保护控制区

生态保护控制区可细分为森林生态控制区、湿地生态控制区、海洋生态控制区和其他生态控制区，应根据二级规划用途分区的管控范围划定各区的四至边界，四区面积之和应不小于上位国土空间总体规划划定的生态保护控制区面积。

森林生态控制区包含Ⅱ级保护林地（不包括零星分布的省级公益林），除Ⅱ级保护林地外的二级国家级公益林、集中连片的省级公益林等。湿地生态控制区包含省级以上重要湿地，饮用水水源地的二级保护区等。海洋生态控制区主要包括海洋自然保护区的实验区、海洋特别保护区的生态与资源恢复区和适度利用区等。其他生态控制区包含珍稀濒危野生动植物栖息地，重要风景资源分布区等。

4. 一般生态保护区

一般生态保护区可细分为一般生态防护区和一般生态经济区，应根据二级规划用途分区的管控范围划定各区的四至边界，两区面积之和应不小于上位国土空间总体规划划定的一般生态保护区面积。

一般生态防护区包含Ⅲ级保护林地，除Ⅲ级保护林地外的其他天然林、零星分布的省级公益林等。一般生态经济区包含Ⅳ级保护林地，林地之外的树圃、苗圃、经济林等。

5. 农业农村发展区

落实上位国土空间总体规划划定的永久基本农田保护区和一般农业农村发展区，细化至对应的二级用途分区。

1）永久基本农田保护区

永久基本农田保护区可细分为永久基本农田示范区、永久基本农田集中区和永久基本农田储备区，应根据二级规划用途分区的管控范围划定各区的四至边界和坐标，三区面积之和应不小于上位国土空间总体规划划定的永久基本农田保护区面积。

永久基本农田示范区是指永久基本农田相对集中连片，配套设施完善需更严格保护的农业永续利用区域。永久基本农田集中区是指永久基本农田示范区外，永久基本农田相对集中需严格保护的农业永续利用区域。永久基本农田储备区是指可以调整补充为永久基本农田的耕地集中分布区域。

2）一般农业农村发展区

一般农业农村发展区可细分为农田整备区、一般农地区和村庄建设区，应根据二级规划用途分区的管控范围划定各区的四至边界。

农田整备区是指通过土地开发整理可以复垦补充耕地等农用地并作为永久基本农田储备区潜力范围的区域。一般农地区是指以一般种植业、牧业等农业发展为主要利用功能导向划定的区域。村庄建设区应根据村庄功能定位、村庄人口、建设用地规模及重要设施配建标准等要求划定集聚提升类村庄和规划保留村庄的建设用地拓展边界。

6. 城镇发展区

落实上位国土空间总体规划划定的城镇集中建设区、弹性发展区和城镇特别用途区，细化至对应的二级用途分区。

1）城镇集中建设区

根据规划城镇建设用地规模，为满足城镇居民生产生活需要，划定的一定时期内允许开展城镇开发和集中建设的地域空间。集中连片、规模较大、形态规整的地域确定为城镇集中建设区。现状建成区、规划集中连片的城镇建设区和城中村、城边村、依法合规设立的各类开发区，国家、省、市确定的重大建设项目用地等应划入该区。划入该区的规划城镇建设用地原则上应高于规划城镇建设用地总规模的90%。城镇集中建设区内应合理布局重要绿地水系区、历史文化紫线区、重要交通与枢纽区、居住生活区、公共服务设施集中区、商业商务区、工业物流区和特色功能区。原则上以道路、山水自然要素界线、地块红线作为各用途分区的边界线，每个分区边界应尽可能清晰规整。若有功能混合的区域，按照其主导功能划入相应的二级用途分区。

重要绿地水系区包括城市结构性生态绿廊、重要城市公园、重要蓝线控制区和一般绿地休闲区。重要城市公园（原则上为面积在 $1hm^2$ 以上的公园）、重要的滨水绿地（原则上为平均宽度在 20m 以上）、城镇结构性绿廊以及规划认为需要进行重点控制的其他绿地和县级以上河道、小（二）型及以上水库、重要的湖塘（原则上常水位水域面积在 $4hm^2$ 以上）、城镇重要景观河道以及规划认为需要进行重点控制的其他城镇河湖水系应划入重要绿地水系区。该区内绿地和水体用地面积占比原则上应在80%以上（不含城市市政道路）。

历史文化紫线区包括历史文化街区保护紫线区、文化遗产保护紫线区和一般历史保护地区。历史文化街区保护范围、世界文化遗产保护范围以及规划认为需要进行重点控制的其他历史保护地区应划入该区。

重要交通与枢纽区包括重要城市交通枢纽黄线区和一般交通枢纽区。城镇交通场站与枢纽、轨道交通车辆基地以及一般枢纽场站，多种交通方式汇集、交会的快速路、主次干道以及合理缓冲、防护的边界等应划入该区，交通设施用地原则上在该区占比达80%以上。

居住生活区是指以城镇住宅建筑和居住配套设施为主要功能导向的区域。该区内至少包含一个5分钟生活圈且居住及居住配套设施用地占比原则上应在65%以上（不含城市市政道路）。

公共服务设施集中区是指以提供行政办公、文化、教育、医疗等城镇公共管理与公共服务为主要功能导向的区域，包括重要公共设施橙线区。公共服务设施集中区内公共服务设施用地占比原则上应在60%以上（不含城市市政道路）。独立占地的10分钟生活圈、15分钟生活圈需设置的公共管理和公共服务设施原则上应划入公共服务设施集中区。

商业商务区是指以提供商业服务业、商务办公等为主要功能导向的区域。商业商务区内商业、服务业及商务办公等设施用地占比原则上应在60%以上（不含城市市政道路）。

工业物流区是指以城镇工业、仓储物流及其配套服务为主要功能导向的区域。集中布局的工业、仓储物流以及配套的工业邻里（商业商务）、医疗、居住和市政设施等为工业和物流区服务的设施以及防护隔离绿带应划入工业物流区。区内工业或仓储物流用地占比原则上应在80%以上（不含城市市政道路）。若区内含有危险化学品及易燃易爆品等危险源，应和其他城镇功能分区保持满足相关规定的安全距离后方可准入。

为满足城镇特定发展意图单独设定的片区，如特色小镇、创新发展区、文化创意区、旅游度假区等区域应划入特色功能区，该片区内发展主题明确、布局相对集中紧凑。

2）弹性发展区

为应对城镇发展的不确定性，在城镇集中建设区外划定的，在满足特定条件下方可进行城镇开发和集中建设的地域空间。该区面积原则上不得超过城镇集中建设区面积的15%。

3）城镇特别用途区

为完善城镇功能，提升人居环境品质，保持城镇开发边界的完整性，根据规划管理需划入开发边界内的重点地区，主要包括与城镇密切关联的生态涵养、休闲游憩、防护隔离、自然和历史文化保护等地域空间。该区与城镇集中建设区、弹性发展区在面积上无明确的比例，对城镇功能和空间格局有重要影响、与城镇空间联系密切的山体、河湖水系、生态湿地、风景游憩空间、防护隔离空间、农业景观、古迹遗址等地域空间应划入该区。特别用途区要做好与城镇集中建设区的蓝绿空间衔接，形成完整的城镇生态网络。

（二）区域发展分析

通过对乡镇的社会、经济、能源、环境和基础设施等现状基础资料的调查，了解其在周边区域中的地位和优势，充分分析其在镇域范围内的生产力布局特点、环境资源利用状况以及镇区发展潜力，确定乡镇发展职能、结构和规模等级，明确镇域经济发展总体框架，同时，对镇域范围内的基础设施制定规划纲要及总体布局结构。

（三）规划目标把控

1. 第一层次：镇域镇村体系规划

应包括以下主要内容：

1）调查镇区和村庄的现状，分析其资源和环境等发展条件，预测第一、二、三产业的发展前景以及劳动力和人口的流向趋势；

2）落实镇区规划人口规模，划定镇区用地规划发展的控制范围；

3）根据产业发展和生活水平提高的要求，确定中心村和基层村，结合村民意愿，提出村庄的建设调整设想；

4）确定镇域内主要道路交通、公用工程设施、公共服务设施以及生态环境、历史文化保护、防灾减灾防疫系统。

2. 第二层次：镇区规划

通过对各项现状基础资料的调查分析，明确区域社会经济发展的优势和制约因素，确定乡镇在区域社会经济发展中的地位、主要功能和性质，进一步完善镇区的土地使用和各项设施的结构和功能，对镇区内功能用地和各专项工程系统作出相应的规划布局。

（四）规划成果与要求

1. 基本组成

1）成果模块：①现状调查报告（文字＋现状综合分析图）；②镇域镇村布局；③镇区总体布局；④专项规划设计（公建、市政设施等）。

2）成果内容：包括总体规划文本、规划说明书、现状调查报告、总体规划设计图纸、其他相应的计算机文件，多人合作完成。

2. 乡镇国土空间总体规划编制图纸基本内容

目前，已发布乡镇国土空间总体规划编制指南的省份对相关图纸的要求如下。

1）湖南省

来源：《湖南省乡镇国土空间总体规划编制指南（试行）》

乡镇国土空间规划图件包括：区位图、土地利用现状图、国土空间规划图、国土空间格局图、三线控制图、产业发展布局图、乡镇村结构图、综合交通规划图、设施布局规划图、国土综合整治图、景观风貌指引图、村庄规划指引图、镇开发边界内集中建设区详细规划图、城镇开发边界内道路交通规划图、城镇开发边界内公共服务和基础设施综合规划图、重点项目布局图。

注：相关规划图纸应叠加基础底图，基础底图应包括镇、乡、村边界及名称，镇（乡）政府驻地位置，地形地貌、山体水体等自然要素以及规划的主要交通廊道、交通设施等。

2）山东省

来源：《山东省乡镇国土空间总体规划编制导则（试行）》

主要图纸包括：乡镇全域国土空间开发保护格局规划图、镇乡（村）体系规划图、乡镇全域三区三线规划图、乡镇全域国土空间规划分区图、乡镇驻地主导功能规划分区图、乡镇驻地重要控制线管控规划图、乡镇全域历史文化保护规划图、乡镇全域自然资源和生态保护规划图、乡镇全域公共服务设施布局规划图、乡镇全域综合交通体系规划图、乡镇全域市政基础设施（含综合防灾）布局规划图、乡镇全域国土综合整治与生态修复规划图、村庄规划指引（系列）、乡镇驻地单元规划指引（系列）。

现状分析图主要包括：区位图、现状影像图、行政区划图、地形地貌图；国土利用现状图；矿产资源分布图；生态资源分布图；镇乡（村）体系现状图；综合交通现状图；地质、水文、矿山、地灾、海洋等其他现状图。

3）河北省

来源：《河北省乡镇国土空间总体规划编制导则（试行）》

规划图纸主要包括乡镇域和乡镇政府驻地内两部分图纸。

乡镇域的图纸包括：国土空间现状图、国土空间总体规划图、居民点体系布局规划图、生态修复和国土综合整治规划图、交通与基础设施规划图、历史文化保护与景观风貌规划图、近期建设规划图。

乡镇政府驻地内的图纸包括：国土空间现状图、用地布局规划图、道路交通规划图、基础设施布局规划图、空间形态与风貌控制规划图。

3. 图纸规格要求

1）符合国土空间总体规划编制的行业要求和国家标准；

2）规划设计图纸以 A3（420mm×297mm）大小的文本方式装订成册（软面胶装）。

4. 设计成果附件要求（计算机文件）

1）文本文件采用微软办公软件的 doc 格式进行编辑，图形文件采用 AutoCAD 的 dwg 格式进行编辑，坐标系应与实际坐标系保持一致；

2）提交以上电子文件（转换成 PDF 格式文件）。

5. 设计成果的深度说明

1）总体规划必须符合《乡镇国土空间总体规划编制导则》的深度要求；

2）近期建设规划可结合教学目标适当简化；

3）设计图纸和文件必须做到清晰、完整，尺寸齐全、准确，图例、用色规格应尽量统一，符合行业标准要求；

4）乡镇国土空间总体规划图纸目录（参考，可根据项目特点进行删减）。

第二节 现 状 调 研

城乡建设是一个不断变化的动态过程。为了科学、合理地制定乡镇国土空间总体规划，在规划编制过程中需要对现状资料进行调查、研究与分析。

城乡规划调查研究按其对象和工作性质大致可分为三大类：对物质空间现状的掌握；对各种文字、数据的收集、整理；对村民意识的了解和掌握。乡镇国土空间总体规划现状调查应根据乡镇规模和乡镇建设具体情况的不同而有所侧重，不同规模与深度的乡镇总体规划对资料收集工作的深度也有不同的要求。

由于现状调查研究是一项繁杂的工作，涉及面广，因此，需采用分工合作的方式进行，一般根据乡镇用地大小和系统分类分成若干组，分门别类地收集调查，并加以汇总分析。

一、调查前期步骤

（一）课题预先分析

在开展调查以前，要做好充分的准备工作。首先要把所需资料的内容及其在规划中的作用和用途吃透，做到目的明确、心中有数。可以通过图书、资料、档案、报刊、网络等途径，采用查找、浏览、阅读、摘录等方式，收集一些相关的信息，对编制总体规划的乡镇进行初步的了解，形成初步的认知，对规划对象进行预分析。

（二）实例资料调研

实际案例研究是一种迅速掌握同类型设计要点的好方法，尤其是针对总体规划设计的现状调查，详细参考和分析已经完成的总体规划的基础资料汇编，通过摘录部分现状调查报告的主要内容和典型段落，能够快速了解总体规划阶段现状调查所需的资料和深度。

参考实际案例要注意两点：一是要参考实际案例中整个乡镇总规编制的过程框架，分析借鉴其编制思路。二是要参考在现状调研分析阶段发现问题的方法和解决问题的角度及其图纸表达方式、语言描述方式。

（三）调查提纲拟定

在此基础上拟定调查提纲，列出调查重点，然后根据提纲要求，编制各个项目的调查表格。表格形式根据调查内容自行设计，以能满足提纲要求为原则，使调查针对性强，避免遗漏和重复。

（四）地形图的准备

编制规划前，必须准备好适当比例尺的地形图（区域、镇区）。它为分析地形、地貌和建设用地条件提供了依据。随后，通过踏勘和调查研究，可以在地形图上绘制现状分析图，作为编制规划方案的重要依据和基础。同时，要准备绘图工具。在这一阶段，GIS 绘图工具是最常用及最科学的工具之一。

二、主要调查内容

乡镇系统是个大系统，涵盖社会、经济、环境、文化、景观等子系统，乡镇现状调查应全面审视乡镇各子系统及其相互作用形成的交叉系统，具体可以从以下六个方面展开（表 2-1）。

乡镇国土空间总体规划与设计调查内容一览表　　　　　　　表 2-1

子系统	条件因子名称	调研内容
社会子系统	历史沿革	乡镇在不同历史时期的行政区划调整及其对应的空间演变轨迹，特别要注意空间轨迹演变的推动因素调研
	人口构成与流动	① 乡镇各自然村人口分布 ② 人口家庭、年龄、社会构成、劳动力构成等人口构成与流动 ③ 人口流入与流出数量 ④ 流入人口的就业、就医、居住状况等 ⑤ 历年人口变动情况表
	乡镇管理机制	① 有关乡镇建设、社会发展等的议事规则 ② 上级政府促进乡村建设的举措、办法与规定
	居（村）民意愿	① 村民对村庄现状设施、环境状况的满意度 ② 村民对村庄建设、村容村貌、公共服务设施等的满意度与发展愿景 ③ 村民关于提高村民收入、村民致富等方面的设想 ④ 村民的住宅流转、入市、迁建等意愿
	建房需求	① 村庄规划期限内的个人建房需求 ② 当地村民建房的相关政策与标准
经济子系统	第一产业	① 农业种植类型、收入与从业人口 ② 各类农业园区规模、面积与空间分布
	第二产业	① 村庄二产的企业名称、规模、产值、职工人数及产品 ② 企业污染情况及今后发展设想
	第三产业	① 乡村农家乐、民宿、庭院经济、乡村旅游项目情况 ② 第三产业发展存在的问题 ③ 第三产业发展的设想
	土地流转与村集体收入	① 村庄土地流转收入 ② 村集体收入主要来源 ③ 家庭收入主要来源

子系统	条件因子名称	调研内容
文化子系统	村庄非物质文化遗产	① 村庄习俗、节庆活动、传统美食、传统祭祀活动等 ② 民间文学、口头技艺、工艺品等
	村庄物质文化遗产	① 文保点、不可移动文物、历史建筑等的分布位置、等级 ② 古桥、古墓、古井等历史环境要素分布位置、等级、保存完好度
	传统风貌街区与建筑	① 传统风貌街区分布及价值 ② 传统建筑风貌与分布
自然环境子系统	自然条件	村庄赖以生存的地形（山体）、水系、森林、气候等
	特殊生境	动物、植物的栖息地
建成环境子系统	镇域土地利用	① 镇域土地利用现状，含地类类别、面积、空间分布 ② 村庄居民点分布图
	镇区及村庄土地利用	镇区及各村庄土地利用现状性质、面积及空间分布
	基础设施	① 镇域及镇区的给水、污水、电力、通信、环卫等基础设施的建设现状，涵盖管线走向、管径、管材、敷设方式与深度、相关设施空间位置与规模 ② 公厕与垃圾收集设施 ③ 污水处理方式，垃圾处理方式
	村庄公共服务设施	村委会、小学、幼儿园、中学、卫生室、超市、便利店、菜市场、文化设施等位置与规模
	道路交通现状	① 主要对外交通线路名称、等级、位置、断面形式与宽度、路面质量 ② 镇区主要道路、次要道路、支路、巷路等的名称、等级、位置、断面形式与宽度、路面质量、铺装形式与材料 ③ 镇区停车场建设现状 ④ 桥梁形式与位置
	绿化	① 村民美丽庭院建设现状，包括采用的绿化树种 ② 进入镇区的道路及镇区内主要道路绿化现状 ③ 绿化维护机制与资金来源 ④ 村庄古树名木分布现状
	村民住宅	① 村民住宅形式、建筑质量、建筑高度等 ② 村民建房水平
景观子系统/乡村意象	山水田	① 乡村山体、水体、田园景观 ② 山、水、田、居的空间关系、形态与格局
	村口	① 村口的标识 ② 村口空间景观
	主街巷	① 主要街巷的肌理 ② 主要街巷的宽度、立面、地势、铺地、植物等
	边界	① 镇区的边界（建筑界面） ② 镇区外围的水体、山体、农田边界景观
	节点	镇区或村内公共空间分布与景观质量
	片区	① 生活性、生产性、公共服务等片区范围与景观质量 ② 历史保护、旧村整治、新村建设等片区的范围与景观质量

（来源：作者绘制）

三、主要调查方法

（一）踏勘调研

踏勘调研法指通过乡镇实地调研了解乡镇各系统发展及建设状况。踏勘调研前要准备好镇域、镇区和乡村居民点地形图、遥感影像图（如谷歌地图）以及收集、记录的踏勘资料；同时，踏勘过程中最好有当地向导带引。通过踏勘，直观感知乡镇的各种物质环境和乡镇发展水平，了解乡镇人居环境中的道路、公共服务设施、市政基础设施、建筑质量、建筑高度、建筑风貌、公共空间、景观绿地等的状况和土地利用现状，初步了解乡镇物质空间建设存在的问题、乡镇经济（产业）与文化特色等内容，并采用地形图对照与记录（标注）、照片记录、手绘记录、观察等方法做好踏勘信息的记录，如图 2-3 所示。在踏勘过程中，要特别注意标出、记录出实地现状与镇区地形图（遥感图）不一致的地方。有条件的情况下，踏勘期间最好能够住在村民家中，时间在两周以上，以进一步充分了解调研乡村的发展历史、乡村的风土与人情、村民的意愿等内容。

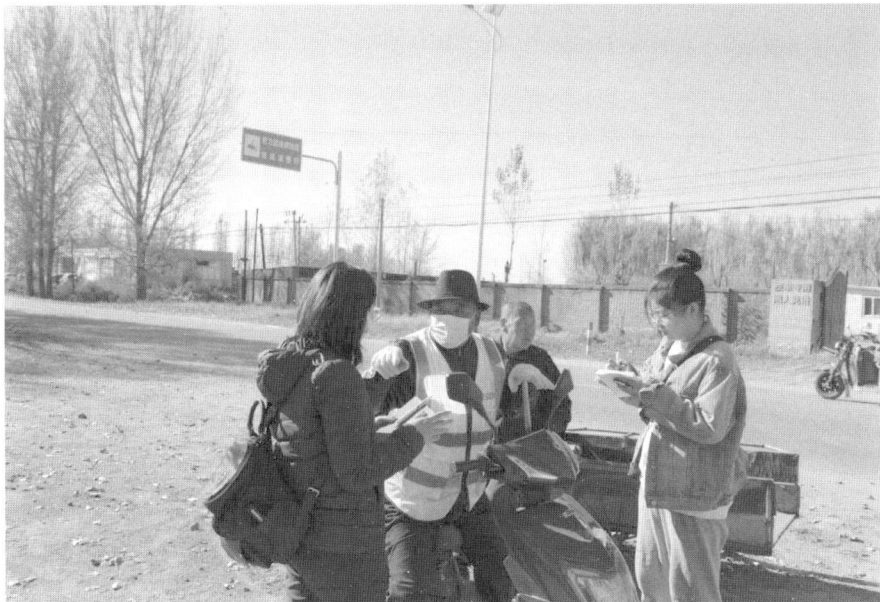

图 2-3　踏勘信息记录

（来源：作者拍摄）

（二）资料调查

乡镇国土空间总体规划涉及上位规划、相关政策、村史、村情等大量文字与图片资料。资料调查指的是在乡镇基础资料收集清单的基础上，通过镇政府、村委会以及相关管理部门收集乡镇规划及上位规划、村庄规划、村史村情、重要项目建设情况、人口构成及变迁情况、产业发展、体制机制、各类统计报表等相关文字和图片资料。

（三）访谈调研

访谈调研对象包括村干部、不同年龄层次的村民、游客、企业代表、乡镇政府干部代表等。访谈围绕住房情况及个人建房需求、设施及人居环境的满意度与发展需求、产业发展、大项目建设、企业搬迁、城乡迁移、生活愿景、村集体领导力、乡村议事规则、资金来源等内容充分展开，了解存在的问题以及问题产生的根源。访谈可采用座谈会、单独访谈、小组访谈等形式，要注意做好访谈记录。在访谈过程中，尤其要注意跟村民的交流方式，尊重地方习俗。另外，如果需要解决语言障碍问题，应该寻求懂地方方言的乡镇政府干部、村干部、村里大学生等的陪同与帮助。

（四）问卷调查

问卷调查的对象包括村干部、不同年龄层次的村民、游客、非农产业经营者代表、乡镇政府干部等。因此，要针对不同的问卷调查对象分别设计相应的调查问卷，以实现对调研乡镇全面信息的收集与掌握。问卷调查的方式、方法整体上可以分为自填式问卷调查、代填式问卷调查两大类。其中，自填式问卷调查中的送发式问卷调查、代填式问卷调查中的访问式问卷调查最适宜在乡镇问卷调查过程中使用。以下为示例。

"某国土空间总体规划"农村居民调查问卷

居民朋友：您好！为规划某地，促进本地发展，需对某地基本情况及居民居住状况进行问卷调查，希望得到您的支持与合作！在您填表的同时，向您表示衷心的感谢！

1. 您家位于：A）某北村；B）某南村；C）乡政府驻地

2. 您的性别：A）男；B）女

3. 您的年龄：A）20岁及以下；B）21~30岁；C）31~40岁；D）41~50岁；E）51~60岁；F）60岁以上

4. 您的职业：A）普通企业员工；B）高新企业员工；C）农民；D）教师；E）商业和服务业；F）学生；G）公务员；H）军人；I）干部；J）离退休；K）事业单位职员；L）自由职业；M）商人；N）其他

5. 您的文化程度：A）小学及以下；B）初中；C）高中/中专；D）大专/高职；E）本科；F）研究生及以上

6. 您的月收入水平：A）无；B）1000元以下；C）1000~5000元；D）5000~1万元；E）1万~5万元；F）5万元以上

7. 您出行的主要交通方式（可多选）：A）步行；B）自行车；C）摩托车；D）公交车；E）小汽车；F）其他

8. 您从家到工作地点一般所需要的时间：A）10分钟以内；B）10~30分钟；C）30分钟~1小时；D）1~2小时；E）2小时以上

9. 您觉得去某乡以外的乡镇是否方便：A）方便；B）比较方便；C）不太方便；D）不方便，原因：＿＿＿＿＿＿＿＿。

10. 您对本村基础设施的满意度如何？（请在下面选项中打"√"）

	2满意	1一般	−1不满意	0无所谓
A）道路状况				
B）交通系统				
C）休闲场所				

续表

	2 满意	1 一般	−1 不满意	0 无所谓
D) 商业服务设施				
E) 教育设施				
F) 运动健身设施				
G) 垃圾处理设施				
H) 医疗卫生条件				
I) 娱乐购物设施				

11. 您觉得本镇（村）最缺的公共设施是什么：＿＿＿＿＿＿＿＿＿＿＿＿。

12. 您觉得本镇（村）的优势/特色是什么：A）自然环境；B）地理区位；C）建筑风情；D）历史人文；E）特色产业；F）其他

13. 您认为本镇（村）最应该发展什么类型的旅游产业：＿＿＿＿＿＿＿＿＿＿＿。

14. 您对发展民宿的看法：A）愿意提供民宿；B）愿意提供民宿且接受建筑改造；C）不提供民宿

15. 您对本镇（村）未来的发展有什么期望：＿＿＿＿＿＿＿＿＿＿＿

再次感谢您的参与！

四、基础资料收集清单

制定调查工作框架图和详尽的工作计划，摆明各环节的主要内容，进一步研究用什么方法、到什么部门去收集有关资料。必要时，还需收集乡镇相邻地区的有关资料。基础资料可视所在乡镇的特点及实际需要增加或简化，并进行分析汇编。基础资料数据必须准确（表 2-2）。

编制乡镇国土空间总体规划需收集的基础资料　　　　　　　　表 2-2

大项	细分项
（乡）镇域基础资料	① （乡）镇域的地形图，图纸比例为 1/200000～1/50000； ② 自然条件和资源状况； ③ 经济发展状况、环境状况、土地开发利用状况； ④ 主要乡镇状况； ⑤ 主要风景名胜、文物古迹、自然保护区状况； ⑥ 区域基础设施状况； ⑦ 有关经济社会发展计划、发展战略、区域规划等方面的情况
镇区基础资料	① 近期绘制的镇区地形图，图纸比例为 1/25000～1/5000； ② 镇区自然条件及历史资料； ③ 镇区经济社会发展资料； ④ 镇区建筑及公用设施资料； ⑤ 镇区环境及其他资料
其他资料	① 上位规划和上儿版规划； ② 国民经济与社会发展统计资料或统计年鉴（近 5 年）； ③ 乡（村）志及专业志如建设志、交通志、环保志等； ④ 相关规划意愿收集汇总：当地和上级政府对乡镇发展的设想、民众意愿等； ⑤ 专项规划：基本农田保护、交通、市政、产业等相关的专项规划（包括文字、图纸）

五、调研工具使用

（一）问卷星 APP

优势：主打线上问卷的制作、发放、回收和分析。

劣势：功能比较单一，且回收的问卷没有定位信息，无法满足规划从业者调研空间数据的需求。这里还要注意由于针对的乡镇人群较多，其中不乏老年人及儿童，所以还要准备一定量的纸质调研问卷，采用访谈代填的形式获取不会或不方便使用手机的人群的数据。

（二）两步路、六只脚 APP

优势：专业户外运动平台，用户基数大，APP 内提供全套户外运动服务，外出安全系数较高，能够精确记录 GPS 调研轨迹，并确定调研节点的实景照片。

劣势：功能聚焦于户外运动，对于规划从业者而言，并不能提供专业调研模板，也不能导入底图或导出可以直接用于规划分析的调研数据。

（三）录城 Pin Survey APP

优势：专为规划师和规划学子打造的调研工具，一个后台终端＋Web/小程序/iPad，定点拍照＋发放问卷，可与团队协同调研，问卷带有定位数据，且调研数据可以一键导出为 .shp/.geojson/.xls 等数据类型。

劣势：较为小众，有些功能还在开发中。

录城 PinSurvey APP 使用方法（图 2-4～图 2-10）：

录城 PinSurvey 是一款轻量化调研工具，旨在用更少的步骤，优化重复、机械的外业调研和内业整理流程。

通用功能	· 自定义要素图标 · 所有调研结果自带位置属性 · 支持卫星/矢量底图切换 · 分图层查看调研结果 · 团队调研云端同步		
核心功能	**标绘模式**	**拍照模式**	**问卷模式**
	· 采集点、线、面要素 · 同时采集要素照片 · 同时采集要素属性	· 采集照片 · 同时采集要素属性	· 批量配置问卷

图 2-4　录城 PinSurvey APP 的功能

作为集成型的调研工具，录城 PinSurvey 融合了标绘、拍照和问卷 3 种功能，3 种模式各有侧重。其中最为灵活的功能是"属性表单"，其主要有两种用途，既可以添加属性采集，又可以配置问卷。目前，支持导入和导出"属性表单"功能，大大缩短了配置问卷的时间。

Step1：配置

登录"录城"→选择项目→点击配置，选"属性表单"卡片，可以在右上方看到管理属性表单的功能。

Step2：下载

单击最右"属性表单模板下载"。

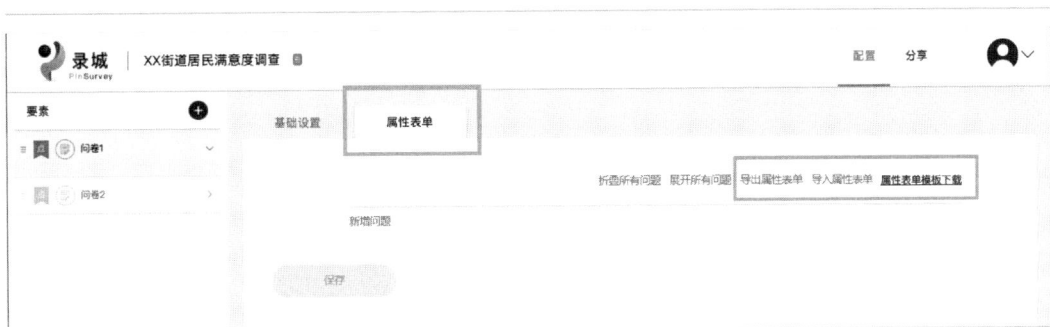

图 2-5 属性表单

图 2-6 下载 Excel 模板，查看模板配置规则

Step3：整理

根据需求，按照格式规则整理好你的问卷模板或属性采集模板。

Step4：导入

整理好后，回到 PC 端，点击"导入属性表单"，并"打开"相应的文件夹，选择相应的 Excel 表，上传完毕。

1. 序号：决定问题的先后顺序

2. 问题描述：相当于问题的二级标题，对问题的补充说明

3. 属性类型：即问题类型，支持6种问题，其中前五种可以使用 excel 批量配置，地图选点题只能单独配置

- 填空题：给予填写提示

- 单选：可设置"其他"选项，自行补充填写

- 多选：同上

- 量表题：通过配置不同的分值来进行区分

- 仅展示（非填写）：给要素添加固定属性或提示

- 地图选点题（仅可单独配置，不可通过 excel 直接配置）：可以选择地图上的单个点，作为自动校准定位的补充或满足其他定位需求

图 2-7 模板说明（一）

4. 填写类型（仅适用于填空题）

- 字符（支持数字、字母、汉字混合）
- 整数（仅整数，不可输入小数点）
- 小数（整数或小数，可输入小数点）
- 日期（下拉选择日期）

5. 提示语（仅适用于填空题）：给予填写提示
6. 是否为必填题目（适用于除“仅展示”外的所有题型）：自定义哪些是必填题，哪些是非必填题
7. 是否设置其他选项（仅适用于选择题）：选择题勾选“其他”时，可自动弹出手动填写框
8. 填写提示项（仅适用于选择题且设置了“其他”选项）：选择题选择“其他”后的补充提示
9. 选项（仅适用于量表题）：选项之间用“ | ”相隔，可配置多个选项
10. 选项描述（仅适用于量表题）：满意程度与选项数字相对应，如，20—非常不满意，40—不满意

图 2-7　模板说明（二）

B3　您通常在小区里进行什么活动？【多选题】

序号	问题名称	问题描	属性类型	填写类型	提示语	是否必填	是否有其他	填写提示项	字体颜	字号	是否加粗	是否斜体	选项	选项描述(适用于量表题)	
1	您在本小区住了多		单选题			必填	不设「其他」		#000	15	是	否	不到1年|1年~3年|3年~10年|		
2	您通常在小区里进		多选题			必填	设置「其他」		#000	15	是	否	散步、跑步|晒太阳|跳舞、打		
3	您住的附近噪声污染严重吗		量表题			必填	不设「其他」选项		#000	15	是	否	20|40|60|80|100	几乎没有|比较轻|一般|有点严重|非常严重	
4	您认为小区存在明		多选题			必填	不设「其他」		#000	15	是	否	市政设施不完善（如供排水、		
5	如果对小区进行基		多选题			必填	不设「其他」		#000	15	是	否	楼栋设施（如：电梯、单元门）|建筑修缮（如：外墙）|服务设施（如：菜场、商超）		
6	您最期待的房屋建		多选题			非必填	不设「其他」		#000	15	是	否	楼栋门和对讲系统|楼道照明		

图 2-8　整理好的问卷模板

序号	问题名称	问题描述	属性类型	填写类型	提示语	是否必填	是否有其他选项	填写提示项	字体颜	字号	是否加粗	是否斜体	选项	选项描述(适用于量表题)
1	建筑名称		填空题	字符	填写建筑	必填	不设「其他」选项		#000	15	是	否		
2	建筑年代		单选题			非必填	不设「其他」选项		#000	15	是	否	1970s前|1980s|1990s|2000s	
3	建筑类型		单选题			必填	设置「其他」选项		#000	15	是	否	住宅|办公|商业|文娱|体育	
4	建筑外立面崭新程度		量表题			必填	不设「其他」选项		#000	15	是	否	20|40|60|80|100	非常破旧|有点破旧|一般|较新|非常新

图 2-9　整理好的属性采集模板

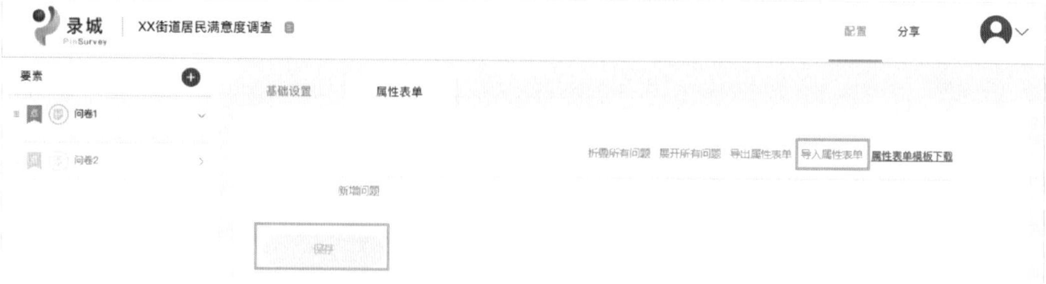

图 2-10　导入属性表单

（来源：根据录城 PinSurvey 官方资料整理）

六、现状调研的成果

调查研究的成果包括一套乡镇现状图和一套现状基础资料报告，这是乡镇国土空间总体规划编制的出发点。在搜集和调研的基础上，编制现状综合分析成果，应注意前期各部分资料的整理、归纳、整合。内容包括用地现状及有关建筑质量、用地调查等的图纸和各系统调查报告。详细的成果绘制和写作方法请见下一章节。

第三节　现　状　分　析

一、现状图的整理

（一）绘制现状图

现状图是总体规划编制工作的基础。现状分析图是把现状和存在的问题集中用图的形式表达出来，由于乡镇国土空间总体规划一般包括镇（乡）域镇村体系规划和镇区总体规划两个阶段，因此，现状分析图也应分为两个部分，即镇（乡）域镇村分布现状分析图和镇区现状分析图。图纸通常包括的内容见表 2-3。

现状图纸内容表　　　　　　　　　　　　　　　　表 2-3

项目	内容	要素
镇域/镇区国土空间用地用海现状图	地理底图	① 乡（村）级行政区域界线和镇政府驻地； ② 山体； ③ 水系
	必选要素	《国土空间调查、规划、用途管制用地用海分类指南》规定的一级类用地
	可选要素	可根据实际情况，细分至符合《国土空间调查、规划、用途管制用地用海分类指南》规定的二级类用地
镇域公共服务设施现状图		
镇域道路交通现状图		
镇域蓝绿空间现状图		
镇域村庄规模现状图		
镇域市政公用设施现状图		
镇域社区现状分布		
镇域现状道路剖面图		
镇域地形地貌分析图	镇域高程分析图 镇域坡度分析图 镇域坡向分析图	
镇区公共服务设施现状图		
镇区道路交通现状图		
镇区蓝绿空间现状图		

（来源：作者绘制）

（二）建立用地汇总表

乡镇全域国土空间基期年用地统计表   表 2-4

用地分类		基期年	
		面积/hm²	比重/%
耕地			
园地			
林地			
草地			
湿地			
农业设施建设用地			
城乡建设用地	城镇用地		
	村庄用地		
区域基础设施用地			
其他建设用地			
陆地水域			
其他土地			

注：表格内容可根据实际需要进行调整。

二、现状资料的分析研究

（一）现状分析的类别与内容

针对现状调查收集、获取的乡镇资料与数据，进行科学、全面的解读与分析是进行乡镇规划与设计的前提，是确保乡镇规划与设计成果具有科学性与可实施性的重要保证。乡镇现状分析包括乡镇社会、经济、自然环境、建成环境、文化、景观等子系统现状条件的系统整体分析、子系统整体分析、子系统单因子分析三类，如图 2-11 所示。

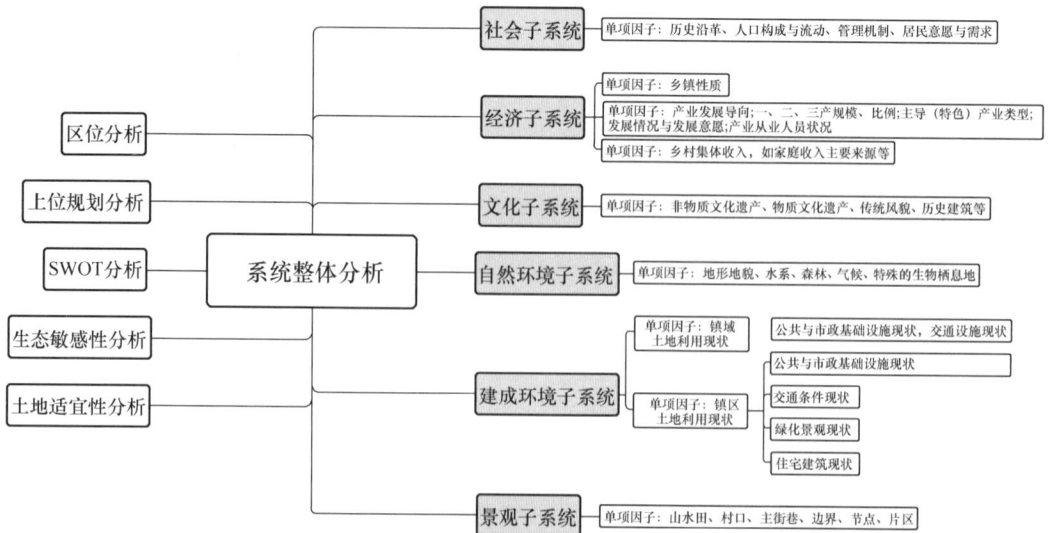

图 2-11 现状分析类别与内容

（来源：作者自绘）

（二）现状分析的方法

因子分析法是一种简单、明晰的现状分析方法。首先，将调查获取的乡镇社会、经济、自然环境、建成环境、文化、景观等对于乡镇国土空间总体规划具有直接或潜在影响的每个现状条件作为一个分析因子；然后，制定每个因子的分析或评价的定性标准或定量标准；最后，根据需要，利用各种制图或绘图软件进行单因子分析图、多因子（叠加）分析图的绘制，进行系统整体分析、子系统分析或单项因子分析，进而取得诸如区位分析、上位规划分析、SWOT 分析、生态敏感性分析、土地适宜性分析、景观分析、村民意愿分析等各类专项分析成果。

由于 ArcGIS 软件具有强大的地理信息存储、查询、表现与分析功能，它已经成为进行乡镇国土空间总体现状分析时最常用的软件之一。此外，在进行乡镇现状分析时，也可以针对乡镇现状条件的特点给现状条件因子赋予权重值进行分析。现状分析过程中要尽量遵循全面性、系统性、客观性、科学性等原则，以保证现状分析结果、结论对于乡镇国土空间总体规划具有真实的引导、约束作用。现状分析的技术路线如图 2-12 所示。

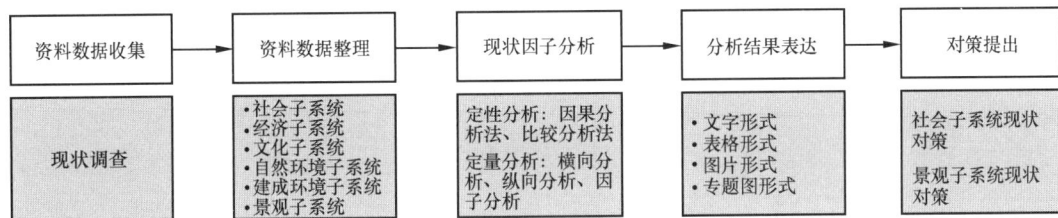

图 2-12　现状分析技术路线

（来源：作者自绘）

（三）现状分析的实施

1. 系统整体分析

1）区位分析

事物区位有两层含义：一是指该事物的位置，即绝对区位；二是指该事物与其他事物的空间联系，即相对区位。区位认识方法主要包括两类：一类是整体到局部的方法，即要认识一个地方的位置，最好先知道其在上一级区域中的相对位置，这也是区位认识的基础；另一类是通过地图认识的方法，具体包括坐标法、界线法、相关法、形态法、特征事物法以及综合法等。区位分析方法主要包括以下五个步骤：确定区位分析的对象、选择区位分析的现状条件要素（位置要素、自然区位要素、社会与经济区位要素）、思考区位分析的要求（作全面、对比、优势、主导因素分析）、制定区位分析的要点、实施区位分析。科学、全面的区位分析对于确定乡镇发展定位、用地布局、产业导向等具有重要作用。

2）上位规划分析

各种上位规划体现了上一级规划对土地利用、空间资源、生态环境、基础设施、产业发展等内容的构想与要求，具有全局性、综合性、战略性、长远性的特点，均衡了近期与远期、局部与整体、单一与综合、战术与战略利益的考量，它们是下位规划的引导性、约束性规划。通过对相关的县市级（上一级）的城镇体系规划、城乡用地规划、区域服务设施规划、区域基础设施规划、交通系统规划、旅游规划、环境保护规划、镇（乡）域村庄布点规划以及其涵盖的村空间布局、村庄发展规模、空间发展导引、支撑体系、防灾减灾、实施建设时序等相关上位规划信息作全面解读，才能有依据，科学性、协调性地进行具体的乡镇国土空间总体规划。

3）SWOT 分析

也称为自我诊断法，其中，S（Strengths）表示优势，W（Weaknesses）表示劣势，O（Opportunities）表示机会，T（Threats）表示威胁，即：基于内外部竞争环境和竞争条件的态势分析，就是将与研究对象密切相关的各种主要内部优势、劣势和外部的机会、威胁等通过调查列举出来，并依照矩阵形式排列，然后遵循系统分析的思想把各种因素相互匹配起来加以分析，从中得出一系列相应的结论，并且结论通常带有一定的决策性。运用这种方法，可以对规划乡镇所处的情景进行全面、系统、准确的研究，从而根据研究结果制定相应的发展战略、计划以及对策等。

4）生态敏感性分析

生态敏感性是指生态系统对区域内自然和人类活动干扰的敏感程度，它可反映区域生态系统在遇到干扰时，产生生态环境问题的难易程度和可能性的大小，并可用来表征外界干扰可能造成的后果。生态敏感区包括水源保护区、风景名胜、自然保护区、国家重点保护文物、历史文化保护地（区）、基本农田保护区、水土流失重点治理及重点监督区、天然湿地、珍稀动植物栖息地、红树林以及文教区等区域。生态敏感性分析可以针对特定生态环境问题进行评价，也可以对多种生态环境问题的敏感性进行综合分析，明确区域内某一种或综合生态环境敏感区的空间分布以及生态问题产生的可能性大小等内容，还可以指导乡镇各种类型用地范围的划定。

5）土地适宜性分析

土地适应性即土地在一定条件下对不同用途的适宜程度。土地适宜性分析就是根据土地的自然、社会、经济等属性，评定土地对于某种用途（或预定用途）是否适宜以及适宜的程度，它是进行土地利用决策，科学地编制土地利用规划的基本依据。土地适宜性可分为现有条件下的适宜性和经过改良后的潜在适宜性两种。土地按其适宜的广泛程度，又有多宜性和单宜性之分。多宜性是指某一块土地同时适于农业、林业、旅游业等多项用途；单宜性是指该土地只适于某特定用途，如陡坡地仅适于发展林业、水域仅适于发展渔业等。由于每块土地有不同等级的质量，因此，在满足同一个用途上，还有高度适宜、中等适宜、勉强适宜或不适宜的程度差别。

2. 子系统分析

1）社会子系统

现状社会子系统包括历史沿革、人口构成与流动、管理机制、居民意愿以及居民建房需要等现状条件。其中，居民意愿分析是乡镇国土空间总体规划中需要特别注意的一项重要内容。《城乡规划法》第十八条规定："乡规划、村庄规划应当从农村实际出发，尊重村民意愿，体现地方和农村特色。"具体来说，居民意愿分析大体包括两个方面：一方面是乡镇村庄整体发展，也就是村集体对于村庄发展的集体利益的意愿、另一方面是村民个体生产生活，即村民对于其从事的生产劳动和居住环境进行改善的意愿。进一步细分，村民意愿主要分为四种：村庄发展意愿、村民生产意愿、村民生活意愿和村民资产意愿。村民是村庄的主人，通过对村庄村民愿意的全面分析，科学性、专业性地进行乡（镇）域规划、居民点规划、村庄设计、村居设计等取得规划成果才是最现实可行的。此外，特别需要注意的是，对于一些已经具有一定产业发展基础的乡村，在进行村民意愿分析时可以进一步对产业利益相关人员（"客人"，即除原村民外）的意愿进行分析，进而保证乡村规划能够全面地反映、代表村庄发展利益与方向。

2）经济子系统

现状乡镇经济子系统主要包括乡镇性质，产业发展导向，一、二、三产规模，比例，发展情况与发展意愿；主导（特色）产业类型、发展状况与发展意愿，产业从业人员状况等内容，还包括乡村集体收入、家庭收入主要来源等内容。乡镇经济状况是评价乡镇发展现状、质量与潜力的重要依据之一，是建设和谐、富裕、文明的新乡镇的核心内容之一。对经济子系统的全面分析是进行乡镇国土空间总体规划的重要前提，尤其对于确定乡镇的产业发展目标、产业发展策略而言，产业项目策划、产业空间布局等内容具有直接作用。

3）文化子系统

现状乡镇文化子系统主要包括乡村非物质文化遗产、乡村物质文化遗产、传统风貌街区与历史建筑等内容。乡镇文化资源是乡镇系统发展的文化本底，是乡镇可持续发展与特色化发展的重要依托，是乡镇具有或打造独特的、有魅力的景观意象的重要元素。尤其在当前将乡村旅游作为解决"三农"问题、促进乡村发展与振兴的重要手段与路径的前提下，对各种乡村文化在挖掘、保护、传承的基础上进行利用是乡村地区进行旅游开发的重要资源，是最具特色的旅游吸引体验物。

4）自然环境子系统

乡镇的地形（山体）、水系、森林、气候等自然环境资源是乡镇发展的本底，是乡镇可持续发展的自然依托，是乡镇国土空间规划的自然背景，是乡镇具有或形成整体和谐景观意象的重要依托之一，反映了在乡镇的选址与发展过程中人类与自然的协同共生。此外，在乡镇地域内存在的特殊的、有价值的生物栖息地也是需要在乡镇自然子系统现状分析中辨析并加以保护的重要资源。

5）建成环境子系统

现状建成环境子系统主要包括镇（乡）域土地利用现状、居民点土地利用现状、乡镇公共与市政基础设施现状、乡镇绿化景观现状以及住宅建筑现状等内容。这些现状条件是保障建设品质乡镇生活的重要物质条件，同时也是进行乡镇国土空间总体规划时需要科学编制的重要内容，因此需要在结合详细现状调查（或结合已有相关规划资料）的基础上进行全面的分析。

6）景观子系统

现状景观子系统（村镇意象）主要包括山水田、村口、主街巷、边界、节点、片区等六元素，这些是村镇形成整体、协调，有识别性、印象性的村镇景观的重要元素。良好的村镇意象的形成与打造是切实提升人居生活品质、开发各种类型的乡村旅游地（产品）的重要依托。如山水田要素主要指村镇周围相连、相依、相望的山体、水体和农田，反映了在乡村选址、整体布局中的因地制宜、天人合一的朴素的生态理念，最终形成景观整体意象明显、居住环境舒适、生产条件适宜的理想乡村人居环境。

三、调研分析报告

完成现状资料与数据的收集、调查分析后，需要进一步归纳、总结，形成一份内容全面、条理清楚的调研分析报告（表2-5）（图2-13）。

调研报告提纲内容细分表　　　　　　　　　　表2-5

项目	内容	项目	内容
1 村庄概况	1.1 区位概况 1.2 道路交通 1.3 历史沿革 1.4 人口概况	6 自然环境	6.1 水系状况 6.2 地形特点 6.3 森林状况 6.4 气候条件 6.5 特殊生境
2 经济概况	2.1 第一产业 2.2 第二产业 2.3 第三产业 2.4 土地权属 2.5 村庄收入	7 景观特色	7.1 山水田 7.2 村口 7.3 主街巷 7.4 边界 7.5 节点 7.6 片区
3 建成环境	3.1 土地利用 3.2 基础设施 3.3 公交服务设施 3.4 内部交通 3.5 村庄绿化 3.6 开放空间 3.7 民宅状况	8 问题总结	8.1 人口 8.2 交通 8.3 产业 8.4 建成环境 8.5 村民意愿 8.6 文化 8.7 自然环境 8.8 景观
4 社会概况	4.1 村庄管理机制 4.2 村民建成环境意愿 4.3 村民产业发展愿意 4.4 村民建房需求 4.5 村民迁建意愿	9 发展方向分析	9.1 发展定位 9.2 发展目标 9.3 产业策划 9.4 近期目标 9.5 中远期目标
5 文化资源	5.1 物质文化遗产 5.2 非物质文化遗产 5.3 传统街区 5.4 历史建筑		

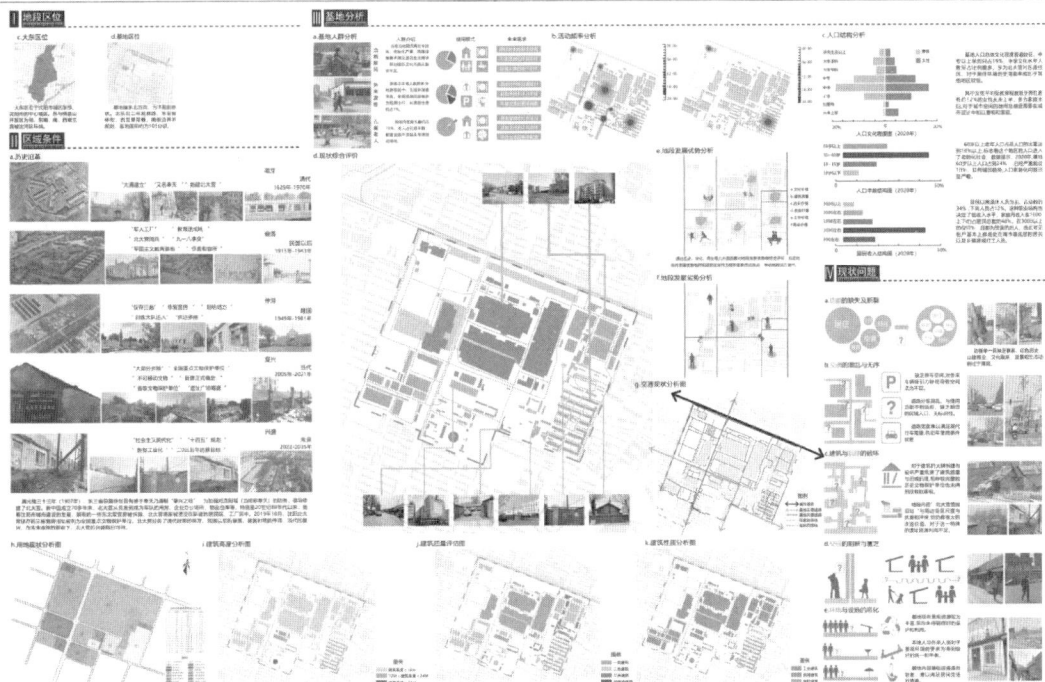

图 2-13 学生调研报告案例展示

四、ArcGIS 在现状调查中的应用

《中共中央 国务院关于建立国土空间规划体系并监督实施的若干意见》要求在资源环境承载能力和国土空间开发适宜性评价的基础上，科学有序统筹布局生态、农业、城镇空间，划定生态保护红线、永久基本农田、城镇开发边界等管控边界，优化国土空间结构布局，保护生态屏障，为保障规划编制的科学性，将 GIS 强大的空间分析技术应用到国土空间规划编制中，为规划编制提供决策支持工具。以功能强大、应用广泛的 ArcGIS 软件为例，介绍 GIS 软件在国土空间规划现状调查中的运用。

（一）"三调"地类与国土空间规划地类的对应关系

根据《中华人民共和国土地管理法》《土地调查条例》的有关规定，国务院决定自2017 年起开展第三次全国国土调查（以下简称"三调"），目的是全面查清当前全国土地利用状况，掌握真实、准确的土地基础数据，健全土地调查、监测和统计制度，强化土地资源信息社会化服务，满足经济社会发展和国土资源管理工作的需要。"三调"成果是国家制定经济社会发展重大战略规划、重要政策举措的基本依据。将"三调"成果作为国土空间规划和各类相关专项规划的统一基数、统一底图，推进国家治理体系和治理能力现代化。"三调"技术调查规程中将土地利用现状分为 12 个一级地类，57 个二级地类，具体参见《第三次全国国土调查技术规程》TD/T 1055—2019，附录 A《第三次全国国土调查土地分类》表。国土空间规划用地用海分类采用三级分类体系，分为 25 种一级类、83种二级类、30 种三级类，详见《国土空间调查、规划、用途管制用地用海分类指南

（试行）》。将"三调"成果作为国土空间规划编制的底图，因此在编制国土空间规划图件时应注意二者的地类衔接关系，国土空间规划用地用海分类考虑了"三调"工作的基础，将一级分类与"三调"进行了充分对接，同样名称的一级类尽量保持内涵一致，并在此基础上结合国土空间规划编制和实施管理的需要对部分分类进行了调整、补充和细分，具体详见表2-6国土空间规划用地用海分类与"三调"地类对接表。

以"三调"成果为基础，根据表2-6所示的对应关系，对"三调"数据进行归并和细分，形成国土空间规划分类。也可以通过直接对应、核实归并、补充调查等方式，在"三调"成果的基础上，转换为国土空间规划分类。经过对比，将"三调"国土调查分类标准与国家规划分类标准的对应关系划分为4种，即一对一、多对一、一对多以及缺乏对应，参见图2-14。

对应关系表　　　　　　　　　　　　　　　　　　　　　　　　　　　　表2-6

"三调"地类		国土空间规划地类	"三调"地类		国土空间规划地类
101	水田	0101 水田	1007	机场用地	1203 机场用地
102	水浇地	0102 水浇地	1002	轨道交通用地	1206 城市轨道交通用地
103	旱地	0103 旱地	1003	公路用地	1202 公路用地
201	果园	0201 果园	1009	管道运输用地	1205 管道运输用地
202	茶园	0202 茶园	1101	河流水面	1701 河流水面
203	橡胶园	0203 橡胶园	1102	湖泊水面	1702 湖泊水面
204	其他园地	0204 其他园地	1103	水库水面	1703 水库水面
301	乔木林地	0301 乔木林地	602	采矿用地	1002 采矿用地
302	竹林地	0302 竹林地	1104	坑塘水面	1704 坑塘水面
303	红树林地	0507 红树林地	1105	沿海滩涂	0505 沿海滩涂
304	森林沼泽	0501 森林沼泽	1106	内陆滩涂	0506 内陆滩涂
305	灌木林地	0303 灌木林地	1108	沼泽地	0504 其他沼泽
306	灌丛沼泽	0502 灌丛沼泽	1109	水工建筑用地	1312 水工设施用地
307	其他林地	0304 其他林地	1110	冰川及永久积雪	1706 冰川及常年积雪
401	天然牧草地	0401 天然牧草地	1201	空闲地	2301 空闲地
402	沼泽草地	0503 沼泽草地	1203	田坎	2302 田坎
403	人工牧草地	0402 人工牧草地	1204	盐碱地	2304 盐碱地
404	其他草地	0403 其他草地	1205	沙地	2305 沙地
603	盐田	1003 盐田	1206	裸土地	2306 裸土地
08H1	机关团体、新闻出版用地	0801 机关团体用地	1207	裸岩石砾地	2307 裸岩石砾地

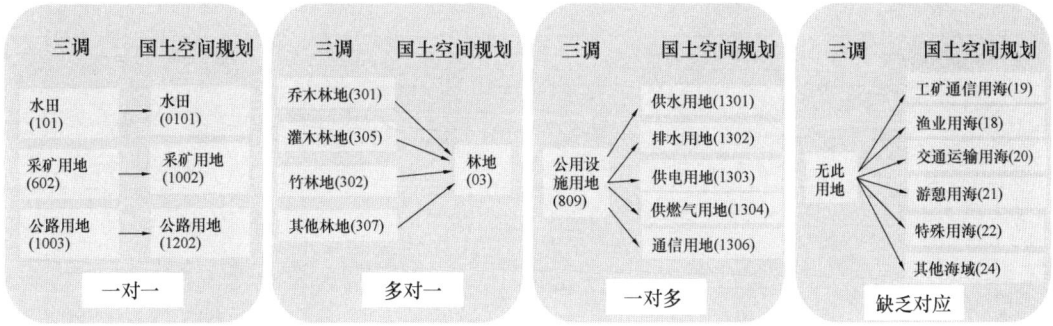

图 2-14　"三调"分类与国土空间规划分类对应关系分析

（二）"三调"底图如何转换为国土空间规划底图

如图 2-14 所示，不同的对应关系采用不同的转换方法，针对一对一和多对一的数据，可以利用 ArcGIS 直接进行转换，对应地类见表 2-7。

一对多对应关系表　　　　　　　　　　　表 2-7

"三调"地类		国土空间规划地类	"三调"地类		国土空间规划地类
05H1	商业服务业设施用地	090101 零售商业用地	08H2	科教文卫用地	080301 图书与展览用地
		090102 批发市场用地			080302 文化活动用地
		090103 餐饮用地			080401 高等教育用地
		090104 旅馆用地			080402 中等职业教育用地
		090105 公用设施营业网点用地			080403 中小学用地
					080404 幼儿园用地
		090301 娱乐用地			080405 其他教育用地
		090302 康体用地			080501 体育场馆用地
508	物流仓储用地	110101 一类物流仓储用地			080502 体育训练用地
		110102 二类物流仓储用地			080601 医院用地
		110103 三类物流仓储用地			080602 基层医疗卫生设施用地
601	工业用地	100101 一类工业用地			
		100102 二类工业用地			080603 公共卫生用地
		100103 三类工业用地			080701 老年人社会福利用地
701	城镇住宅用地	070101 一类城镇住宅用地			080702 儿童社会福利用地
		070102 二类城镇住宅用地			080703 残疾人社会福利用地
		070103 三类城镇住宅用地			080704 其他社会福利用地
702	农村宅基地	070301 一类农村宅基地	809	公用设施用地	1301 供水用地
		070302 二类农村宅基地			1302 排水用地

续表

"三调"地类		国土空间规划地类	"三调"地类		国土空间规划地类
809	公用设施用地	1303 供电用地	1004	城镇村道路用地	1207 城镇道路用地
		1304 供燃气用地			0601 乡村道路用地
		1305 供热用地	1005	交通服务场站用地	120802 公共交通场站用地
		1306 通信用地			120803 社会停车场用地
		1307 邮政用地			1209 其他交通设施用地
		1308 广播电视设施用地	1006	农村道路	0601 乡村道路用地
		1309 环卫用地			2303 田间道
		1310 消防用地	1008	港口码头用地	1204 港口码头用地
		1313 其他公用设施用地			1208 交通场站用地
810	公园与绿地	1401 公园绿地	1107	沟渠	1705 沟渠
		1402 防护绿地			1311 干渠
		1403 广场用地	1202	设施农用地	0602 种植设施建设用地
1001	铁路用地	1201 铁路用地			0603 畜禽养殖设施建设用地
		1208 交通场站用地			0604 水产养殖设施建设用地

对于一对多的数据，需利用其他数据如结合遥感影像图、POI数据、地形图等进行辅助判别、归类，如内业不能判别，需采取人工实地核实的方式进行调查并归类，确保数据转换的准确性。

对于"三调"未进行调研的国土空间的规划用途分类见表2-8，需进行补充调查，根据相关文件证书等确认规划用途。

"三调"未调研用地 表2-8

一级	二级	一级	二级
18 渔业用海	1801 渔业基础设施用海	20 交通运输用海	2001 港口用海
	1802 增养殖用海		2002 航运用海
	1803 捕捞海域		2003 路桥隧道用海
19 工矿通信用海	1901 工业用海	21 游憩用海	2101 风景旅游用海
	1902 盐田用海		2102 文体休闲娱乐用海
	1903 固体矿产用海	22 特殊用海	2201 军事用海
	1904 油气用海		2202 其他特殊用海
	1905 可再生能源用海	24 其他海域	—
	1906 海底电缆管道用海		

在对标准进行梳理的基础上，以某地为例，进行数据准备，如某镇"三调"地类图斑，DLTB.shp，利用 ArcGIS 软件进行地类转换，具体步骤如下：

第一步：加载地类图斑，打开属性表，新建 gk_dlbm（国空地类代码）、gk-dlmc（国空地类名称）两个字段，与"三调"字段区分开。

第二步：打开地类图斑的属性表，按照属性选择一对一的地类，见图 2-15，进行一对一地类转换。

用字段计算器计算 gk_dlmc 字段，赋值为"三调"地类图斑的 dlmc 字段值（图 2-16），即可将国土空间与"三调"地类的一对一关系进行直接转换。然后，取消选择，分别按照属性选择 gk_dlmc 给字段 gk_dlbm 赋值国土空间分类编码。

图 2-15　一对一地类属性选择　　　　　　　　图 2-16　一对一地类属性赋值

第三步：进行一对多的转换，需要结合影像图或者实地调查结果进行细化分类。以农村宅基地为例，需要细分为一类农村宅基地、二类农村宅基地，按照调研资料核对"三调"农村宅基地图斑，进行细分、绘制，并对 gk_dlmc 和 gk_dlbm 赋值。

第四步：对于"三调"未进行调研的国土空间规划用途分类，根据外业调研进行补充绘制。补充绘制图件结束后要进行拓扑检查，检查出绘制过程中出现的图形错误，避免影响后期面积统计的正确性。

（三）土地利用现状分析

根据转换后的国土空间一张图，进行国土空间土地利用现状分析，制作国土空间土地利用现状图。由于目前镇国土空间土地利用现状图配色方案还未出相关标准，图例可借鉴省市级标准。利用 ArcGIS 软件可以快速统计研究区域的用地现状，快速制作国土空间规划土地利用现状图，以提高工作效率。

以某乡镇为例，利用 ArcGIS 软件制作土地利用现状图并进行现状用地分析。

1. 新建数据库：导入国土空间规划地类分类后的 DLTB.shp 数据。

2. 确定比例尺及图幅大小：在 ArcMap 界面选择"视图"→数据框属性→数据框→

固定比例，按照图件要求确定比例尺；在 ArcMap 界面选择"视图"→布局视图→选中数据框→属性，调整位置和大小，使整个数据放在数据框内部；在页面空白处单击右键选择"页面和打印设置"，按照自定义尺寸将整个数据框放在图纸中，保持左右距离匀称，上下距离要稍大一点，标注图名及相关作图信息。

3. 符号化：选中要符号化的图层，单击右键→属性→符号系统→类别→唯一值→选择要在图中显示的字段→添加所有值→确定（注：按照图件要求修改图层中各要素的表现形式）。

4. 图面整饰并导出地图：在 ArcMap 界面选择插入→数据框/标题/文本/比例尺/图例等，按照成图要求，完善相应的图面信息（图 2-17）。在 ArcMap 界面选择文件→导出地图，在"导出地图"对话框中设置图面常规信息及地图格式（jpg、bmp、emf、eps、gif 等格式），导出土地利用现状图。

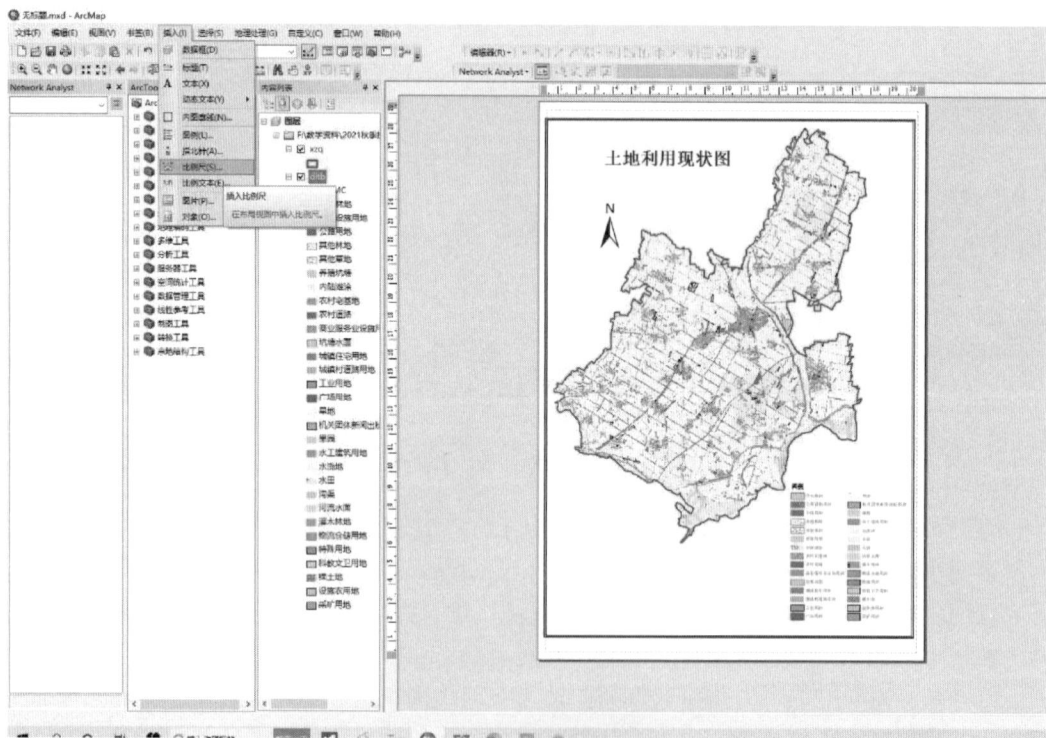

图 2-17　图面整饰

5. 地类面积统计汇总：在原 DLTB 图层单击右键打开图层属性表，在属性表中找到"图斑面积"字段，单击右键选择"汇总"（图 2-18），弹出"汇总"对话框，在图 2-19 所示对话框中选择"汇总"字段（本次选地类名称），选择汇总统计信息（本次选"面积"字段，按照"总和"进行汇总），单击"确定"即可得到图 2-20 所示面积汇总表，可在此表中进行相关运算操作，比如计算面积百分比等。如果觉得数据不够一目了然，还可以制作成图表形式，从表中选择"创建图表"（图 2-21），按照向导进行选择相应图表样式等操作即可得到图 2-22 所示饼状图表样式。

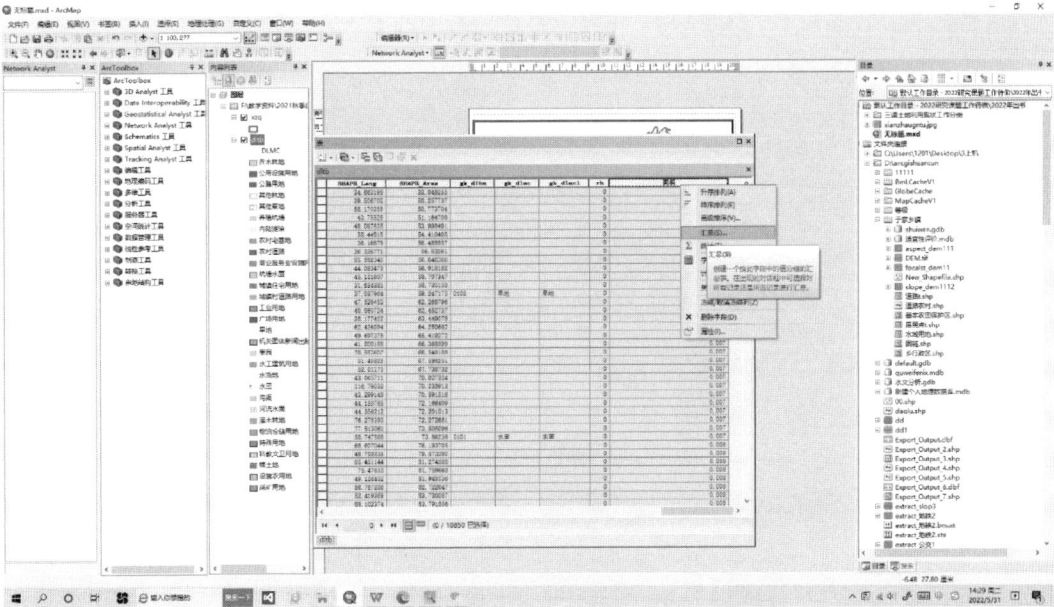

图 2-18　面积汇总操作

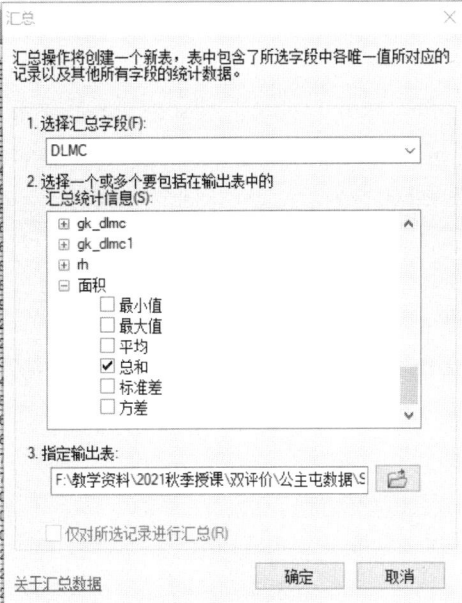

图 2-19　面积汇总对话框

OID	DLMC	Count_DLMC	Sum_面积	百分比
0	采矿用地	5	9.89	0.0511
1	城镇村道路用地	1025	80.04	0.413
2	城镇住宅用地	4	9.06	0.0467
3	工业用地	32	39.86	0.2057
4	公路用地	142	290.99	1.5016
5	公用设施用地	27	10.23	0.0528
6	沟渠	341	186.23	0.961
7	灌木林地	2	0.18	0.0009
8	广场用地	1	1.87	0.0097
9	果园	158	100.46	0.5184
10	旱地	3051	14002.01	72.2546
11	河流水面	82	310.36	1.6015
12	机关团体新闻出	15	7.81	0.0403
13	科教文卫用地	10	8.84	0.0456
14	坑塘水面	449	210.63	1.0869
15	裸土地	2	0.34	0.0018
16	内陆滩涂	16	503.78	2.5996
17	农村道路	1948	332.31	1.7148
18	农村宅基地	1869	1109.69	5.7263
19	其他草地	70	39.99	0.2064
20	其他林地	551	323.97	1.6718
21	乔木林地	410	354.14	1.8275
22	商业服务业设施	23	14.41	0.0744
23	设施农用地	89	45.5	0.2348
24	水工建筑用地	45	141.43	0.7298
25	水浇地	90	93.77	0.4839
26	水田	245	1101.96	5.686
27	特殊用地	48	20.17	0.1041
28	物流仓储用地	29	17.05	0.088
29	养殖坑塘	11	11.83	0.061

图 2-20　面积汇总表

图 2-21　创建图表

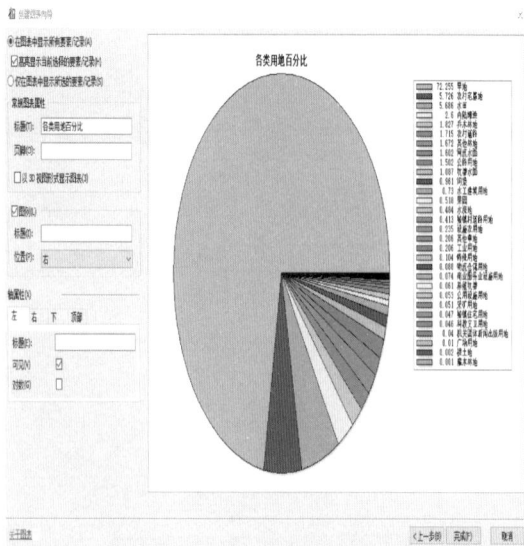

图 2-22　面积汇总统计饼状图

经过汇总统计可知，该镇总用地面积为 19378.72hm^2。从图中可以看出，该镇旱地面积为 14002.01hm^2，占比较高，为 72.26%；其次是农村宅基地，面积为 1109.69hm^2，占比 5.73%；水田面积为 1101.86hm^2，占比 5.69%。

（四）基础地形分析

地形地貌分析是城市规划中的重要内容，与土地利用现状、建筑质量现状、区位交通现状、风貌现状、基础设施分析并列，是城市规划的基础分析之一。地形地貌分析在城市规划的不同时期、不同深度阶段都有广泛应用，从宏观的城市选址、布局、功能分区组织到微观尺度的道路管网、景观等无一不受地形地貌影响。城市规划的基础数据通常是平面的地形图数据，可以在其基础上进行简单的地形分析。近年来，随着信息技术，尤其是GIS 技术的发展，各种新方法和应用模型不断融入城市规划领域，传统的地形分析由二维平面分析发展到了新的三维地形分析和三维透视图，从而帮助规划人员根据地形特征进行合理、科学的城市规划。而利用 ArcGIS 工具可以对从小区域到城镇乃至省级区域的地形进行快速、直观的分析，且效率高、工作量小、精度高。利用 ArcGIS 进行规划区域的地形、地貌、挖填方、地质等方面的基本地理分析，选择有利于建设发展规划的地形地貌，规避灾害风险。

城市规划中经常用到的基础地形分析有：高程分析、坡度分析、坡向分析，这三种分析涵盖了地形的三个基础要素：高程、坡度和坡向。通过地形分析辅助划分城市布局和建筑格局。例如在平地要求有不小于 0.3°的坡度，以利于地面水的排除和汇聚，从建设工程的角度出发，按照与城市建设的适宜程度，根据同济大学吴志强等编著的《城市规划原理》中的城市建设用地标准，将城市用地划分为不同的类型。

一类用地，即适于建设的用地，地形坡度在 10% 以下；土质的地基承载力大于15t/m^2；地下水位低于建筑物基础，一般埋深为 1.5～2m；未被洪水淹没过；无沼泽；无冲沟、滑坡、崩塌、岩溶等。

二类用地，即基本可以建设的用地，介于一类与三类用地之间；地基承载力为10～15t/m²，地形坡度为10%～25%，地下水位埋深为1～1.5m。

三类用地，即不适于建设的用地，地基承载力小于10t/m²，泥炭层或流沙层大于2m；地形坡度大于25%；洪水淹没经常超过1～1.5m；有冲沟、滑坡；占丰产田；地下水位埋深小于1m。

此外，坡度对道路的选线也很重要，城市各项设施对用地的坡度都有不同的要求，地表的坡度影响着土地的使用和建筑的布置，根据《城乡建设用地竖向规划规范》CJJ 83—2016中城乡主要建设用地适宜规划坡度的规定：工业用地适宜坡度为0.5°～2°，居住建筑为0.3°～10°，城市主要道路为0.3°～6°、次要道路为0.3°～8°，铁路站场为0°～0.25°，对外主要公路为0.4°～3°，机场用地为0.5°～1°，绿地对地形基本无限制要求。城乡建设用地选择及用地布局应充分考虑竖向规划的要求，并应符合下列规定：城镇中心区用地应选择地质、排水防涝及防洪条件较好且相对平坦和完整的用地，其自然坡度宜小于20°，规划坡度宜小于15°；居住用地宜选择向阳、通风条件好的用地，其自然坡度宜小于25°，规划坡度宜小于25°；工业、物流用地宜选择便于交通组织和生产工艺流程组织的用地，其自然坡度宜小于15°，规划坡度宜小于10°；超过8m的高填方区宜优先用于绿地、广场、运动场等开敞空间；应结合低影响开发的要求进行绿地、低洼地、滨河水系周边空间的生态保护、修复和竖向利用；乡村建设用地宜结合地形，因地制宜，在场地安全的前提下，可选择自然坡度大于25°的用地。

基础地形分析还可用于研究自然生态景观等领域，辅助各专项规划。如山区的农业规划等，需要着重考虑地形因素的影响，基础地形三要素——高程、坡度和坡向，通过对光、水、热三个基本环境要素的重新分配影响农业生产条件。其中，海拔高度决定了该地区所接受的太阳辐射和相应的热辐射所损失的能量，反映在当地的温度和水分条件上，形成了当地的小气候。地区的降水条件与坡向有密切的联系。坡度条件的差异控制着水土流失的剧烈程度，坡度缓则土地保水能力强，不易产生水土流失，适宜进行农耕活动，反之则只宜发展林业生产。不同的地形特征影响着农业生产条件和用地的选择。又如根据国家退耕还林有关政策，积极治理现有坡耕地，对25°以上的坡耕地实行有计划的退耕还林还草，这对于调整农业结构、提高农民收入具有积极意义。

地形分析的基础是要建立数字高程模型（DEM）。DEM主要用于描述地面起伏状况，可以用于提取各种地形参数，如坡度、坡向，进行通视分析等应用分析。目前，DEM的建立主要来源于：①地形图中的等高线；②通过遥感影像提取高程数据；③其他方式，如全球定位系统（GPS）和激光扫描测高系统等。

需要准备的数据：高程点数据或者等高线、DEM等带有高程属性的地形数据，利用ArcGIS的空间分析工具，进行高程分析、坡度分析、坡向分析、地形起伏度分析等。以某地为例进行地形分析，ArcGIS地形分析的基本步骤如下：

1）在ArcGIS中整理并添加带有高程属性的CAD等高线或者高程点数据。

2）将导入的等高线或高程点数据转换为GIS可编辑的Shapefile文件。

3）使用整理好的Shapefile生成数字高程三角模型TIN文件：在ArcToolbox中依次

展开"3DAnalyst—数据管理—TIN—创建 TIN",打开"创建 TIN"工具（图 2-23）；在"创建 TIN"窗口进行输出路径设置和输入要素设置,点击确认即可生成 TIN 文件。TIN 的全称是 triangulated irregular network,即"不规则三角网",这个过程是把矢量的点状高程点或者线状等高线数据先插入值生成 TIN 格式的矢量数字网络模型,TIN 文件也可以表达高程的数字模型,它和 DEM 的区别就在于 TIN 是矢量数据,而 DEM 是栅格数据。TIN 文件是用一组有序数值的阵列形式表示地面高程的一种实体地面模型,DEM 是把高程进行连续面状数字化,坡度、坡向及坡度变化率等地貌特性可在 DEM 的基础上进行数字化,因此需要将 TIN 转换为 DEM 栅格数据。

图 2-23　创建 TIN

4）将 TIN 文件转换为 DEM 文件：在 ArcToolbox 中依次展开"3D Analyst—转换—由 TIN 转出—TIN 转栅格",双击打开"TIN 转栅格"工具设置相关参数即可进行转换操作（图 2-24）。

5）基于 DEM 即可进一步进行基于地形的坡度、坡向、地形起伏度等专项分析了。

（1）高程分析

在 DEM 图层单击右键打开其"图层属性"对话框（图 2-25）,点击"符号系统"标签,在显示栏下选择"已分类",将类别设置为"5",此处的含义即为将高程分为 5 个等级,点击"分类"按钮,进入分类设置对话框,选择"手动",并手动输入分类中断值,点击确认,继续在"图层属性"窗口中的"色带"下选择需要显示的颜色色带,点击"确定",即可得到按特定高程分段进行图示化表达后的 DEM 高程效果。基本的高程数据已经形成，但这缺乏地形立体感。立体感的效果不能通过对 DEM 直接进行图示化设置来显示，需要基于 DEM 生成一个专门的山体阴影数据，并将其叠置于设置为半透明后的 DEM 下面，这样就能让高程分析显示出立体效果了。生成山体阴影数据需要在 ArcToolbox 中依次展开"3D Analyst—栅格表面—山体阴影"，打开"山体阴影"工具，在"山体阴影"工具对话框中设置栅格，勾选当前文档中的 DEM，也即我们需要生成对应山体阴影的数字高程模型，其他选项可以默认，点击确认，即可生成对应的山体阴影数据。

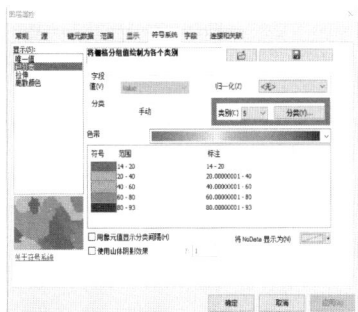

图 2-24　TIN 转栅格　　　　图 2-25　图层属性对话框及分类设置对话框

　　完成以上步骤后回到高程数据，对其进行立体化的图示化表达：在内容列表中调整 DEM 和山体阴影图层，让 DEM 位于最上层显示，双击 DEM 图层打开图层属性对话框，在"显示"标签下将透明度修改为 50，点击"确定"，即可得到有立体感的高程分析图（图 2-26）。

　　（2）坡度分析

　　坡度的作用是影响地表物质流动与能量转换的规模与强度，制约生产力空间布局。坡度是指过地表一点的切平面与水平面的夹角，用于描述地表面在该点的倾斜程度。坡度小于 3°为平坦的平原、盆地中央部分、宽浅谷地底部及台面；坡度 3°~5°为山前地带、山前倾斜平原、冲积扇、洪积扇、浅丘、岗地、台地、谷地等；坡度 5°~15°为山麓地带、盆地周围、丘陵；坡度为 15°~25°，一般在海拔 200~1500m 的山地中；坡度为 25°~30°，海拔大于 1000m 的山地坡面上部（接近山顶部分）；坡度为 30°~45°，海拔大于 1500m 的山体坡面上部；坡度大于 45°，地理意义上的垂直面。

　　ArcGIS 中坡度分析的具体操作方法如下：在 ArcToolbox 中依次展开"3D Analyst—栅格表面—坡度"。在"坡度"工具对话框中的"输入栅格"栏选择 DEM 数字高程数据，"输出栅格"栏可根据自己的需要设置路径，点击确认即可得到坡度分析图（图 2-26）。

　　（3）坡向分析

　　坡向是指地表面上一点的切平面的法线在水平面的投影与该点的正北方向的夹角，用

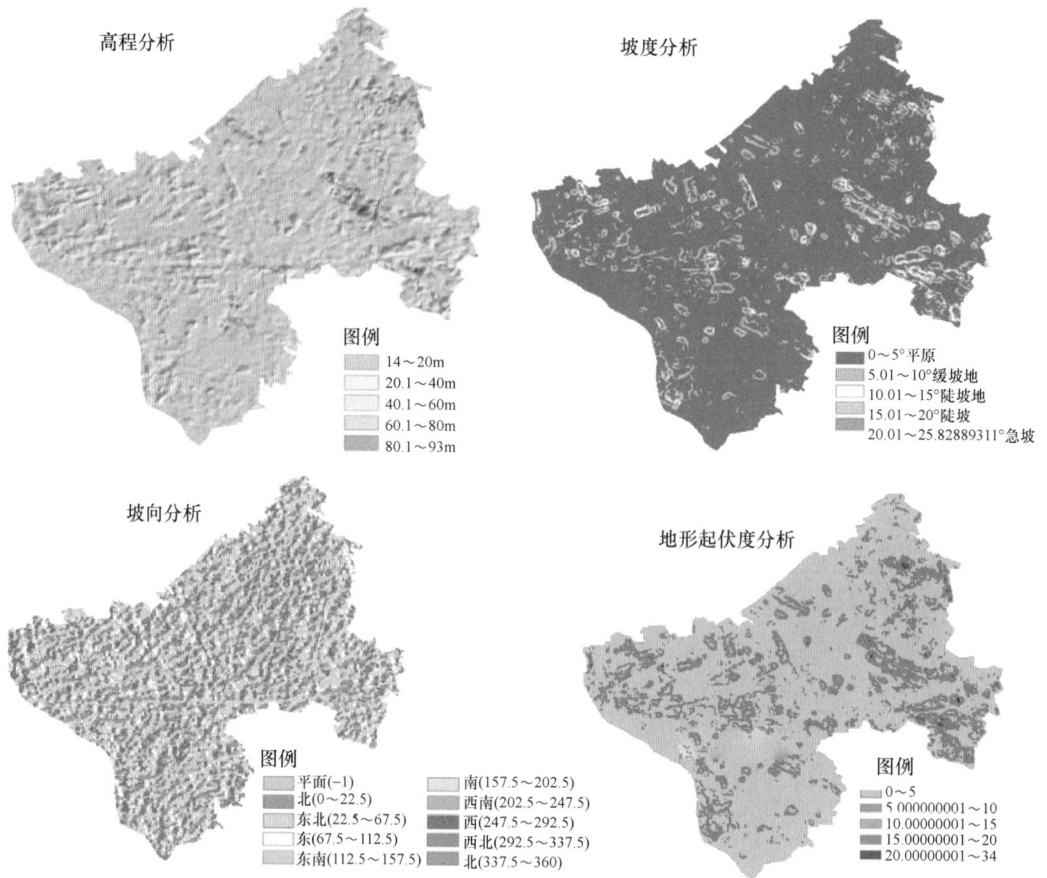

图 2-26　地形分析图

于描述该点高程值改变量的最大变化方向。坡向是决定局部地面接收阳光和重新分配太阳辐射量的重要地形因子，直接造成局部地区气候特征差异，影响各项农业生产指标。对于北半球而言，辐射收入南坡最多，其次为东南坡和西南坡，再次为东坡与西坡及东北坡和西北坡，最少为北坡。

坡向分析操作流程：在 ArcToolbox 中依次展开"3D Analyst—栅格表面—坡向"，打开"坡向"工具。在"坡向"工具对话框中的"输入栅格"栏中输入 DEM 数字高程模型，"输出栅格"路径可自定义，也可默认，点击"确定"等待计算完成即可得到坡向分析图（图 2-26）。坡向分析结果的图示化，我们一般默认即可，非特殊情况一般不作修改。

（4）地形起伏度分析

地形起伏度是指在一个特定的区域内，最高点海拔高度与最低点海拔高度的差值。它是描述一个区域地形特征的宏观性指标。最早源于苏联科学院地理所提出的地形切割深度，地形起伏度现在成为划分地貌类型的一个重要指标。

分析步骤：打开"焦点统计"（Focal Statistics）工具（空间分析—领域分析—焦点统计），设置邻域矩形，单元大小为 9×9（邻域范围通常采用 20hm² 左右，如 50m×50m 栅格建议采用 9×9 邻域，30m×30m 栅格建议采用 15×15 邻域），可以根据实际情况调整单元设置；设置统计类型为 MAXMUM（最大值），命名为"最大值栅格"，设置统计类型为 MINIMUM（最小值），命名为"最小值栅格"，其余设置同"最大高程值"设置；打开栅格计算器，计算"最大值栅格"与"最小值栅格"的差值，命名为"地形起伏度"。符号化优化表达图纸，可以利用 DEM 进行地形图的高级渲染，然后为"地形起伏度"选择符号系统（可以通过拉伸色阶或分级进行表达），表达效果见图 2-26 所示地形起伏度分析。

根据基础地形分析结果可以看出，该区域高程为 14～93m，属于平原区域，适于耕作和建设。根据坡度分析结果和地形起伏度分析结果可知，只有小部分区域坡度超过 20° 且地形起伏度较大，不适于耕作和建设。坡向分析主要影响农作物生产，太阳辐射量较大的为南坡、西南坡、东南坡，其次为东坡和西坡，北坡太阳辐射量最小，根据分析结果合理规划农业布局。

（五）各项用地适宜性分析

用地适宜性分析主要指生态保护重要性分析、农业生产用地适宜性分析、城镇建设用地适宜性分析等。下面将具体阐述各项用地适宜性分析的方法，为各类用地适宜性评价提供方法支持，同时为乡镇国土空间规划三区三线划定提供决策依据。

1. 生态保护重要性分析

生态保护重要性分析包括生态系统服务功能主要性分析和生态脆弱性分析，二者综合分析得到生态保护极重要区和重要区。生态系统服务功能主要性分析选取水源涵养、水土保持、生物多样性维护、防风固沙、海岸防护等因子进行综合分析，一般通过降水量减去蒸发量和地表径流量得到水源涵养量作为评价生态系统水源涵养水平的参照。由于森林、灌丛、草地和湿地的地表径流量较小，水源涵养功能相对较高，一般将累积水源涵养量排名前 50% 的区域确定为水源涵养极重要区。

1）生态系统服务功能重要性分析评价

（1）水源涵养重要性评价方法

参考相关文献资料，水源涵养重要性评价如果主要考虑河流源区、河流供水功能、地表覆盖、地形等因素，具体计算模型如下：

$$TQ = \sum_i^j (P_i - R_i - ET_i) \times A_i \times 10^3$$

式中：TQ 为水源涵养量；P_i 为降水量，mm；R_i 为地表径流量，mm；ET_i 为蒸发量，mm；A_i 为 i 类生态系统面积，km²；i 为研究区第 i 类生态系统类型；j 为研究区生态系统类型数。降水量 P_i 和蒸发量 ET_i 根据实测数据，通过空间差值求得，地表径流量 R_i 通过公式：$R_i = P_i \times a$（式中，a 为平均地表径流系数）求得，一般用地地表径流系数见表 2-9。

平均地表径流系数表　　　　　　　　　　　　　　　　　　　　表 2-9

生态系统类型 1	生态系统类型 2	平均地表径流系数/%
森林	常绿阔叶林	2.67
	常绿针叶林	3.02

续表

生态系统类型 1	生态系统类型 2	平均地表径流系数/%
森林	针阔混交林	2.29
	落叶阔叶林	1.33
	落叶针叶林	0.88
	稀疏林	19.2
灌丛	常绿阔叶灌丛	4.26
	落叶阔叶灌丛	4.17
	针叶灌丛	4.17
	稀疏灌丛	19.2
草地	草甸	8.2
	草原	4.78
	草丛	9.37
	稀疏草地	18.27
湿地	湿地	0

（来源：樊杰. 资源环境承载能力和国土空间开发适宜性评价方法指南 [M]. 北京：科学出版社，2019）

水源涵养功能重要性评价模型还可以生态系统水源涵养服务能力指数作为评估指标，计算公式为：

$$WR = NPP_{mean} \times F_{sic} \times F_{pre} \times (1 - F_{slo})$$

式中：WR 为生态系统水源涵养服务能力指数，NPP_{mean} 为多年植被净初级生产力平均值，F_{sic} 为土壤渗流因子，F_{pre} 为多年平均降水量因子，F_{slo} 为坡度因子。

对成果进行归一化处理，使用模糊分类工具（ArcGIS 中的模糊分类工具见图 2-27）

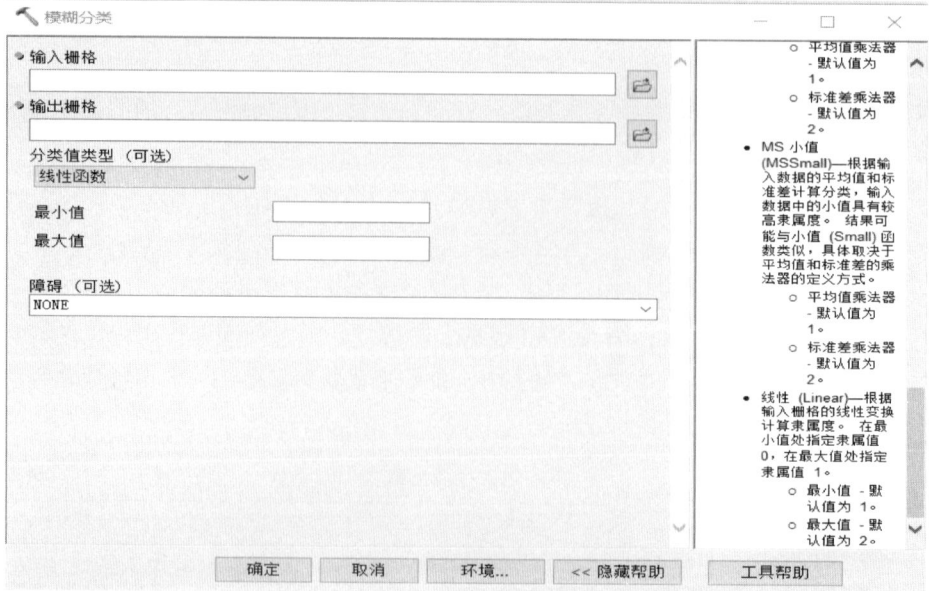

图 2-27　模糊分类工具

分别进行归一化，注意"分类值类型"选择"线性函数"。

最后使用 ArcGIS 工具箱中的空间分析工具下的"地图代数/栅格计算器"工具，按照评估模型进行计算，得到水源涵养功能重要性评价结果。

（2）水土保持重要性评价方法

土壤保持是生态系统通过其结构和过程减少由于水蚀所导致的土壤侵蚀的作用，评价中以水土保持量为评价指标，采用修正的水土流失方程进行计算，具体公式如下：

$$A = R \times K \times L \times S \times (1 - C)$$

式中：A 为水土保持量，$t/(hm^2 \cdot a)$；R 为降雨侵蚀因子，$MJ\ mm/(hm^2 \cdot h)$；K 为土壤侵蚀因子；L、S 为地形因子，其中 L 表示坡长因子，S 表示坡度因子，C 为植被因子。

（3）生物多样性维护功能重要性评价方法

生物多样性维护功能是生态系统在维持基因、物种多样性方面发挥的作用，是生态系统提供的最主要的功能之一。以生物多样性维护服务能力指数作为评估指标，计算公式为：

$$S_{bio} = NPP_{mean} \times F_{pre} \times F_{tem} \times (1 - F_{alt})$$

式中：S_{bio} 为生物多样性维护服务能力指数，NPP_{mean} 为多年植被净初级生产力平均值，F_{pre} 为多年平均降水量因子，F_{tem} 为多年平均气温，F_{alt} 为海拔因子。

数据一：F_{tem}

在防风固沙功能重要性评估当中计算了多月平均气温（℃），将 12 个月的多月平均气温相加后除以 12 即可以得到多年平均气温（℃），进行归一化处理。

数据二：F_{alt}

该数据直接使用 DEM 数据即可，对成果进行归一化处理。

数据三：F_{pre}、NPP_{mean}

两个数据在水土涵养功能重要性评估当中计算过，直接使用即可。

（4）防风固沙功能重要性评价

以生态系统防风固沙服务能力指数作为评估指标，计算公式为：

$$S_{ws} = NPP_{mean} \times K \times F_q \times D$$

$$F_q = \frac{1}{100} \sum_{i=1}^{12} u^3 \left\{ \frac{ETP_i - P_i}{ETP_i} \right\} \times D$$

$$ETP_i = 0.19(20 + T_i)^2 \times (1 - r_i)$$

$$u_2 = u_1 (z_2/z_1)^{1/7}$$

$$D = \frac{1}{\cos\theta}$$

式中：S_{ws} 为防风固沙服务能力指数；NPP_{mean} 为多年植被净初级生产力平均值；K 为土壤侵蚀因子；F_q 为多年平均气候侵蚀力；u 为 2m 高度处的月平均风速；u_1、u_2 分别表示在 z_1、z_2 高度处的风速；ETP_i 为月潜在蒸发量，mm；P_i 为月降水量，mm；T_i 为月平均气温；r_i 为月平均相对湿度，%；D 为地表粗糙度因子；θ 为坡度（弧度）。

单因子计算：

NPP_{mean}：NPP 可以从网络中获取。

K：土壤颗粒被水力分离和搬运的难易程度，主要与土壤质地、有机质含量、土体结构、渗透性等土壤理化性质有关。

将归一化的各因子，按照计算公式使用"栅格计算器"进行计算，就可以得到生态系统防风固沙服务能力指数。

（5）海岸防护功能重要性

主要考虑因素有植被覆盖度、植被高度、潮间带宽度及坡度等。

2）生态脆弱性分析

评价方法：评价水土流失、石漠化、土地沙化、海岸侵蚀及沙源流失等的生态脆弱性，取各项结果的最高等级作为生态脆弱性等级。利用水土流失、石漠化、土地沙化专项调查监测的最新成果，按照以下规则确定不同的脆弱性区域：水力侵蚀强度为剧烈和极强烈的区域确定为水土流失极脆弱区，轻度和中度的区域确定为脆弱区；石漠化监测成果为重度及以上的区域确定为石漠化极脆弱区，中度区域确定为脆弱区；风力侵蚀强度为剧烈和极强烈的区域确定为土地沙化极脆弱区，强烈和中度的区域确定为脆弱区。海岸侵蚀及沙源流失脆弱性评价主要基于海岸底质类型、风暴潮增水、侵蚀速率等因素，识别极脆弱的原生及整治修复后具有自然形态的砂质、粉砂淤泥质海岸。区域范围自海岸线向陆地缓冲一定距离，向海根据自然地理边界确定。砂质海岸外侧可补充划定沙源流失极脆弱区，区域范围自海岸线向陆地缓冲一定距离，向海至波基面。

（1）水土流失敏感性

$$水土流失敏感性 = \sqrt[4]{R \times K \times LS \times C}$$

式中：R为降雨侵蚀力因子，K为土壤侵蚀因子，LS为地形起伏度因子，C为植被覆盖因子。

（2）石漠化敏感性：

$$石漠化敏感性 = \sqrt[3]{D \times P \times C}$$

式中：D为碳酸盐出露面积比例，P为地形坡度，C为植被覆盖因子。

（3）沙漠化敏感性：

$$石漠化敏感性 = \sqrt[4]{I \times W \times K \times C}$$

式中：I、W、K、C分别为干燥度指数、冬春季风速大于6m/s的风沙天数、土壤侵蚀因子和植被覆盖因子。

按照相应的办法，将以上数据重分类后利用加权总和工具对集成结果重分类，分为两类：生态保护极重要区、重要区。注意在市县尺度，生态方面不再进行单项评价，直接使用全国、省级生态保护单项评价结果，全国、省级结果不一致时取最高值，并结合市县情况进行边界修正。乡镇生态保护重要性评价可参考市县级成果。

2. 农业生产适宜性分析

在生态保护极重要区以外的区域，开展农业种植、畜牧、渔业等农业生产适宜性评价分析，识别农业生产适宜性区域和不适宜性区域。一般对土地资源、水资源、气候、土壤环境等方面进行单因子评价，然后对单因子评价结果进行集成评价。

1）土地资源评价

评价因子：地形坡度、土壤侵蚀因子

涉及数据：区域土壤粉砂含量数据、DEM高程数据、行政区划shp文件

主要步骤：使用3D分析工具—栅格表面—坡度分析工具，利用DEM数据计算坡度，按照指南要求，将计算后的地形坡度分为5个等级，按不大于2°、2°~6°、6°~15°、15°~25°、大于25°划分为高（平地）、较高（平坡地）、中等（缓坡地）、较低（缓陡坡地）、低（陡坡地）5个等级。

土壤数据：根据土壤质地进行分等定级。

使用"栅格计算器"把坡度和土壤两者相加，得到土地资源评价结果。

2）水资源评价

涉及数据：多年平均降水量、干旱指数（年蒸发能力/年降水量）

如果该地属于非蒸发能力较强的地区，则直接使用多年平均降水量确定即可，根据气象站点所确定的多年平均降水量，进行空间插值（反距离权重）计算即可，按照地区要求进行等级划分即可。

3）气候评价

主要统计各气象站≥0℃的活动积温（活动积温即作物某时段或某生长季节内逐日活动温度的总和，就是把高于作物生长起点温度的活动温度累积起来。举个例子，一年365天当中，如有150天的日平均气温≥0℃，把这150天的日平均气温加起来则为活动积温），并进行空间插值（反距离权重），再进行分类即可。

农业生产适宜性集成评价：

对以上单因子评价结果进行叠加分析，采用"栅格计算器"进行计算，得到综合评价结果。由于我国实行农业承包制度，造成区域地块零碎，需要对综合评价结果进行修正。根据地块连片度进行修正，聚合距离根据地形地貌特征确定，平原地区为30~50m，山地丘陵地区为20~30m，海域为400~500m（表2-10）。

地块连片度评价分级参考阈值　　　　　　　　　　　　　　表2-10

地块连片度	低	较低	一般	较高	高
平原田块面积/亩	<150	150~400	400~600	600~900	≥900
山地丘陵田块面积/亩	<150	80~150	150~250	250~400	≥400
海域斑块面积/hm²	<150	250~500	500~1000	1000~2000	≥2000

注：（1）省级层面建议使用栅格数据进行分析，市县级层面建议将栅格数据转为矢量数据进行分析。

　　（2）为保障耕作效率和农业机械化，地块形态应相对规整。通过对聚合结果进行修边处理，并进一步计算修边后保留部分的连片田块形状指数，进行降级处理

利用栅格计算器——集成评价结果+地块连片度评价，并进行重分类，得出农业生产适宜性等级。

3. 建设用地适宜性分析

在生态保护极重要区以外的区域，开展城镇建设适宜性评价，着重识别不适宜城镇建设的区域。

一般将降水资源短缺，地形坡度大于25°，海拔过高，地质灾害、海洋灾害危险性极

高的区域，确定为城镇建设不适宜区。各地可根据当地实际细化或补充城镇建设限制性因素，并确定具体判别标准。

海洋开发利用主要考虑港口、矿产能源等功能，将海洋资源条件差、生态风险高的区域确定为海洋开发利用不适宜区。

对城镇建设适宜性评价结果进行专家校核，综合判断评价结果的科学性与合理性，对明显不符合实际的，应开展必要的现场核查。

城镇建设适宜性评价的单项评价分为土地资源评价、水资源评价、气候评价、灾害评价以及区位优势度评价。

搜集数据确定评价因子：

1）土地资源单因子评价：DEM 数据

利用全域 DEM 计算地形坡度，按不大于 3°、3°～8°、8°～15°、15°～25°、大于 25°生成坡度分级图，将城镇建设土地资源划分为高、较高、中等、较低、低 5 个等级。农业部分是按不大于 2°、2°～6°、6°～15°、15°～25°、大于 25°划分为高（平地）、较高（平坡地）、中等（缓坡地）、较低（缓陡坡地）、低（陡坡地）5 个等级。

地形起伏度修正。地形起伏度的计算依靠"焦点统计"工具。对于地形起伏度大于200m 的区域，将初步评价结果降 2 级，地形起伏度在 100～200m 之间的，将初步评价结果降 1 级，作为城镇土地资源等级。

2）水资源单因子评价

搜集行政区划 shp 文件、水资源总量表数据。将水资源总量与各个区划矢量数据挂接，计算水资源总量模数，计算公式如下：

$$水资源总量模数 = 水资源总量 \times 10000 / 面积$$

要素转栅格（转换工具—转为栅格—要素转栅格），插入行政区划图，字段选择模数值，然后按照表 2-11 进行重分类。

水资源分类参考表 表 2-11

水资源总量模数	<5 万 m³/km²	5 万～10 万 m³/km²	10 万～20 万 m³/km²	20 万～50 万 m³/km²	>50 万 m³/km²
水资源等级	差	较差	一般	较好	好
判别矩阵数值	1	2	3	4	5

3）气候单因子评价

具体评价方法可参照国土空间规划"双评价"指南中城镇功能指向的环境评价方法。

4）灾害单因子评价

包括地质灾害危险性评价与地震危险性评价。

5）区位优势度单因子评价

搜集区域路网数据。通过等时圈计算（OD 矩阵或者服务区分析）、线密度分析等方法进行评价。

步骤为①交通网络分析：计算等时圈分 5 个等级；②道路交通网络密度：利用线密度分析（或者核密度分析）工具，对 5 个等级进行重分类；③加权叠加，重分类。

城镇建设用地适宜性综合评价：对以上单因子评价进行叠加分析，然后对综合评价结果进行重分类（图 2-28）。

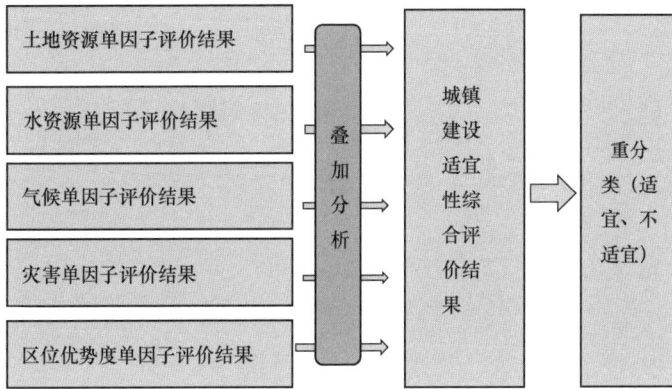

图 2-28 城镇建设用地适宜性综合评价图

第三章

小城镇国土空间总体
规划设计过程

第一节 一草设计阶段

一、区域规划体系——小城镇发展的区域分析

一般来说，区域经济发展到一定阶段之后会形成小城镇。小城镇是农村—城市的边缘地带，它的地理位置一般在城市建成区和外围的纯农业腹地之间。另外，它不仅有着城市的一些基本特征，比如人口密度明显低于城市的中心地区，又比周围的农村地区要高，它还是区域经济发展的一个重要支撑。

（一）区域分析

区位既有空间位置，也有空间联系，还有被规划布局的含义。区位条件是指一个地区与周围事物关系的总和，包括位置关系、地域分工关系、地缘经济关系以及交通、信息关系等。在总体规划中，区位条件的分析非常重要，是区域背景条件分析的重要基础。

小城镇区位分析因所处的区域条件及与外界要素的组合关系不同而千变万化，因此，可以概括出若干分析的固定套路。在进行区位分析时，重点把握城市的空间位置，从自然要素、空间联系、社会经济要素、环境要素等方面进行具体分析，抓住主导因素重点分析对小城镇发展的影响。通过区位分析，从地理位置、交通、文化、经济等方面来分析城市发展的支撑条件，探求城市在区域发展中的对策；区位分析能够明确区域发展优劣势，在制定实施正确的发展规划时起着决定性作用（图3-1）。

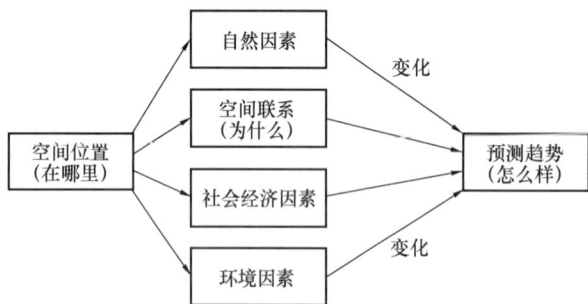

图 3-1　区位分析的思维模型

（来源：作者自绘）

（二）区域条件分析

小城镇的区域条件与地理位置一样，是影响小城镇形成和发展的空间条件。区域条件的内容丰富多样，包括矿产资源、淡水资源、动植物资源的状况，还包括基础设施的状况、区域劳动力的数量和质量、经济发展的历史传统、现状经济的发展水平和结构特征以及未来的开发潜力等，这些都会影响区域内的小城镇发展。这些条件中，有的是自然地理条件的衍生、转化，有的是区域经济开发的历史积累，还有的是未来的发展可能性。对这些条件进行分析的主要目的是明确城市发展的区域基础，摸清家底，评估潜力，为选择城市发展的方向、调整产业结构和空间结构提供依据。为此，对区域自然条件和自然资源的分析，应明确其数量、质量和组合特征，优势、潜力和限制因素，可能的开发利用方向及技术经济前提，资源开发利用与生态保护的关系等问题；对人口与劳动力的分析，应重点搞清人口的数量、素质、分布，其与资源数量、分布及生产布局的适应性或协调性，区域

适度人口的规模等问题；对科学技术条件的分析，主要应评价区域科学技术发展水平及引进并消化吸收新技术的能力，技术引进的有利条件和阻力，适用技术的选择等；对区域基础设施的分析，应重点评价基础设施的种类、规模、水平、配套等对区域发展的影响；对区域社会因素的分析应以区域发展政策、制度、办事效率、法制等为重点，评价其对城市发展的作用。

（三）区域经济分析

对于任何区域，经济问题都占据核心位置，因为它是解决其他问题的基础。因此，在区域分析中要将经济问题作为重点来进行分析研究。区域经济分析主要是从经济发展的角度对区域经济发展的水平及所处的发展阶段、区域产业结构和空间结构进行分析。它是在区域自然条件分析的基础上，进一步对区域经济发展的现状作一个全面的考察、评估，为下一步区域发展分析打好基础。对区域经济发展水平和发展阶段的分析主要是在建立经济发展水平量度标准的基础上，通过横向比较，明确区域经济发展水平，确定其所处的发展阶段，为区域发展的战略决策提供依据。对区域产业结构和空间结构的分析，主要是通过各种计量方法分析比较产业结构和空间结构的合理性，为区域产业结构和空间结构的调整提供依据。

二、镇村规划体系

（一）人口发展预测

预测小城镇人口发展规模是一项政策性、科学性很强的工作，既要了解小城镇人口现状和历年来的人口变化情况，更要研究城市社会、经济发展的战略目标以及发展的有利条件和制约因素，从中找出规律和发展趋势，预测城市人口发展，确定城市人口发展规模。城市人口系统是一个复杂、开放的系统，其增长变化规律很难把握，因此，进行城市人口的预测应采用不同方法，如分类预测、对参数及自变量采用不同赋值、引用相关预测值等，获得多个预测方案。我国城市类型多，劳动构成和人口增长又各有特点，各地有关人口资料的完备程度也不同，预测城市人口规模的方法不能强求一致，可以某几种方法为主，辅以其他方法校核。特别是与当地环境承载力、生态环境容量相校核，最终确定城市未来人口规模。以下为 4 种城市人口预测主要方法。

1. 综合增长率法

综合增长率法是以预测基准年上溯多年的历史平均增长率为基础，预测规划目标年人口的方法。根据人口综合年均增长率预测人口规模，按下式计算：

$$P_t = P_0(1+r)^n$$

式中：P_t 为预测目标年末人口规模；P_0 为预测基准年人口规模；r 为人口综合年均增长率；n 为预测年限（$t_n - t_0$）。

人口综合年均增长率 r 应根据多年的城市人口规模数据确定，缺乏多年人口规模数据的城市可以将综合年均增长率分解成自然增长率和机械增长率，分别根据历史数据加以确定。利用综合增长率法预测人口应在上述工作的基础上，考虑城市经济发展的趋势、机遇和资源环境等方方面面的条件，参考可比城市相同发展阶段的人口增长情况，确定多个综合年均增长率 r，形成多个人口预测方案。

综合增长率法主要适用于人口增长率相对稳定的城市，对于新建或发展受外部条件影响较大的城镇则不适用。

2. 时间序列法

时间序列法是对一个城市的历史城市人口数据的发展变化进行趋势分析并由此直接预测规划期城市人口规模的方法。它通过建立城市人口与年份之间的相关关系预测未来人口规模，这种相关关系一般包括线性和非线性的，在进行城市人口规模预测时，多以年份作为时间单位，一般采用线性相关模型，按下式计算：

$$P_t = a + b \times Y_t$$

式中：P_t 为预测目标年末人口规模；Y_t 为预测目标年份；a、b 为参数。

通过一组年份与城市人口的历史数据，拟合上述回归模型，如回归模型通过统计检验，则视为有效模型，可以进行预测，否则应视为不相关或相关不密切，不能用该方法进行预测。时间序列法适用于城市人口有长时间的统计，人口数据起伏不大，未来发展不会有较大变化的城市。

3. 增长曲线法

增长曲线模型用于描述变量随时间变化的规律性，与之前的方法一样，这种模型需要通过以往的数据找出这种规律性。增长曲线模型包含众多形式，用以描述社会生活中各种事物的发展规律，常见的有多项式增长曲线、指数型增长曲线、逻辑斯蒂增长曲线和龚珀兹增长曲线。时间序列法中的线性方法其实就是多项式增长曲线的一种形式。逻辑斯蒂增长曲线和龚珀兹增长曲线有两个特点使其更加适于人口预测：一是存在一个极值，随时间的增加，函数越来越趋近这一极值，在进行城市人口预测时，它能够反映一个城市发展的极限人口规模；二是逻辑斯蒂增长曲线有一个拐点，拐点之前曲线的斜率（增长率）随时间的推移逐渐变大，拐点之后曲线的斜率随时间的推移逐渐变小，最终趋近于零，这一变化过程基本符合城市人口的变化过程。因此，城市规划中进行城市人口预测时，采用增长曲线法时一般使用逻辑斯蒂增长曲线，其计算公式为：

$$P_t = P_m / (1 + aP_m b_n)$$

式中：P_m 为城镇最大人口容量；n 为预测年限（$n = t - t_0$，t_0 为预测基准年份，t 为预测目标年份）。

参数 a 和 b 可利用软件从历史数据回归中求得。人口容量 P_m 一般需结合城市的资源承载力、生态环境容量、经济发展潜力等来确定，也可以直接借用各个角度对城市极限人口规模的研究结论。

增长曲线法适用于较为成熟的城市的人口预测，并不适用于新建城市或者发展存在较大不确定性的城市。然而，在该方法的应用过程中，极限人口规模往往难以确定，或者说有一定的不确定性，给该方法的应用带来了一定的困难。

4. 职工带眷系数法

本法系根据新增就业岗位数及带眷情况预测城镇人口的方法。其公式：

规划总人口数＝带眷职工人数×（1＋带眷系数）＋单身职工

职工带眷有关指标　　　　　　　　　　　　　表 3-1

类别	占职工总数比例	备注
单身职工	40%～60%	带眷职工比要根据具体情况而定。独立工业城镇采用上限，靠近旧城采用下限；迁厂采用上限；建设初期采用下限，建成后采用上限。单身职工比相应变化。带眷系数已考虑了双职工因素，双职工比例高的采用下限，比例低的采用上限
带眷职工	40%～60%	
带眷系数	3～4，1～3	
非生产性职工	10%～20%	

（来源：作者绘制）

职工带眷比，指带有家属的职工数占职工总人数的比例。带眷系数，指每个带眷职工所带眷属的平均人数。这对于估算新建工业企业、小城镇人口的发展规模以及确定住户形式都可提供依据。这两种比值随着工厂的规模、新旧等情况的不同相应改变。这种预测方法对于新建工矿城镇根据建设的企业规模推算建成后的城镇人口是可行的，其他情况则难以应用（表 3-1）。

（二）公共服务设施

坚持城乡融合发展、统一布局的原则，均衡城乡布局，建立覆盖城乡的公共服务体系，确立教育、文化、医疗、体育等各类公共服务设施的配置标准和空间布局原则。推动城乡基础设施互联互通，加快公共服务向农村延伸，统筹镇村公共服务设施供给，提出协同共享、均等分级的配置要求，推动农村服务设施提档升级。

三、产业发展策略

小城镇的产业结构和城市不同，其产业结构的发展和升级过程也有自身的特点。一般表现为：第一产业大而不强；第二产业加工链条短；现代物流等现代服务业发展不足，难以带动第一、第二产业的发展。

当代中国小城镇产业发展面临着多方面的问题：首先，小城镇的人口流失严重，第三产业发展不足，以第一产业和第二产业为主要支撑产业，难以形成完整的城镇功能；其次，小城镇与外界的信息交流和科技合作较少，小城镇的产业难以得到质的提升；第三点也是最重要的一点，区域内的众多小城镇产业发展趋向于一致，难以找到自己在区域中的定位和特色，容易造成小城镇之间的恶性竞争，难以形成良性互补的循环发展。

（一）产业定位的关键环节

小城镇的发展能够为大城市的人口和产业转移创造条件，使大城市能够更好地发挥区域辐射带动功能。而小城镇依托区域内大城市的功能，结合自身特点进行合理定位，区分不同小城镇的重点发展方向，形成错位发展模式，就能够承上启下、契合实际、优势互补、突出特色，重构城镇体系，优化城镇空间布局，更好地促进区域经济整合和联动发展。

对于小城镇而言，在城市总体规划阶段，找好小城镇的产业结构定位能更好地确定小城镇未来发展的职能和性质以及其在区域发展中的位置和功能，形成区域内小城镇的错位发展模式。在小城镇的总体规划中，对城镇的职能和性质进行定位是首要任务，而产业结构定位又是城镇职能定位和性质定位的基础。其后，在确定城镇的发展方向和分配各项城镇建设用地时，都要以已经确定的产业结构定位和城镇性质定位为准则和服务目标来操作。

（二）产业结构定位原则

总体规划层面的小城镇产业结构定位既要彰显小城镇的特色、突出小城镇的核心竞争力，使小城镇在区域竞争中脱颖而出，也要让小城镇在区域中找到自己的恰当位置，各归其位，解决好区域中城镇与城镇之间的分工与协作问题。

1. 契合小城镇实际情况

对小城镇的产业规划应符合其自身的现实情况，立足自身的优势，同时也需要面对小城镇自身的不足，合理地进行城镇产业定位。不符合实际的小城镇产业规划，是没有生命力的，对小城镇的发展也毫无意义。小城镇的产业定位必须具有现实可行性，要经得住实践的检验，不能好高骛远，脱离城镇实际。只有从现实情况出发，才能确保小城镇产业规划的有效性。

2. 聚焦小城镇产业特色

小城镇如同人一样，都有其特色，都有不可复制的比较优势。在小城镇的产业总体定位中，要充分考量小城镇的特色，认真分析小城镇在自然环境、地理位置和人文因素方面的比较优势，确立特色产业，培育产业核心竞争力，着力形成"一特色"的小城镇产业发展格局，使小城镇的比较优势转化为竞争优势。

3. 彰显小城镇产业个性

刘炜在《城市的个性之道》一文中认为，城市作为人类的聚居地，其个性也越来越受到人们的关注。城市不仅需要现代城市的共性，更需要城市的个性。全球信息的共享将世界带入了"注意力经济"时代，城镇个性的塑造必将为小城镇促进人才、资本、市场等资源的汇集，提高城市的核心竞争力提供强有力的帮助。

彰显小城镇产业个性就是在城市总体规划层面进行小城镇产业定位时，不能一味追求"至上"的发展思路，或者盲目模仿大城市、贪大求洋，从而导致严重的产业趋同、百镇一面，使小城镇缺乏个性。要通过个性化的小城镇产业总体定位来提高小城镇的核心竞争力，以吸引人才、资本、市场等资源的汇集。

（三）产业结构定位依据

小城镇产业结构定位就是小城镇产业体系规划的地图，只有在这样一张地图的指引下，对小城镇产业体系的规划才不会迷失方向。小城镇产业体系规划的依据包括小城镇自身的资源条件、国家的政策导向和上位的区域规划。在总体规划层面进行小城镇产业体系定位时，必须明确小城镇所处的特定环境和特殊条件，充分挖掘小城镇优势，因地制宜，形成产业特色。

1. 国家的政策导向

国家的政策法律法规一方面对小城镇产业的规划具有引导作用，另一方面又对小城镇产业发展具有扶持作用。国家的政策法律法规是一种宏观战略规划，小城镇作为个体，在进行产业体系规划时要服从这种整体的战略规划。国家是资源的分配者，其作为一个强大的保障体，对小城镇产业的发展起到扶持和帮助的作用。

2. 上位的区域规划

在总体规划层面对小城镇进行产业结构定位时，只有充分理解、分析上位规划的结构布局，才能确定小城镇在大的区域空间格局中的定位，通过对小城镇本身资源的分析比较，对小城镇的产业结构定位进行规划，进而确定小城镇的城镇职能和城镇性质，为下一步规划研究作准备。

3. 自身的资源条件

小城镇自身的资源条件是小城镇得以存在和发展的基础和根本，也是我们进行规划的前提。小城镇自身的资源条件主要分为小城镇的自然生态资源、历史人文资源、区位交通条件和现有的城镇产业基础。

小城镇自身拥有的资源具有独特性和不可替代性的特点，充分挖掘小城镇自身的资源条件就决定了小城镇在区域的发展定位中具有其独特性和不可替代性。同时，由于小城镇在自然、资源、地理、经济等条件上的不同，也不可能具备发展一切产业的条件。因此，应充分发展小城镇的优势资源，确定小城镇产业发展的重点，建立小城镇的主导产业，将小城镇的比较优势发展成为竞争优势，充分展现小城镇的特色，增强小城镇发展的竞争力。

（四）产业功能策划

1. 小城镇产业定位的选择

在总体规划层面对小城镇产业定位的选择涉及国家、区域以及小城镇本体等多个层面，首先应该聚焦于国家政策导向、产业发展机遇和前景、产业竞争业态等方面，其次需要了解小城镇本体的产业资源、产业积淀和小城镇的产业目标三个方面，最后应该考虑到该产业给小城镇的区域定位、经济发展以及小城镇的个性和形象的塑造所带来的影响。

2. 小城镇产业层次的规划

小城镇的产业结构中第一产业、第二产业和第三产业的比例和主次是有区分的，产业间只有保持合理的比例和主次关系才能不断推动地区经济的增长。不同的小城镇因为自身资源条件、发展水平的不同，一、二、三产的比例和主次各不相同。

小城镇产业层次的比例有大小的分别，而产业层次的主次关系也应该明确区分。小城镇应重点发展效益较高、绿色环保、符合社会发展要求的产业。同时，小城镇的产业规划应因地制宜，依托城市总体规划，从区域和经济的角度出发，符合小城镇的实际情况。

关于三区三线，小城镇不单独划定三区三线，可直接落实县级国土空间规划中已获批启用的三区三线划定成果。

四、ArcGIS 在规划设计中的应用

（一）"双评价"成果使用

2020 年 1 月 19 日，自然资源部发布了《资源环境承载能力和国土空间开发适宜性评价指南（试行）》（以下简称"《指南》"）。《指南》是在主体功能区、国土空间规划试点等理论研究和实践工作的基础上，结合当前国土空间规划和管控需求，围绕"双评价"工作目标，形成的一套研究框架和工作指南。"双评价"是指资源环境承载能力评价和国土空间开发适宜性评价。"双评价"是国土空间规划编制的前提和基础，也是国土空间规划编制过程中的系列研究分析的重要组成部分。通过资源环境承载能力评价，按照生态保护、农业生产、城镇建设三个不同的功能指向，确定资源环境承载能力等级，总结区域资源环境禀赋的特点，分析其优势与短板。通过国土空间开发适宜性评价，划分生态保护重要性等级分区，农业生产、城镇建设适宜性等级分区，识别国土空间开发保护的问题和风险，综合分析未来国土空间开发保护的潜力，为完善主体功能区战略，编制国土空间规划，科

学划定生态保护红线、永久基本农田、城镇开发边界，统一实施国土空间用途管制和生态保护修复提供基础支撑（图3-2）。

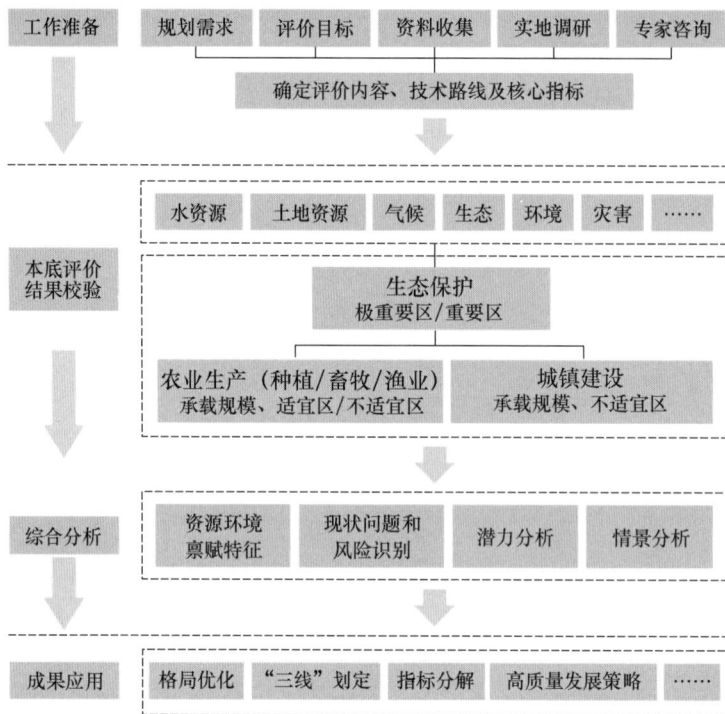

图 3-2　双评价工作流程
（来源：《资源环境承载能力和国土空间开发适宜性评价指南（试行）》）

　　按照《指南》的要求，编制县级以上国土空间总体规划，应先行开展"双评价"工作，形成成果并随同级规划一并论证，报批入库。县级规划可直接使用市级评价结果，也可有针对性地开展补充评价。因此，乡镇国土空间规划一般不单独作双评价，直接借鉴上一级县市级"双评价"成果，一般"双评价"成果为栅格数据，利用ArcGIS软件工具箱中"空间分析"工具下的"提取分析按掩膜提取"工具，可将所需区域的"双评价"成果裁剪出来。当然，有条件的乡镇也可根据当地实际情况选择评价因子，进行各项用地适宜性分析评价。

（二）GIS在规划图件绘制中的应用

本节将介绍利用ArcGIS软件绘制规划专题图的方法。本文以某镇区为例，介绍如何使用ArcGIS10.6绘制规划中的用地布局规划图。

1. 创建地图文档并加载数据

打开ArcMap，按照提示创建新的空白地图文档，将镇区变更调查数据加载到当前地图文档中。

2. 创建GeoDatabase数据库

在目录列表中链接到要存放数据的文件夹，单击右键选择"新建"，然后选择"文件地理数据库"，具体见图3-3，创建地理数据库，这样就建立了一个空的数据库，用来存放专题规划图件。选择该数据库，单击右键选择"新建"，然后选择"要素类"，即可打开"创建要素"窗口（图 3-4），在名称中输入该要素名称"镇区用地布局规划图"，在要素类型下拉列表中选择"面要素"（此处要素类型的选择根据绘制要素的实际进行选择："点要素""线要素""面要素""多点要素""注记要素""多面体要素""尺寸注记要素"），然后点击下一步，为该要素选择合适的坐标系统，因为控规以"三调"为底图，所以坐标系统要与"三调"数据保持一致，可以选择新建坐标系下的"导入"（图 3-5），在弹出的对

图 3-3　创建地理数据库

（来源：作者自绘）

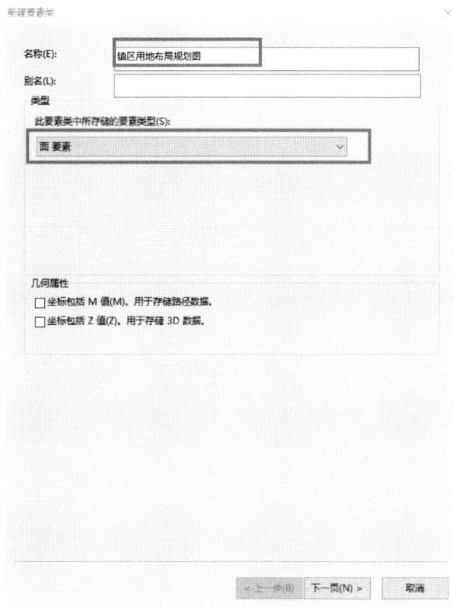

图 3-4　新建要素类

（来源：作者自绘）

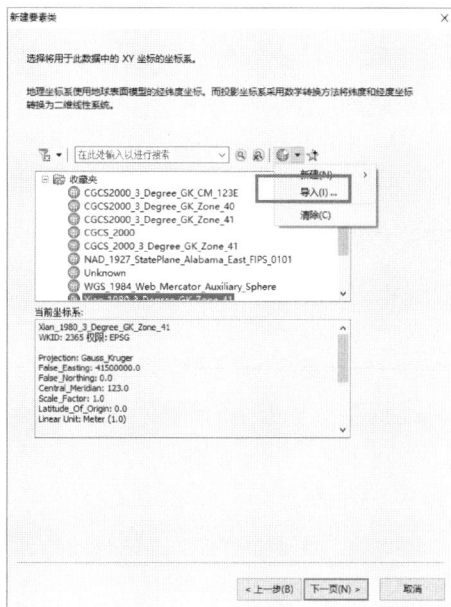

图 3-5　导入坐标系统

（来源：作者自绘）

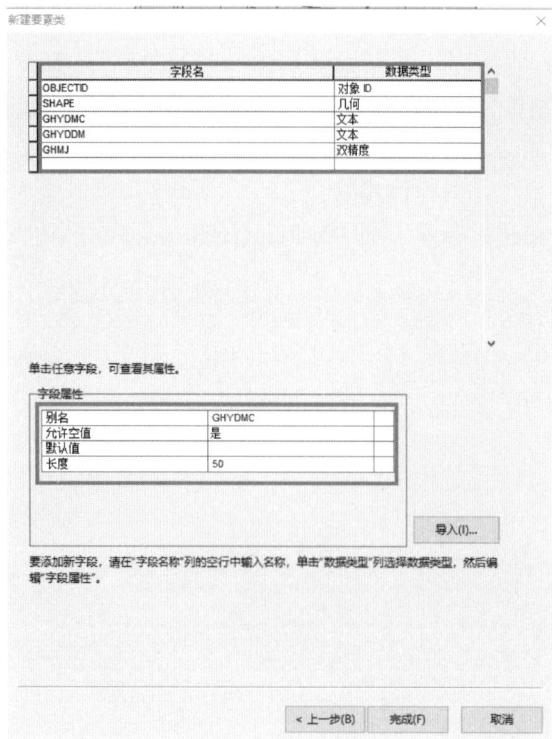

图 3-6　编辑属性结构
（来源：作者自绘）

话框中选择相应的三调数据即可将相关要素导入坐标系统，然后单击"下一步"，在出现的窗口中选择"默认"，再单击"下一步"，出现为要素设置属性字段的窗口（图 3-6），在窗口编辑该要素的属性字段名称，并选择相应字段类型，此处创建了三个字段"规划用地名称"和"规划用地代码""规划面积"，用拼音首字母大写命名，也可以选择导入，将其他要素的属性结构导入当前要素中来快速创建要素的属性结构，也可在完成"创建要素"后进行属性结构的编辑。编辑完属性结构后单击"确定"，即可完成该要素的创建。

3. 编辑几何数据

将镇区开发边界数据加载到当前地图文档中，在该图层单击右键选择"属性"，打开"图层属性"窗口，在显示标签中设置透明度为 50%。在 ArcMap 菜单空白处任意位置单击右键，选择"编辑器"，打开"编辑器"工具条（图 3-7）。

图 3-7　编辑器工具条
（来源：作者自绘）

如图 3-8 所示，在编辑器下拉列表中点击"开始编辑"，弹出"开始编辑"窗口（图 3-9），选择要编辑的图层"镇区用地布局规划图"，在编辑器下拉列表中选择"编辑窗口"下的"创建要素"，打开"创建要素"工具窗口（图 3-10），在要素编辑窗口中分别选择相应的图层和工具，此处选择图层"镇区用地布局规划图"和构造工具"面"，然后即可在绘图窗口中绘制任意形状的面要素，双击左键结束绘制，此方法类似 CAD 绘制。绘图结束后，在编辑器下拉列表中单击"保存编辑"，图件绘制完毕后在编辑器下拉列表中单击"停止编辑"，如果没有保存刚刚编辑的内容，会出现提示保存编辑对话框，点击"是"即可保存对图层所做的所有编辑。

注意：在绘制图形的过程中，为方便捕捉到要素边界，在编辑器工具条下打开"捕捉"工具条（图 3-11），在"捕捉"工具条中设置捕捉方式；如果绘制的图形需要进行调整，就双击该图形，会出现"编辑折点"工具条（图 3-12），可以添加、删除节点、移动、整形编辑图形，如按住鼠标左键拖住折点即可移动边要素位置。

图 3-8 编辑器列表

（来源：作者自绘）

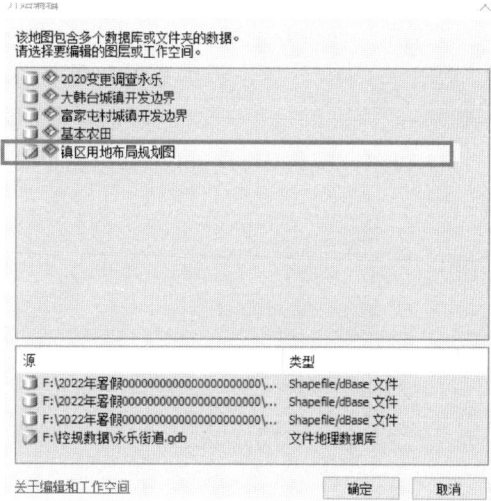

图 3-9 开始编辑窗口

（来源：作者自绘）

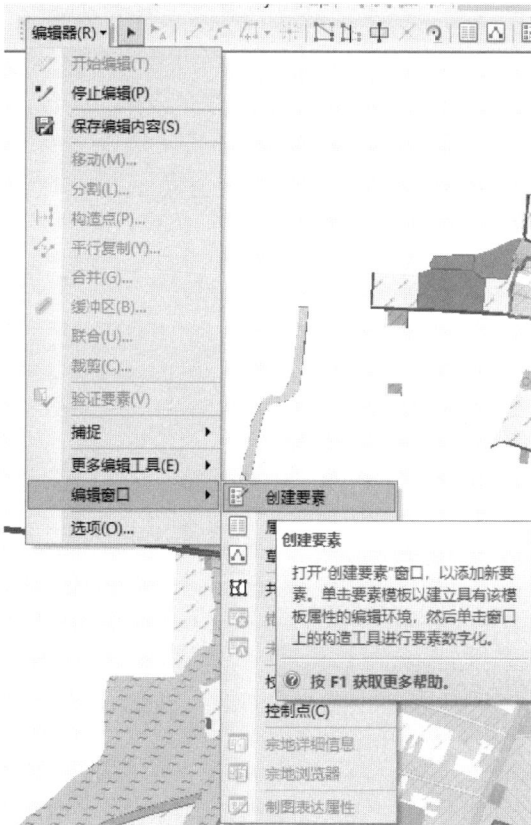

图 3-10 打开创建要素工具窗口

（来源：作者自绘）

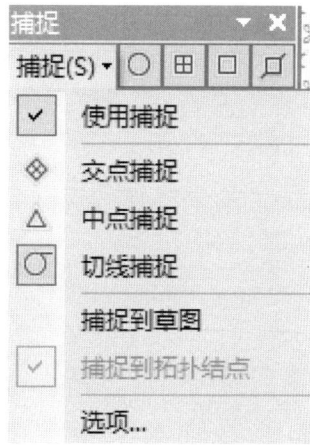

图 3-11 捕捉工具

（来源：作者自绘）

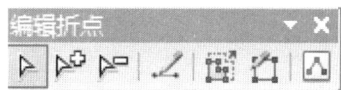

图 3-12 编辑折点工具条

（来源：作者自绘）

4. 编辑属性数据

在完成几何数据绘制后，需要为绘制的几何数据编辑属性数据，在该图层单击右键选择"打开属性表"，单击编辑器工具条下的"开始编辑"，即可对该属性表进行属性编辑，选择一行记录，即可查看该记录属性对应的几何数据，根据几何数据编辑该图形的属性数据（图3-13），编辑完后，打开编辑器工具条下的"保存编辑"。

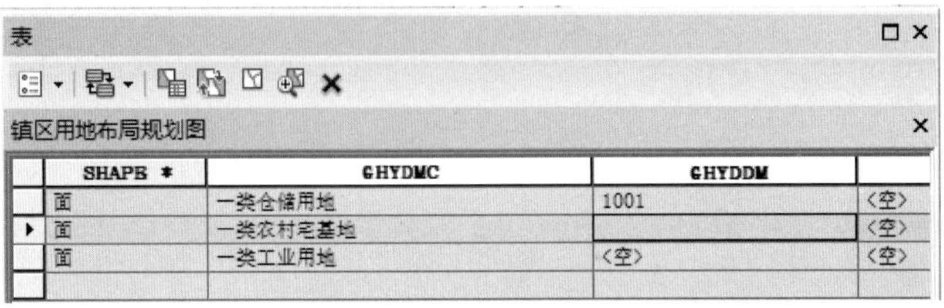

图 3-13　属性编辑窗口

（来源：作者自绘）

对于属性的编辑除了可以逐条编辑外，也可以进行批量编辑，打开图层属性表格，按住 shift 键依次单击要选择的图形，选择相应图形后，在要赋属性的字段"GHYDMC"单击右键选择"字段计算器"（图3-14），在"显示代码块"输入"一类农村宅基地"，注意要输入英文状态下的双引号，否则提示错误，然后单击"确定"，即可为所有选择的要素批量编辑规划用地名称。在要赋属性的字段"GHYDDM"单击右键选择"字段计算器"（图3-15），在"显示代码块"输入"一类农村住宅用地"的代码"060301"，然后单击"确定"，即可为所有选择要素的地类代码赋值。其他字段批量赋值同样用"字段计算

图 3-14　批量属性编辑窗口

（来源：作者自绘）

图 3-15　批量属性编辑窗口

（来源：作者自绘）

器"进行，不再赘述。

注意：无论是编辑属性数据还是几何特性数据，在编辑结束后都不要忘了点击"编辑器"工具条下的"保存编辑数据"，然后点击"编辑器"工具条下的"停止编辑"，每次编辑开始时，单击"编辑器"工具条下的"开始编辑"。

5. 文字标注

以镇区用地布局规划图为例，在该图层单击右键选择"图层属性"，打开图层属性对话框（图3-16），单击"标注"标签，在"标注"标签中选择标注字段"GHYDMC"，然后设置标注字体大小、标注属性、放置样式等，设置完成后单击"应用"，回到图形编辑窗口。有可能图形中没有显示文字标注，需要在该图层单击右键选择"标注要素"，在"标注要素"前打上对勾，此时即可显示文字标注（图3-17）。

图 3-16　图层属性对话框

（来源：作者自绘）

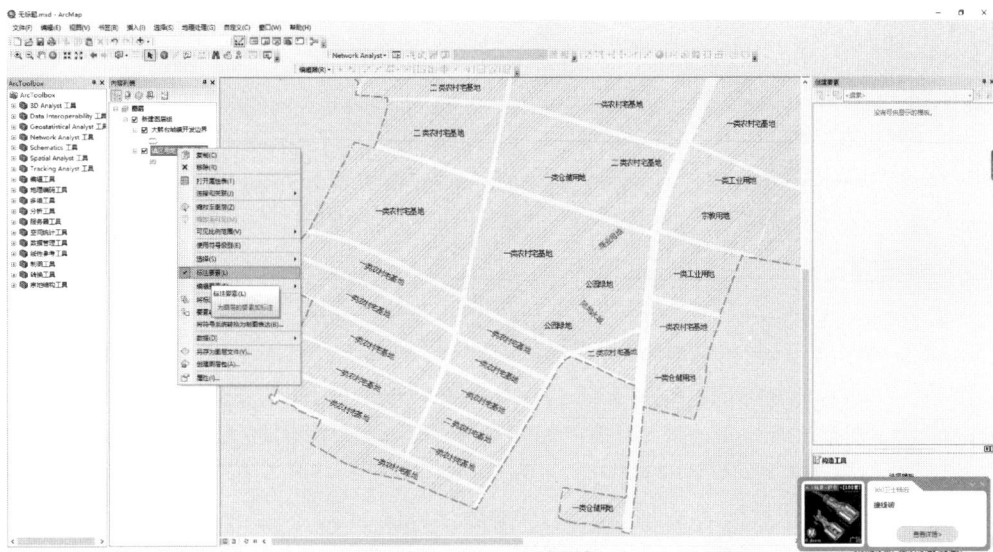

图 3-17　设置标注要素显示

（来源：作者自绘）

6. 符号化

按照相关制图规范为不同用地设置不同符号颜色，首先，打开"图层属性"窗口，然后打开"符号系统"标签（图 3-18），选择类别下的唯一值，然后在"值字段"中选择"GHYDMC"，单击"添加所有值"，在"符号"一栏为所有用地选择相应的填充符号颜色，设置完成后单击"确定"，完成符号化设置。

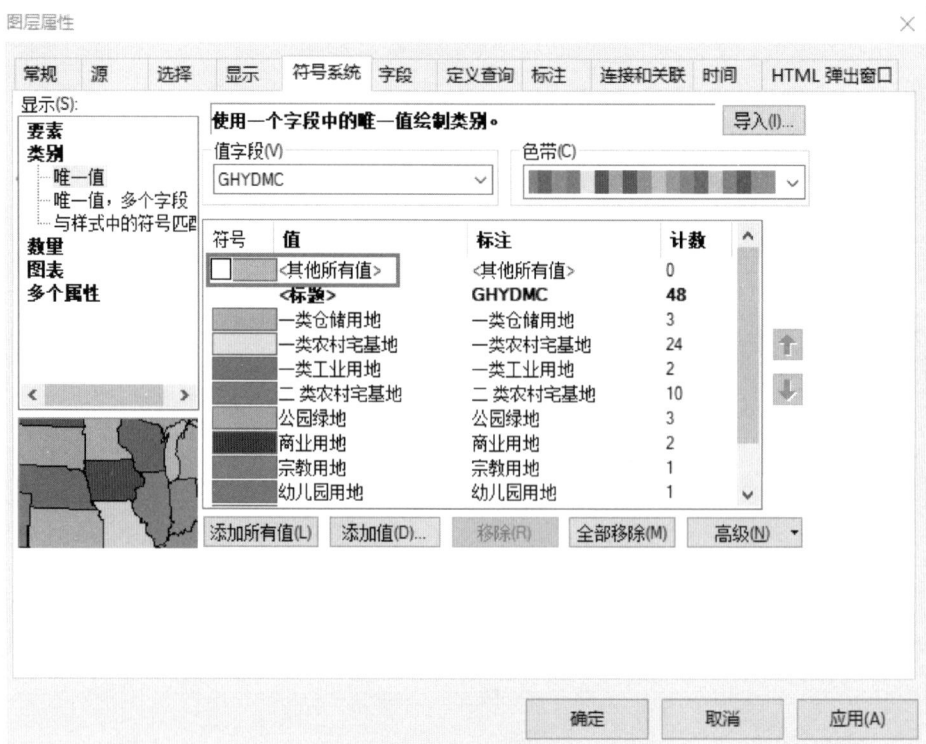

图 3-18　符号设置

（来源：作者自绘）

7. 制作专题图纸

在编辑窗口任意位置单击右键选择"全图"，然后切换到布局视图，调整显示比例，在 ArcMap 界面选择插入→数据框/标题/文本/比例尺/图例等信息，按照成图要求，完善相应的图面信息，然后在"文件"菜单下选择"文件和打印设置"，进行纸张大小设置，最后在"文件"菜单下选择"导出地图"保存为 jpg、bmp 等图片格式，具体图件如图 3-19 所示。

注意：在插入图例的时候，可去掉一些不需要的图例信息显示如"其他所有值"，打开该图层的"图层属性"对画框，打开"符号系统"标签，取消勾选"其他所有值"前面的"√"，单击"确定"，然后选择图例，单击右键选择"属性"，打开"图例属性"对话框（图 3-20），在"项目"标签中全选所有图层，点击"样式"，打开"图例项选择器"（图 3-21），选择"仅单一符号保持水平"，然后单击"确定"即可完成图例显示符号设置。

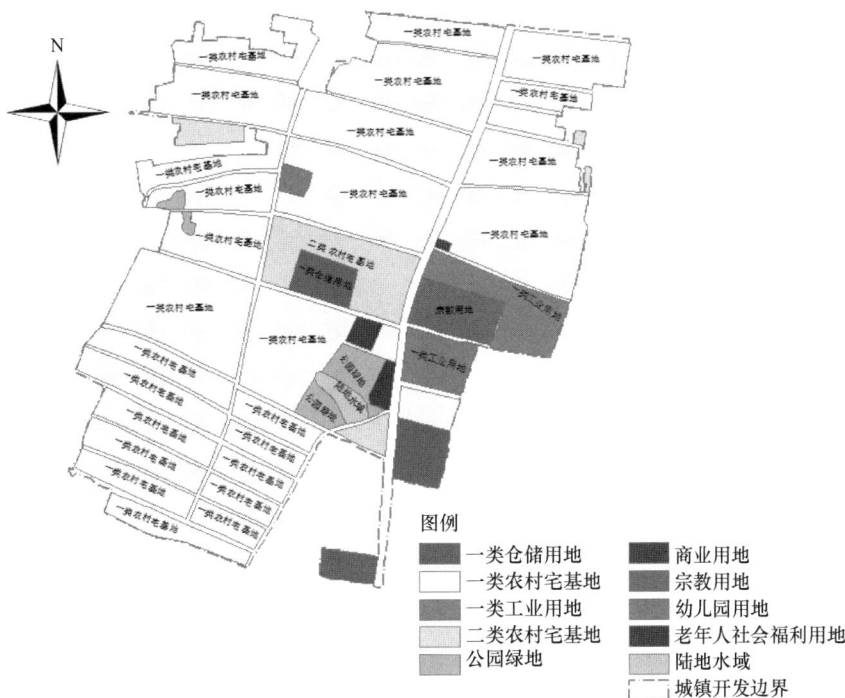

图 3-19 用地布局规划图

（来源：作者自绘）

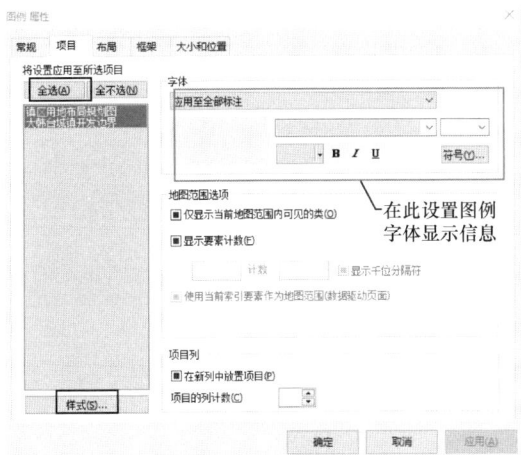

图 3-20 图层属性对话框

（来源：作者自绘）

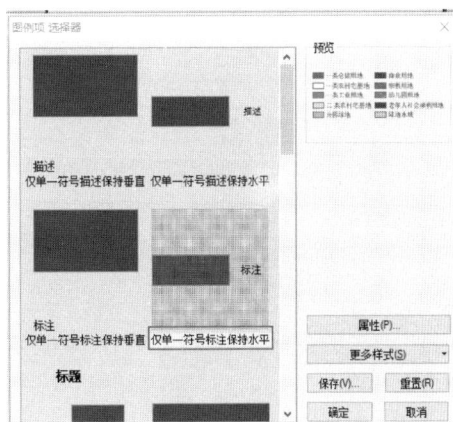

图 3-21 图例项选择器

（来源：作者自绘）

（三）GIS 技术在规划设计决策中的应用

在规划设计中，可以运用 GIS 进行属性检索、算术与逻辑运算，也可以进行空间数据与属性的逻辑运算、缓冲区分析、叠加分析等，如分析已有公共设施的空间分布和服务范围，找出服务盲点，为设施规划提供科学决策；也可以对建筑密度、容积率等建筑经济指标进行空间查询、量算，为建筑空间合理布局提供科学依据；对城市发展空间格局进行模拟，进行综合效益和可行性评价，辅助规划方案的综合性评价和可行性选择，有利于城市可持续发展。本节以某镇为例，对该镇基础设施进行优化分析，为基础设施规划布局提供决策，同时对该镇的交通网络进行分析，为村庄交通规划布局优化提供决策依据。

根据乡镇内的交通道路网，建立交通等时圈，叠加村镇居民点，分析自各村到达镇所需时间，以此作为居民点交通设施便利度的评价，为区域交通设施规划提供依据。具体分析步骤如下：

第一步：整理该区域道路交通数据，新建个人地理数据库，然后将整理好的区域道路交通数据导入个人地理数据库中。

第二步：对道路交通数据进行拓扑错误检查。在数据库中新建要素数据集，然后将道路数据导入要素数据集，在要素数据集中单击右键选择"新建"→"拓扑"，按照新建拓扑向导提示建立道路拓扑数据集，添加拓扑规则：不能相交或内部接触、不能自相交、不能有悬挂点。然后，按照提示创建并验证拓扑，添加到当前窗口中，不符合拓扑规则的点以红色点的形式标出。

第三步：编辑拓扑错误。打开"编辑器"和"拓扑"工具条，对拓扑错误进行编辑。常见拓扑错误：悬挂点。整个网络中，除道路尽头会有悬挂点外，其他地方的悬挂点需要通过"延伸"或者"打断""删除"等工具对错误线段进行编辑，然后验证拓扑，直至所有错误改正完成，停止并保存编辑内容。

第四步：设置道路基本属性。打开道路图层属性表，添加"速度"和"时间"两个字段，数据类型为双精度型。首先，根据道路等级为"速度"字段赋车速，一般公路车速为60km/h，"干道"车速为40km/h，"支路"车速为20km/h，小路车速为10km/h，然后计算"时间"字段值，时间＝shape_length/1000/速度×60，此时计算出来的时间单位为分钟。

第五步：新建网络数据集。在数据库下的要素数据集单击右键选择"新建"→"网络数据集"，根据"新建网络数据集"向导提示创建道路网络数据集，注意在提示中有一项"是否在此网络中构建转弯模型"，选择"否"，在提示操作中有一步"如何对网络中的高程进行建模"，选择"无"，在"为网络数据集指定属性"中，单击"添加"，按照图3-22所示设置时间字段属性值，然后单击"确定"，结果如图3-23所示，时间前面显示感叹号，说明有问题，双击"时间"弹出赋值器，为时间设置"类型"和"字段"，同样双击"长度"，弹出长度字段赋值器，设置长度字段值为"shape_length"字段，然后单击"确定"即可（图3-24），接下来出现"是否为网络数据集建立行驶方向"，选择"否"，然后选择"是"，其他选择"默认"即可完成道路网络数据集的构建，并将构建的网络数据集添加到当前窗口中。

第六步：打开"网络分析"工具条下的"OD成本矩阵"，并打开分析窗口（图3-25），单击"分析窗口"属性，设置图层属性（图3-26），打开"分析设置"标签，在"阻抗"中选择时间，单击"确定"。然后，设置起始点为该镇区域行政中心，添加目的地点为各建制村中心，单击"网络分析"工具条中的"求解"按钮，即为起始点和目的地点建立了路线。

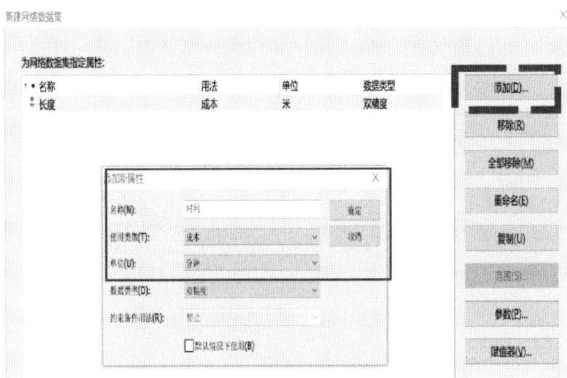

图 3-22 网络数据集添加属性
（来源：作者自绘）

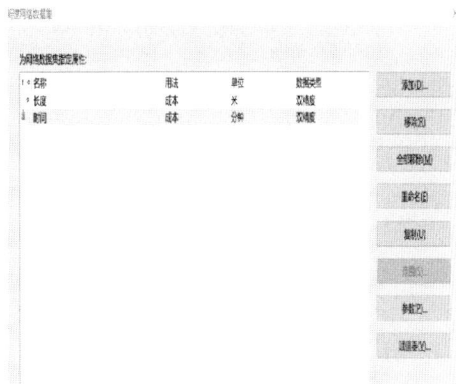

图 3-23 设置时间字段属性
（来源：作者自绘）

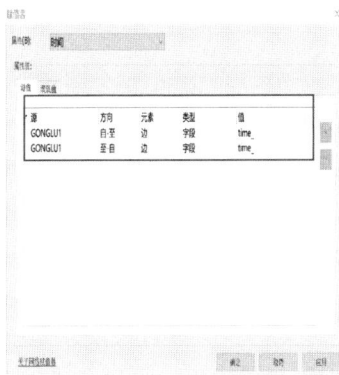

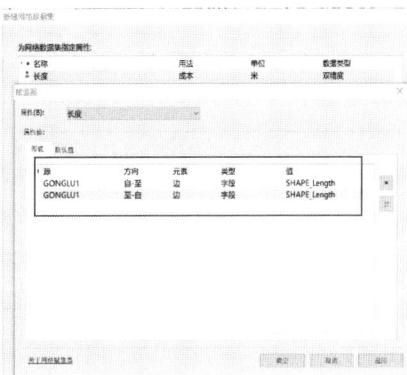

图 3-24 设置网络数据集属性字段
（来源：作者自绘）

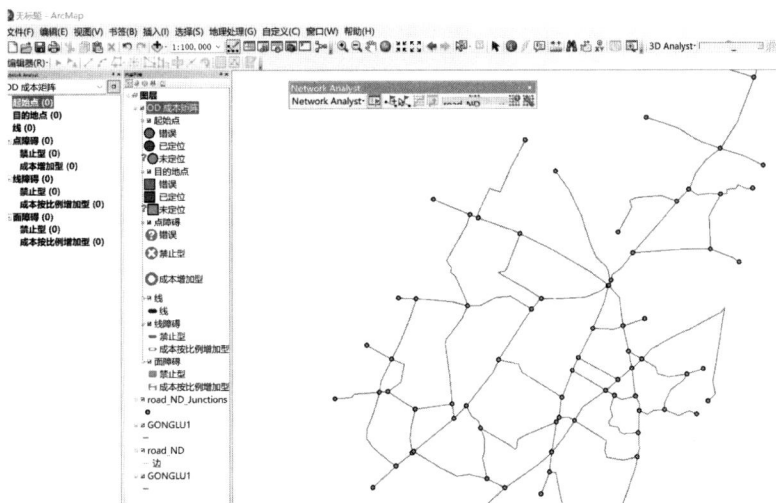

图 3-25 OD 成本矩阵分析窗口
（来源：作者自绘）

图 3-26　分析设置窗口图层属性

（来源：作者自绘）

第七步：在"网络服务"窗口打开路线属性表，按照图 3-27 所示设置属性 OriginID 属性值为目的地点编号，同样方法设置目的地点属性 SourceID 属性值为目的地点编号，然后将线属性挂接到点属性表上（图 3-28），使点属性具有时间字段。

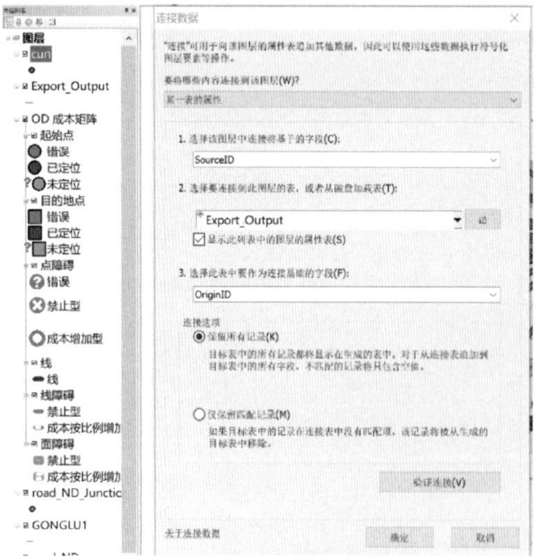

图 3-27　字段设置和挂接属性

（来源：作者自绘）

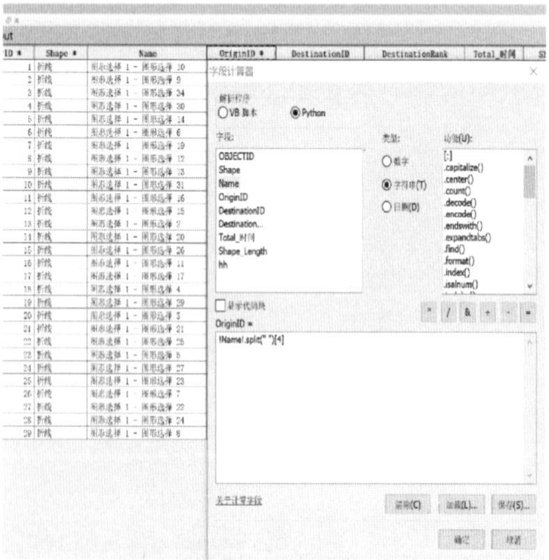

图 3-28　线属性挂接到点属性表上

（来源：作者自绘）

　　第八步：导出目的地点，对目的地点进行"反距离权重"插值。注意：字段选择"时间"字段，然后对结果值进行重分类，即可得到该区域的等时圈分析图（图3-29），叠加村镇居住区，即可看出每个居民点到乡镇中心的可达性，以此作为居民点交通优化布局的依据。

图 3-29　该镇区域交通等时圈分析图

(来源：作者自绘)

　　由该镇交通等时圈分析图可以看出，该镇交通便利，有省道贯穿，沿省道附近的村交通便利，姚屯村、马家屯村、小柳屯村、孙家窝堡村、安乐村等5个村屯至镇中心可达性相对较低，交通相对不便，因此，结合村庄现状经济、人口、设施等情况可以适当进行交通优化设计。但是对于村庄的调整还需结合更多因素进一步分析。由于数据的局限性，本节仅对交通状况进行了分析，在开展村镇国土空间规划的过程中，除考虑社会、经济、生态环境及文化等影响因素外，也应考虑到不同区域内村镇的发展特点，进行综合评价和分析，构建科学、适度、有序的农村居民点布局体系，为农村发展规划精准施策，保证居民点规划的可实施性与针对性，确保国土空间规划效果的针对性，保障乡村的可持续发展。

第二节　二草设计阶段

一、公共管理与公共服务设施规划体系

对接落实市县总规确定的公共服务设施配套指标以及城乡基本公共服务均等化构建要求。明确规划公共服务设施总体布局和规模要求，建立城乡生活圈，明确各级公共服务设施配置标准，统筹乡村公共服务设施资源配置，构建公共服务设施体系（表3-2）。用地分类参考《国土空间调查、规划、用途管制用地用海分类指南（试行）》，有地方国土空间总体规划编制指南（导则）的，参照地方标准来执行。

城乡生活圈设施配置一览表　　　　　　　　　　　表 3-2

类型	名称	5分钟/村（组）生活圈	10分钟/村（组）生活圈	15分钟/村（组）生活圈
教育	托儿所	●/○	—	—
	幼儿园	●/○	—	—
	小学	—	●	—
	初中	—	○	—
	高中	—	—	○
文化	文化活动站	●	—	—
	文化活动中心	—	●	●
体育	室外综合健身场地	●	—	—
	小型多功能运动场地	○	—	—
	中型多功能运动场地	—	●	—
	大型多功能运动场地	—	—	●
	全民健身中心	—	—	○
医疗卫生	卫生服务站（所）	●	—	—
	卫生服务中心（院）	—	●	—
社会福利	日间照料中心	●	—	—
	养老院	—	○	●
	老年养护院	—	○	●
管理服务	服务站（村委会）	●	—	●
	服务中心	—	●	—

注：●为必选设置，○为可选设置，—为不要求设置；考虑服务人口因素，托儿所与幼儿园在村级生活圈为非必配设施，但在5分钟生活圈为必配设施。
（来源：作者绘制）

（一）公共管理与公共服务用地的选址

1. 机关团体用地

1) 通常选择在乡镇中交通便利、人流集中、各种配套服务设施齐全、环境较好的地段。

2) 周边用地在不同程度上布置商业服务用地。

2. 科研、教育用地

1) 中学、小学、幼儿园、托儿所等，按一定服务半径布置，一般中学的服务半径为1000m，小学的服务半径为500m，幼儿园、托儿所的服务半径不宜大于300m。

2）中小学的布局应保证学生能就近入学，沿途一般不应穿越铁路、乡镇交通干线，不穿越厂矿生产区和乡镇中心人多、车多的地段，要远离交通繁忙的铁路、公路沿线，以免产生噪声干扰。

3）注意学校对居民正常生活的干扰，应与住宅区保持适当的距离，一般设计在居住区的边缘，沿次要道路比较安静的地方。

4）科研用地可以结合研究机构联合布置，利用人才优势，相互促进。

3. 文化用地

文化用地的选址一般倾向于所服务人群的中心（即服务对象人口到文化用地的距离最短化），一般与其他公共管理和公共服务设施用地联合布置。

4. 体育用地

1）结合乡镇交通网络布局，提高疏解人流的能力。

2）宜设于乡镇交通较为便捷的地方。

3）考虑停车问题。

5. 医疗卫生用地

1）卫生服务中心或服务站（所）要求交通方便，环境宜人。

2）卫生服务中心或服务站（所）按不同的服务半径均衡配置。

6. 社会福利用地

1）应布置在环境优美、相对比较安静的地方。

2）养老院等宜布置在乡镇交通比较便利的地段，方便人们进出。

（二）公共管理与公共服务设施用地的规划布局（图 3-30）

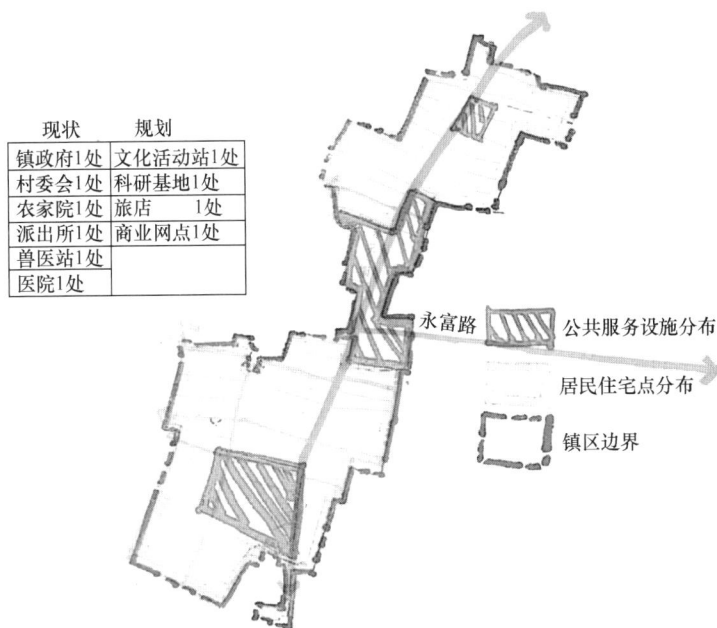

现状	规划
镇政府1处	文化活动站1处
村委会1处	科研基地1处
农家院1处	旅店　　1处
派出所1处	商业网点1处
兽医站1处	
医院1处	

永富路

公共服务设施分布

居民住宅点分布

镇区边界

图 3-30　沈阳市某镇国土空间总体规划——公共服务设施规划图

（来源：作者自绘）

1. 总体布局要求

1）按照乡镇的性质与规模，建设内容与建设标准要与乡镇的发展目标相适应。

2）布局合理，位置适中。考虑不同设施合理的服务半径和各自的特点，规模适中，配套完善。

3）综合考虑道路交通因素，重点考虑中心镇区的交通。

4）利用原有基础，考虑传统商业区的影响。

5）创建优美的公共中心景观。

2. 乡镇公共中心的布置方式

1）布置在乡镇中心地段。

2）结合原有中心和现有建筑进行布置。

3）结合特色景观布置。

4）结合乡镇主要道路进行布置。

二、居住用地规划体系

（一）居住用地的选址应考虑的因素

1）选择自然环境优良的地区，有着适于建筑的地形与工程地质条件，避免易遭受洪水、地震灾害和滑坡、沼泽、风口等不良条件的地区。在丘陵地区，宜选择向阳、通风的坡面。在可能的情况下，尽量接近水面和风景优美的环境。

2）居住用地的选择应与城市总体布局结构及其就业区与商业中心等功能地域协调相对关系，以缩短居住—工作、居住—消费的出行距离与时间。

3）居住用地选择要十分注重用地自身及用地周边的环境污染影响。在接近工业区时，要选择在常年主导风向的上风向，并按环保法规的规定间隔设置必要的防护距离，为营造卫生、安宁的居住生活空间提供环境保证。

4）居住用地选择应有适宜的规模与用地形状，以合理地组织居住生活和经济有效地配置公共服务设施等。适宜的用地形状将有利于居住区的空间组织和建设工程的经济合理。

在城市外围选择居住用地，要考虑与现有镇区的功能结构关系，利用旧镇区的公共设施、就业设施，有利于密切新区与旧区的关系，减少居住区建设的初期投资。

5）居住区用地选择要结合房产市场的需求趋向，考虑建设的可行性与效益。

6）居住用地选择要注意留有余地。在居住用地与产业用地一体安排时，要考虑相互发展的趋向与需要，当产业有一定的发展潜力与可能时，居住用地应有相应的发展安排与空间准备。选择居住用地时，亦可以通过地形条件、地基承载力及土质条件、水文地质条件、洪水淹没程度等方面进行对比评价，然后作出决定。

（二）居住用地的规划布局

居住用地在乡镇建设用地中占有较大的比例，居住用地的分布形态与乡镇总体布局的形态基本是相同的。如在平原地区，用地布局形态大多为集中式布置形式；当受到河流、山川、铁路等分隔时，用地布局形态多为带状布置形式；当乡镇用地受到地形等自然条件的限制，或受到产业分布及道路交通设施的影响时，可采取分散组团式布置方式。

（三）居住用地规划体系

依据市县总规，采取多手段分析乡镇人口的流动、结构、分布变化，合理预测乡镇域、乡镇政府驻地和各村庄常住人口规模。

可按照乡镇政府驻地、中心村、基层村三个等级，合理确定居民点体系等级结构与职能结构；结合人口变化与灾害分析等因素，按照集聚提升、搬迁撤并等五个类别，明确各村庄分类（表 3-3）。

居民点体系规划表　　　　　　　　　　　　　　　　　表 3-3

镇村等级	数量/个	名称	人口规模	职能分工	类别	备注
乡镇政府驻地						
中心村						
基层村						

（来源：作者绘制）

结合乡镇实际，优化居住用地结构和布局，确定镇区人均居住用地面积。制定低效用地改造、危房改造、人居环境整治等行动计划，并提出建设时序，严控高层高密度住宅（图 3-31）。

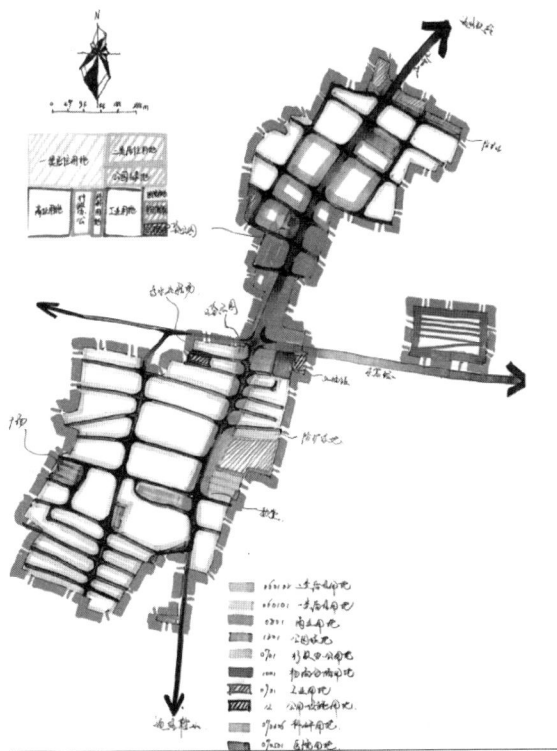

图 3-31　沈阳市某街道国土空间总体规划——用地布局规划图

（来源：作者自绘）

三、交通与道路规划体系

明确交通系统的发展方向与规划目标，提出交通设施规划实施策略。落实市县总规确定的公路、铁路、机场、水运等重要交通设施。加强乡镇域道路系统的衔接协调，配置相应的公交站场（点）等交通设施。

镇区内应明确道路交通网的结构和密度，划分道路等级，明确主次干路走向，确定红线宽度，合理布局公交站场（点）、客运站、停车场等交通设施。

（一）布局要点

1）乡镇道路交通规划主要包括镇区内部的道路交通、镇域内镇区和村庄之间的道路交通以及对外交通的规划。

2）乡镇道路交通规划应依据县域或地区道路交通规划的统一部署进行规划。

3）乡镇道路交通规划应根据乡镇用地的功能、交通的流向和流量，结合自然条件和现状特点，确定镇区内部的道路系统以及镇域内镇区和村庄之间的道路交通系统，应解决好与区域公路、铁路、水路等交通干线的衔接，并应有利于镇区和村庄的发展、建筑布置和管线敷设。

（二）镇区道路规划

1）镇区的道路应分为主干路、干路、支路、巷路四级。

2）道路广场用地占建设用地的比例应符合规范规定。

3）镇区道路中各级道路的规划技术指标应符合表 3-4 的规定。

镇区道路规划技术指标　　　　　　　　　　　　　　　　　表 3-4

规划技术指标	道路级别			
	主干路	干路	支路	巷路
计算行车速度 /（km/h）	40	30	20	—
道路红线宽度 /m	24～36	16～24	10～14	—
车行道宽度 /m	14～24	10～14	6～7	3.5
每侧人行道宽度 /m	4～6	3～5	0～3	0
道路间距 /m	≥500	250～500	120～300	60～150

（来源：作者绘制）

4）镇区道路系统的组成应根据镇的规模分级和发展需求按表 3-5 确定。

镇区道路系统组成　　　　　　　　　　　　　　　　　　　表 3-5

规划规模分级	道路级别			
	主干路	干路	支路	巷路
特大、大型	●	●	●	●
中型	○	●	●	●
小型	—	○	●	●

注：表中●为应设的级别；○为可设的级别。

（来源：作者绘制）

5）镇区道路应根据用地地形、道路现状和规划布局的要求，按道路的功能性质进行布置，并应符合下列规定：

（1）连接工厂、仓库、车站、码头、货场等以货运为主的道路不应穿越镇区的中心地段；

（2）文体娱乐、商业服务等大型公共建筑出入口处应设置人流、车辆集散场地；

（3）商业、文化、服务设施集中的路段，可布置为商业步行街，根据集散要求应设置停车场地，紧急疏散出口的间距不得大于160m；

（4）人行道路宜布置无障碍设施。

（三）对外交通规划

（1）镇域内的道路交通规划应满足镇区与村庄间的车行、人行以及农机通行的需要。

（2）镇域的道路系统应与公路、铁路、水运等对外交通设施相互协调，并应配置相应的站场、码头、停车场等设施，公路、铁路、水运等用地及防护地段应符合国家现行的有关标准的规定。

（3）高速公路和一级公路的用地范围与镇区建设用地范围之间应预留发展所需的距离。规划中的二、三级公路不应穿过镇区和村庄内部，对于现状穿过镇区和村庄的二、三级公路应在规划中进行调整。

四、市政设施配套规划体系

协调并深化落实市县总规、专项规划中重要设施的建设目标、用地需求和空间布局。提出邻避设施控制要求，对重要的市政生命线廊道进行预留和管控。统筹安排供水、排水、供电、通信、供热、供燃气、环卫等设施，提出建设标准、规模和规划要求。

镇区内应结合市县总规的相关建设要求，确定各类基础设施建设规模和布局。

（一）给水工程

预测需水总量，确定供水水源，选择供水模式，布置供水主干管网，确定供水设施的布局、规模。

集中式给水主要应包括确定用水量、水质标准、水源及卫生防护、水质净化、给水设施、管网布置；分散式给水主要应包括确定用水量、水质标准、水源及卫生防护、取水设施。

集中式给水的用水量应包括生活、生产、消防、浇洒道路和绿化用水量、管网漏失水量和未预见水量，并应符合下列规定：

1）生活用水量的计算

（1）居住建筑的生活用水量可根据现行国家标准《建筑气候区划标准》GB 50178—1993确定所在区域后按表3-6进行预测。

居住建筑的生活用水量指标（L/人·d）　　　　　　　　　　表3-6

建筑气候区划	镇区	镇区外
Ⅲ区、Ⅳ区、Ⅴ区	100～200	80～160
Ⅰ区、Ⅱ区	80～160	60～120
Ⅵ区、Ⅶ区	70～140	50～100

（来源：作者绘制）

（2）公共建筑的生活用水量应符合《建筑给水排水设计标准》GB 50015—2019 的有关规定，也可按居住建筑生活用水量的 8%～25% 进行估算。

2）生产用水量应包括工业用水量、农业服务设施用水量，可按所在省、自治区、直辖市人民政府的有关规定进行计算。

3）消防用水量应符合《建筑设计防火规范》GB 50016—2014（2018 年版）的有关规定。

4）浇洒道路和绿地的用水量可根据当地条件确定。

5）管网漏失水量及未预见水量可按最高日用水量的 15%～25% 计算。给水工程规划的用水量也可按表 3-7 所示人均综合用水量指标预测。

人均综合用水量指标（L/人·d）　　　　　　　　　　　　表 3-7

建筑气候区划	镇区	镇区外
Ⅲ区、Ⅳ区、Ⅴ区	150～350	120～260
Ⅰ区、Ⅱ区	120～250	100～200
Ⅵ区、Ⅶ区	100～200	70～160

注：1. 表中为规划期最高日用水量指标，已包括管网漏失及未预见水量；

2. 有特殊情况的镇区，应根据用水实际情况，酌情增减用水量指标。

（来源：作者绘制）

6）生活饮用水的水质应符合现行国家标准《生活饮用水卫生标准》GB 5749—2022 的有关规定。水源的选择应符合下列规定：

（1）水量应充足，水质应符合使用要求；

（2）应便于水源的卫生防护；

（3）生活饮用水、取水、净水、输配水设施应做到安全、经济和具备施工条件；

（4）选择地下水作为给水水源时，不得超量开采；选择地表水作为给水水源时，其枯水期的保证率不得低于 90%；

（5）水资源匮乏的镇应设置天然降水的收集贮存设施。

7）给水管网规划：

（1）考虑分期建设的可能性，为未来留有余地；

（2）满足技术要求，保证足够的水量和水压；

（3）满足供水要求，发生事故时，保障其他地区供水需要；

（4）给水管网系统的布置和干管的走向应与给水的主要流向一致，并应以最短距离向用水大户供水；

（5）管网布置形式：主干管尽量呈环状管网，支管呈枝状管线。

注：规划设计中，按照人口规模预测，一般给水管径：主干管为 DN200，次干管为 DN100。

（二）排水工程

1）排水工程规划应包括确定排水量、排水体制、排放标准、排水系统布置、污水处理设施。

2）排水量应包括污水量、雨水量，污水量应包括生活污水量和生产污水量，排水量可按下列规定计算：

（1）生活污水量可按生活用水量的 75%～85% 进行计算；

（2）生产污水量及变化系数可按产品种类、生产工艺特点和用水量确定，也可按生产用水量的 75%～90% 进行计算；

（3）雨水量可按邻近城市的标准计算。

3）排水体制宜选择分流制；如条件不具备，可选择合流制，但在污水排入管网系统前应利用化粪池、生活污水净化沼气池等进行预处理。

4）污水排放应符合现行国家标准《污水综合排放标准》GB 8978—1996 的有关规定；污水用于农田灌溉应符合现行国家标准《农田灌溉水质标准》GB 5084—2021 的有关规定。

5）布置排水管时，雨水应充分利用地面径流和沟来排除，污水应通过管道或暗渠来排放，雨水、污水的管、渠均应按重力流设计。

6）污水采用集中处理时，污水处理厂的位置应选在镇区的下游，靠近受纳水体或农田灌溉区。

7）利用中水应符合《建筑中水设计标准》GB 50336—2018 和《城镇污水再生利用工程设计规范》GB 50335—2016 的有关规定。

（三）供电工程

落实市县总规中确定的电厂、66kV 及以上变电站、高压走廊的规模及用地管控要求。

1）供电工程规划主要应包括预测用电负荷，确定供电电源、电压等级、供电线路、供电设施。

2）用电负荷的计算应包括生产和公共设施用电、居民生活用电。

用电负荷可采用现状年人均综合用电量乘以增长率来进行预测。

规划期末年人均综合用电量可按下式计算：

$$Q = Q_1(1 + K)$$

式中：Q 为规划期末年人均综合用电量，kWh/（人·a）；Q_1 为现状年人均综合用电量，kWh/（人·a）；K 为年人均综合用电量增长率，%；n 为规划期限，年。

K 值可依据人口增长和各产业发展速度分阶段进行预测。

3）变电所的选址应做到线路进出方便和接近负荷中心。变电所规划用地面积控制指标可根据表 3-8 选定。

变电所规划用地面积控制指标　　　　表 3-8

变压等级(kV) 一次电压/二次电压	主变压器容量/ [kVA/台(组)]	变电所结构形式及用地面积/m²	
		户外式用地面积	半户外式用地面积
110(66/10)	20～63/2～3	3500～5500	1500～300
35/10	5.6～31.5/2～3	2000～3500	1000～2000

4）电网规划应符合下列规定。

（1）镇区电网电压等级宜定为 110kV、66kV、35kV、10kV 和 380/220V，采用其中 2～3 级和两个变压层次。

（2）电网规划应明确分层分区的供电范围，各级电压、供电线路的输送功率和输送距离应符合表 3-9 的规定。

电力线路的输送功率、输送距离及线路走廊宽度　　　　　　　表 3-9

线路电压/kV	线路结构	输送功率/kW	输送距离/km	线路走廊宽度/m
0.22	架空线	50 以下	0.15 以下	—
	电缆线	100 以下	0.20 以下	—
0.38	架空线	100 以下	0.50 以下	—
	电缆线	175 以下	0.60 以下	—
10	架空线	3000 以下	8～15	—
	电缆线	5000 以下	10 以下	—
35	架空线	2000～10000	20～40	12～20
66、110	架空线	10000～50000	50～150	15～25

（来源：作者绘制）

5）供电线路的布置应符合下列规定。

（1）架空电力线路应根据地形、地貌特点和网络规划，沿道路、河渠和绿化带架设；路径宜短捷、顺直，并应减少同道路、河流、铁路的交叉。

（2）设置 35kV 及以上高压架空电力线路应规划专用线路走廊，并且不得穿越镇区中心、文物保护区、风景名胜区和危险品仓库等地段。

（3）镇区的中、低压架空电力线路应同杆架设，镇区繁华地段和旅游景区宜采用埋地的方式，敷设电缆。

（4）电力线路之间应减少交叉、跨越，并且不得对弱电产生干扰。

（5）变电站出线宜将工业线路和农业线路分开设置。

（6）布置形式。放射式、干线式和枝状三种电力管线，接线特点简单、运行方便，但可靠性较差。环形管线和两端供电网络，用户可以从不同的方向获得电源，供电可靠性较好。

6）重要工程设施、医疗单位、用电大户和救灾中心应设专用线路供电，并应设置备用电源。

7）结合地区特点，应充分利用小型水力、风力设备和太阳能等能源。

（四）通信工程

落实通信设施布局、用地规模、管线布置及建设要求。

1）通信设施宜设在环境安全和交通方便的地段。

2）通信线路规划应依据发展状况确定，宜采用埋地管道敷设方式，电信线路布置应符合下列规定：

（1）应避开易受洪水淹没、河岸塌陷、土坡塌方以及有严重污染的地区；

（2）应便于架设、巡查和检修；

（3）与电力线路不能放在一起，宜设在电力线走向的道路另一侧，并逐步进入地下电缆；

（4）线路网一般为枝状管网。

3）邮政局（所）址的选择应利于邮件运输，方便用户使用。

4）广播、电视线路应与电信线路统筹规划。

（五）供热工程

根据乡镇实际情况选择供热方式，预测供热需求总量，确定热源，明确供热站规模、用地及建设标准，布局供热主干管网及热交换站。

1）供热工程规划应根据供暖地区的经济和能源状况，充分考虑热能的综合利用，确定供热方式。

（1）能源消耗较多时可采用集中供热。

（2）一般地区可采用分散供热，并应预留集中供热的管线位置。

2）集中供热的负荷应包括生活用热和生产用热。

3）集中供热规划应根据各地的情况选择锅炉房、热电厂、工业余热、地热、热泵、垃圾焚化厂等不同方式供热。

4）供热工程规划，应充分考虑以下可再生能源的利用：

（1）日照充足的地区可采用太阳能供热；

（2）冬季需供暖、夏季需降温的地区，根据水文地质条件可设置地源热泵系统。

5）供热管网的规划可按现行行业标准《城镇供热管网设计标准》CJJ/T 34—2022 的有关规定执行。

6）供热管网布置的基本形式有枝状和环状两种。

枝状管网的优点是比较简单，造价低，运行方便；缺点是没有后备供暖的可能性，当发生故障时，没法向故障点之后的用户供热。

环状管网的主干管连通为环状，支管仍为枝状。优点是具备突发事故应急的可能性；缺点是消耗材料多，造价高、投资大。

（六）燃气工程

预测燃气需求总量，确定供气方式，布局燃气主干管道，明确门站、供气储备站等燃气站场的供气规模、占地面积，明确对燃气管道及燃气站场的安全防护要求。

1）燃气工程规划应根据不同地区的燃料资源和能源结构的情况确定燃气种类。

（1）靠近石油或天然气产地、原油炼制地、输气管沿线以及焦炭、煤炭产地的镇，宜选用天然气、液化石油气、人工煤气等矿物质气；

（2）远离石油或天然气产地、原油炼制地、输气管线、煤炭产地的镇区和村庄，宜选用沼气、农作物秸秆制气等生物质气。

2）矿物质气中的集中式燃气用气量应包括居住建筑（炊事、洗浴、供暖等）用气量、公共设施用气量和生产用气量。

（1）居住建筑和公共设施的用气量应根据统计数据分析确定；

（2）生产用气量可根据实际燃料消耗量折算，也可按同行业的用气量指标确定。

3）液化石油气供应基地的规模应根据供应用户类别、户数等用气量指标确定，每个瓶装供应站一般供应 5000～7000 户，不宜超过 10000 户。

供应基地的站址应选择在地势平坦开阔和全年最小频率风向的上风侧，并应避开地震带和雷区等地段。

供应基地和瓶装供应站的位置与镇区各项用地和设施的安全防护距离应符合现行国家标准《城镇燃气设计规范》GB 50028—2006（2020 年版）的有关规定。

4）选用沼气或农作物秸秆制气应根据原料品种与产气量，确定供应范围，并应做好沼液、沼渣的综合利用。

（七）环境卫生规划

落实市县总规确定的垃圾处理设施，明确乡镇垃圾分类收集、运输、处置体系，确定垃圾转运站等主要环境卫生设施的布局、建设标准及用地管控要求。

1）环境卫生规划应符合《村镇规划卫生规范》GB 18055—2012 的有关规定。

2）垃圾转运站的规划宜符合下列规定：

（1）宜设置在靠近服务区域的中心或垃圾产量集中和交通方便的地方；

（2）生活垃圾日产量可按每人 1.0～1.2kg 计算。

3）镇区应设置垃圾收集容器（垃圾箱），每一个收集容器（垃圾箱）的服务半径宜为 50～80m。镇区垃圾应逐步实现分类收集、封闭运输、无害化处理和资源化利用。

4）居民粪便的处理应符合《粪便无害化卫生要求》GB 7959—2012 的有关规定。

5）镇区主要街道两侧、公共设施以及市场、公园和旅游景点等人群密集场所宜设置节水型公共厕所。

6）镇区应设置环卫站，其规划占地面积可根据规划人口每万人 0.10～0.15hm² 计算。

五、村庄整治及村民建房规划

（一）农用地综合整治

1. 农用地整理

推进低效村庄建设用地的腾退与复垦，明确低效建设用地腾退后的土地复垦计划，提出农村拆违方案与拆后土地综合利用的方向。推进低效林草地和园地整理、现有耕地提质改造、高标准农田建设等项目。以预防为主，提出土壤污染防治方案及各种污染源排放的控制要求，推进防治污染土壤农田基础设施建设项目。

2. 后备土地资源开发

在不破坏生态环境的前提下，慎重开发后备土地资源，因地制宜地确定未利用地开发的用途和措施。

（二）建设用地综合整治

1. 城镇建设用地

在镇区内对存量建设用地和低效能建设用地进行梳理，明确可更新改造区域的位置、规模、范围和功能指引。

2. 农村建设用地

有序开展农村宅基地优化整理，充分利用农村现状集体经营性建设用地。在村庄建设用地规划范围内，可优先将腾退的宅基地等闲散建设用地集中用于乡村产业发展。

3. 增减挂钩用地

明确增减挂钩用地的位置与规模，通过农村建设用地、工矿废弃地整理，解决新增城镇建设用地指标不足的问题，提高乡镇土地整体利用效率。增减挂钩项目的减量建设用地和整体搬迁村庄应纳入农用地整理复兴项目，且在实施搬迁、改造之前，相应置换的城乡建设用地指标不得使用，待实施搬迁、改造后，以增减挂钩、指标统筹为原则，进行布局。

（三）村民建房规划（表 3-10）

1. 控制性内容

1）宅基地面积

严格控制宅基地面积标准，农房建设按照《关于进一步加强农村宅基地审批管理工作的通知》（朝阳市）进行控制，即农村宅基地（含建筑面积和附属设施面积）的用地标准实行上限控制。

2）民房建筑高度

农村建房高度最高是 16.5m。根据各地乡村住宅建造相关文件中的相关规定，水平式的农民住宅，建议建 3～5 层，垂直式的农民住宅，建议建 2～3 层。楼层的层高应控制在 2.6～3.0m 之间，最高不得超过 3.3m。

如果按照 5 层、3.3m 层高来计算，农村建房高度最高在 $5 \times 3.3 = 16.5$m。

2. 引导性内容

1）建筑风格

尽量保留地方民居特点，村落之间农房改造的建筑风格协调统一，逐步改善村内建筑风貌。

2）建筑色彩

农房改造屋面使用地方特色色彩，尽量保留原有传统风格；民居遵照当地传统习俗，运用地方传统特色装饰，使农房与院落相协调，保持村庄内建筑风格协调统一。

国土综合整治和生态修复重大工程安排表　　　　表 3-10

序号	工程名称	工程类型	重点任务	实施区域	建设规模/万 m²	主要技术指标	建设时序
1							
2							
3							
合计							

（来源：作者绘制）

六、拟定近期建设计划及远景发展构想

衔接国民经济与社会发展五年规划，制定近期行动计划。同时，根据不同发展时期，提出分期实施目标、重点任务和发展时序，编制重大项目清单（表 3-11）。

需进行统筹安排的重大工程和项目，包括但不限于：水污染防治和水生态修复、重点

流域水土流失治理、生物多样性保护、矿山生态修复、森林质量改善、土壤污染修复、自然保护地生态修复、地质灾害隐患点修复等生态修复重大工程；高标准农田建设工程、耕地垦造工程、建设用地复垦工程、耕地质量提升工程等农用地整治工程；城镇闲置浪费用地、老旧小区、旧工业区、城中村及城边村等低效利用空间有机更新重大工程；涉及基础设施、公共服务设施的工程和项目。

重点建设项目安排表　　　　　　　　　　　　　　表 3-11

项目类型	项目名称	建设性质	建设年限	用地规模/万 m²	新增建设用地	所在区域
1. 交通						
2. 水利						
3. 能源						
4. 电力						
5. 环保						
6. 旅游						
7. 文教						
8. 体卫						
9. 社会福利						
……						
总计						

（来源：作者绘制）

拟定近期建设计划包含三个方面：近期建设内容、近期建设任务以及制定近期建设项目投资计划和投资估算。近期建设内容即近期建设规划，需要依据乡镇国土空间总体规划要求，确定近期建设目标、内容和实施部署，对乡镇的空间发展布局和主要建设项目作出具体安排。

1. 近期建设规划必须具备的强制性内容包括：

1）确定乡镇近期建设重点和发展规模。

2）依据乡镇近期建设重点和发展规模，确定乡镇近期发展片区。对规划期内的乡镇建设用地总量、空间分布和建设时序等进行安排部署，并制定控制和引导乡镇发展的相关规定。

3）根据乡镇近期建设重点，提出对历史文化名镇、文物保护单位等的相应保护措施。

2. 近期建设规划指导性内容包括：

1）根据乡镇近期建设重点，提出对外交通设施、乡镇交通设施、市政公用设施的选址、规模和实施时序的建议。

2）提出重要公共服务设施的选址和建设时序。

3）提出河湖水系、绿化景观节点、公共空间等的治理和建设想法。

4）提出近期乡镇环境综合治理措施。

近期建设任务包括制定近期建设目标、确定近期建设重点和建设时序、提出重要设施的建设安排。制定近期建设目标的目的是：①预测近期发展规模，包括人口规模和建设用地发展规模。②优化用地结构，提出乡镇和各功能区用地结构调整重点，合理安排各类乡镇建设用地；结合远期部署和规划，合理安排各类项目用地。

第三节　三草设计阶段

一、相关图纸上机绘制

（一）区域规划体系

绘制要点：规划乡镇在上位规划中的定位分析（产业、空间结构），运用 CAD、AI、PS 等绘图工具，将区域范围在图纸上绘制出来，按照一草二草方案，进一步深化。明确区域的边界和各个功能分区，选定合适的色彩进行上色。

（二）镇村规划体系（现状/规划）

结合全域国土空间总体布局发展要求，针对镇村空间布局、镇村规模等级结构与规模存在的问题，研究确定镇村发展调控策略，明确中心村与基层村；结合农业产业发展布局，确定镇村职能结构和规模等级，构建城乡协调发展的镇村空间结构体系。

绘制要点：镇政府所在地、中心村、基层村、主要道路，文字注明每个村的人口、面积。

（三）镇域道路交通现状/规划图

落实上位规划对公路、铁路、机场、港口等重要交通设施布局和廊道控制要求，提出镇域综合交通发展目标和策略，合理构建城乡综合交通体系，完善镇域道路网布局，明确主次干路等级、走向、红线宽度等要求；提出对公交站场及线路、停车场等的政策指引和规划要求。

绘制要点：高速公路、省道、县道、乡道。

（四）镇域产业分析现状/规划图

因地制宜提出具有地方特色的农业生产布局规划方案，落实粮食生产功能区和重要农产品生产保护区，合理布局果蔬生产区、畜牧区、养殖区以及特色农产品区。充分利用田园风光、生态文化等资源优势，策划旅游产品、规划旅游线路，推进全域旅游高质量发展。

绘制要点：利用泡泡图的形式根据各村的具体情况划分出不同的片区。

（五）空间结构规划图

按照乡镇发展战略和目标，以"双评价"结果为依据，合理确定镇区用地发展方向和规模。对镇区空间结构进行优化调整和科学布局。强化城镇建设用地节约集约利用，分别确定各片区（组团）人口规模、用地、规模，针对性提出发展目标和策略。

绘制要点：采用点、轴、片区的表达方法，表达出城镇发展中心、节点、城镇发展轴线和各个片区。

（六）三区三线划定图

严格落实上级下达的生态保护红线、永久基本农田和城镇开发边界，并提出相应的管控要求。

绘制要点：根据 GIS 数据分析，勾画出城镇建设边界、生态保护红线、永久基本农田的范围，从而划定出生态空间、城镇空间和农业空间。

（七）镇域/镇区用地规划图

在镇区空间布局的基础上，优化镇区用地布局，合理确定主要用地类型规模和比例结构。确定镇区内公共服务设施、基础设施、绿地广场、文物古迹等的用地界线，引导居住用地、商业服务业用地、行政办公用地、工业用地、物流仓储用地等布局，为国土空间详细规划的编制提供基本依据。

按照不同省市当地的国土空间规划导则（未出导则的按《国土空间调查、规划、用途管制用地用海分类指南（试行）》），勾画出道路和各类用地范围并用相应的色块填充。

（八）镇域村庄分类规划图

绘制要点：用不同的圆圈标注出镇域内的村庄类型，将村庄划分为示范引领型、集聚提升型、特色保护型和保留整治型村庄。

（九）绿地景观系统规划

结合山水格局和地方文化特色，确定乡镇风貌特色定位，提出重要生态及景观廊道布局和控制要求。确定乡镇政府驻地主要出入口、广场、重要节点的景观意向，提出标志性建筑物的位置、类型、功能、风貌建议。

绘制要点：运用点、线、面的表达方式，表达各类绿地的用地范围、景观轴线和景观渗透。

（十）镇区公共服务设施规划

坚持城乡融合发展，建立覆盖城乡均衡布局的公共服务体系，确定全域公共服务中心体系，明确教育、医疗、文化、养老、体育等各类公共服务设施的配置标准和布局原则。

绘制要点：在镇区范围内，标注出各类公共服务设施的用地范围、类别并附上文字符号标注。

（十一）镇区工业企业分布图

绘制要点：在镇区范围内，标注出各类工业用地的范围、工业企业名称。

（十二）镇区道路交通规划图

按照"小街区、密路网"的理念，优化镇区道路网结构和布局，提出交通发展策略。有机衔接乡镇及区域对外交通、轨道交通、公共交通、客运枢纽、货运枢纽、物流系统等重大交通设施布局，确定乡镇道路系统，构建道路网络体系，确定道路层次等级及断面形式，布局停车场、加油加气站、非机动车停车场等各项道路交通设施，合理确定中心镇区道路网密度和人均道路用地面积，对公共交通系统和慢行交通系统提出规划目标和指引。

绘制要点：不同级别的道路用不同颜色的线条表示，如主要道路、次要道路、支路等。

（十三）镇区市政设施配套规划图

给水：确定给水水源，选择集中统一或独立分片的供水模式，预测需水总量，布置给水管网，确定给水设施的布局、规模，提高供水应急保障能力。

排水：确定排水体制，划分排水分区，布局污水管网及处理设施；确定污水处理标准，加强对再生水合理利用，对污泥进行无害化、稳定化处理。采用海绵城镇理念，合理布局雨水管道（沟渠）及调蓄设施。

电力：落实上级国土空间规划中确定的电厂、35kV 及以上变电站、高压走廊的建设标准、规模及用地管控要求。预测用电需求，布局中低压电力线路和变电设施。

电信：落实通信设施布局、用地规模及建设要求。落实 5G 基站等新型基础设施建设。

燃气：根据周边气源条件，确定供气方式。预测燃气需求总量，布局燃气管道，明确门站、供气储备站等燃气站场的供气规模、占地面积。提出对燃气管道及燃气站场的安全防护要求。

环境卫生：建立垃圾分类收集、运输、处置体系，推进垃圾处理无害化、减量化和资源化。落实上级国土空间规划确定的垃圾处理设施。明确垃圾转运站、公共厕所等主要环境卫生设施布局、建设标准及用地管控要求。

绘制要点：各类管线的走向，各类市政设施的用地范围。

（十四）村庄整治及村民建房规划

绘制要点：村庄整治的重点及住宅院落的功能布局。

（十五）村域规划图

1. 某村在某乡（镇）区域位置

将要规划的某村位置突出出来，在图中用亮颜色和阴影突出。在镇土地利用总体计划图上，将各村界线清楚划出来，用数码相机拍下或扫描出来，并在 CAD 大致绘出来。

2. 文字说明

用简练文字说明某村区位分析，如地理位置、某年人口与户数、交通区位、三区划分简单介绍。

3. 三区划分

1）严禁建设区：CAD 颜色 60 号

严禁建设区包含基础农田保护、关键防护绿地和在关键交通干道和市政设施走廊两侧划定的严禁建设控制区等。计划期内严禁建设区必须保持土地原有用途，除国家级和省级关键建设项目、管理设施外，禁止在严禁建设区内进行非农建设开发活动。

2）限制建设区：CAD 颜色 41 号

指除严禁建设区和适宜建设区以外地域，通常包含关键农田区、坑塘水面等。限制建设区内应保持现实状况土地使用性质，凡在限制建设区内进行非农建设项目开发，需取得国土资源管理部门同意后按要求程序报计划审批部门同意后方可改变用地性质。

3）适宜建设区：CAD 颜色 30 号

主要包括关键村庄建设用地。

三区划分村域图为关键图纸，占空间较大，应把关键公共设施位置用图例表示出来

（给水点、污水点、垃圾填埋场、供热点，调压站、变压器、村委会、小学等）。如乡镇土地利用有分解到村数据，需列出村庄土地利用现实状况表，对于关键地类要注明清楚。对于村庄村域范围内关键基础设施建设计划要表示出来，以及村庄周围邻村也要表示出来。

（十六）现状图上机绘制

1. 按《镇规划标准》GB 50188—2007 分类画出村庄现实状况各类用地范围（以中类为主，小类为辅），并列出村庄建设用地现实状况表，颜色和符号参考如下。

R 村民居住用地：CAD 用 51 号色。

C1 行政管理用地：CAD 用 231 号色（应具体标注村委位置，图中标"村"加圈）；

C2 教育机构用地：CAD 用 241 号色。幼儿园（图中标"幼"加圈）、托儿所（图中标"托"加圈）、小学（图中标"小"加圈）、中学（图中标"中"加圈），各类成人学校等用地 CAD 用 31 号色。

C3 文体科技用地：CAD 用 21 号色。文化图书、科技、展览、娱乐、体育（图中标体育场），大型寺院、大型庙宇 CAD 用 10 号色。

C4 医疗保健用地（图中标"红十字"加圈）：CAD 用 30 号色。

C5 商业金融用地：CAD 用 240 号色。各类商业服务业店铺及银行、信用、保险等 CAD 用 10 号色。

C6 集贸设施用地：CAD 用 240 号色（图中标"集"加圈）。

M1 一类工业用地（注：无污染工业）：CAD 用 34 号色。

M2 二类工业用地（注：基础无污染工业）：CAD 用 35 号色。

M3 三类工业用地（注：有污染工业）：CAD 用 36 号色。

W 仓储用地：CAD 用 181 号色。

2. 村庄主、次干道、支路，对外交通道路红线线条使用黑色加粗线条，假如填充，CAD 用 253 号色。

注：1）道路在现实状况和计划图中应用较深颜色，加阴影；
　　2）4m 以上路在图中均应表示；
　　3）标明主、次干道名称；
　　4）对外交通道路应标明方向，并标注去向具体地名；
　　5）如有车站应标符号（图中标符号），加油站（图中标"油"加圈）；
　　6）广场（用方格网线表示）CAD 用 253 号色，停车场（图中标"P"加圈），CAD 用 253 号色。

3. 公用工程设施 U 类用地颜色均为 CAD144 号色。

U1 公用工程用地：

给水中自来水厂符号 CAD 用 131 号色；

排水中污水处理厂符号 CAD 用 34 号色；

供电中变电站用供电符号表示 CAD 用 10 号色；

邮电中邮政所（图中标"邮"加圈）；

电信中电信局（图中标"信"加圈）。

U2 环卫设施用地：

公厕（图中标"WC"）、垃圾站。

4.绿化用地用 G 表示。

G1：公共绿地面，如公园、街巷中绿地、路旁或临水宽度等于和大于 5m 绿地，CAD 用 72 号色；

G2：提供苗木、草皮、花卉圃地和用于安全、卫生、防风等的防护林带或绿地，CAD 用 80 号色；

5.水域和其他用地用 E 表示。

E1　水域：江河、湖泊、水库、沟渠、池塘、滩涂等水域，CAD 用 131 号色（注意，应标出具体名称、水流方向）；

E2　农林种植地：以生产为目标的农林种植地，如农田、菜地园地、林地等，CAD 用 60 号色；

E3　牧草地：生长多种牧草土地 CAD 用 60 号色。

（十七）建设用地规划图

1.基础要求和现实状况图要求一致。

2.计划年限为 $20 \times \times - 20 \times \times$ 年，而现实状况图为 $20 \times \times$ 年。

3.规划区外颜色留白，计划图范围为计划区，而现实状况图表示范围为整个村。

4.要注意 CAD 图用地颜色按提供图绘制，突出计划意图，山体、水域可参考例图方法。

规划方案时应注意以下问题：

1）规划建设用地不得占用基础农田保护区。

2）人均用地指标必须符合《镇规划标准》GB 50188—2007 要求，人均建设用地指标可在四个级别内浮动，如表 3-12。

人均建设用地指标分级　　　　　　　　　　　　表 3-12

级别	一	二	三	四
人均建设用地指标/（m²/人）	>60～≤80	>80～≤100	>100～≤120	>120～≤140

3）公共设施配置应按《镇规划标准》GB 50188—2007 中公共建筑项目标配置，若村庄计划人口超出 1 万人，也按标准要求配置。

4）规划道路网时应利用现实状况道路（尤其是已经硬化道路不要改动），现实状况大型建筑物（学校，村委会等）不要搬迁。

道路红线宽度：大型村主干道 16～24m，通常村 12～16m，次主道 8～12m；支路 6～10m，消防路 5m，最小大于 4m。已有道路用实线表示，新计划内容用虚线划定。

道路网间距：主干道间距不小于 500m，次干道间距 250～500m，支路间距 120～200m，消防间距 60～150m。

5）在图中列出村庄建设用地计划表。

（十八）村庄工程计划图

1.道路规划

1）关键广场、停车场、加油站位置和范围。

2）铁路线路及站场、公路及货场、机场、港口、长途汽车站等对外交通设施位置和用地范围。

3）用 A-A，B-B，C-C，D-D 等剖面符号对应各个断面；已给出参考断面，但应注意现实状况已建好路，其断面不要改动。

4）绘制不一样道路的断面图。

5）标出道路交叉口平面坐标和标高，通常采用西安坐标系，也可采取独立坐标系。

2. 给水规划

1）标出水源及水源井、泵房、水厂、贮水池位置，说明供水能力。

2）标出输配水干管走向与关键加压站、高位水池的规模及位置。

注：给水管线路 CAD 用 140 号色，线用多义线，线宽不少于 4～10；如本村没有自来水厂或自来水厂位置不在图幅内，应用文字标明接某水厂。

3. 排水规划

1）排水管渠干线位置、走向和出口位置。

2）排水泵站和其他排水构筑物规模位置。

3）污水处理厂位置、用地范围。

4）雨水管：雨水管线路 CAD 用 3 号色，线用多义线，线宽不少于 4～10；雨水管箭头 CAD 用 3 号色。

5）污水管：污水管线路 CAD 用 34 号色，线用多义线，线宽不少于 4～10；污水管箭头 CAD 用 34 号色。

6）污水和雨水管流向和坡度要标出来，坡度 0.4%～0.7%，管径最小为 200mm。

4. 电力规划

1）内容：变压器位置、供电线路走向、高压走廊用地范围。

2）应用文字标明接上一级变电站名称。

3）电力线路 CAD 用 10 号色，线用多义线，线宽不少于 4～10。

5. 电信规划

1）内容：多种通信设施位置，通信线路走向、关键邮政设施布局。

2）应用文字标明接上一级电信局名称。

3）电信线用 CAD 用 210 号色，线用多义线，线宽不少于 4～10。

6. 供热规划

1）内容：多种供热设施位置，管线路走向、布局。

2）假如供热中心不在本村，应该标明起源。

3）供热中心应该设置在村庄下风向，且交通方便位置。

4）供热管线用 CAD 用 31 号色，线用多义线，线宽不少于 4～10。

7. 燃气规划

1）内容：多种燃气设施位置，管线路走向、布局。

2）应该标明燃气起源。

3）燃气管道用 CAD 用 133 号色，线用多义线，线宽不少于 4～10。

（十九）近期规划图

1. 基础要求与建设用地计划图要求一致，并以建设用地计划图为底图。

2. 现实状况图为20××年，计划图为20××—20××年。

3. 用简练语言表示近期要建设内容。

注：新增加建设用地应反映村意图，其增加量应在现实状况数据和计划数据加上内插。

（二十）户型选择图

1. 对于有多层建筑的村庄一定要有2至3套选择户型；

2. 对于庭院式两层建筑要有户型部署图，建筑正立面图、侧立面图、剖面图、效果图和庭院部署图。

（二十一）图件基础要求

1. 基础要求：图件要有图头（即图名、时间）、图指北针和风向标、百分比尺、图例、制图时间、制图单位，图上内容需要反映表格。

2. 计划图要以现实状况图为依靠，现实状况内容用素色表示，计划内容用面色或彩色线条来表示，用分层设色法来处理计划内容。计划内容表述要正确，并与计划指标数量一致。

3. 管线工程图要以计划图为依靠，沿街道布局各项管道。

4. 以上对各图纸要求为关键指导方向，具体线宽、管线颜色、字体大小等依据图纸可进行调整，标准是清楚易读，各类管线区分分明。

二、文本、说明书初稿撰写

对不同环节方案的说明文字进行分析梳理，明确乡镇发展战略、村镇体系规划、人口、产业及生态等专题研究后续深化方向、重点和内容；并将针对工业、居住、道路、不同设施等专项用地方面的分析说明进行适当梳理和整合，为后续文本、说明书成果打下基础。

三、确定方案协同修正

用地布局深化的环节是一个在规范要求和现状约束、专项用地研究和用地规划、镇域与中心镇区、文字说明与图纸上的"落地"统计、总量控制与单项指标之间不断地进行反馈修正、优化完善的过程。

在用地深化过程中，各个专项研究的内容协同推进，有助于用地布局的协调优化。在实际项目中，反馈修正过程可能需要几个月，甚至更长时间。这就需要与其他设计环节通过反馈协调解决。

思考题

1. 村域国土空间现状图

按国土空间用途分类标准，表达村域内现状各类用地的分布情况以及主要道路、河流、自然村名、相邻关系、公共服务设施和市政公用设施位置等要素信息。现状图地类应适当细化表达，图纸图例参照表3-13～表3-15。

2. 村域国土空间规划图

按国土空间用途分类标准，表达村域各类土地主要规划用途以及相关控制线和设施的分布情况。重点表达居住用地、集体经营性建设用地、公共服务和公用设施用地、道路交通等用地和永久基本农田生态保护红线等控制线。规划图地类表达深度应根据实际管理需要确定，图纸图例参照表 3-13～表 3-15。

用地分类配色指引表　　　　表 3-13

用地分类	图式颜色（RGB）	用地分类	图式颜色（RGB）
耕地	245,248,220	采矿用地	158,108,84
园地	191,233,170	盐田用地	0,0,255
林地	104,177,103	仓储用地	135,97,211
草地	205,245,122	储备库用地	153,153,255
湿地	101,205,170	交通运输用地	183,183,183
农业设施建设用地（除乡村道路用地外）	216,215,159	公路用地	173,173,173
		公用设施用地	0,99,128
乡村道路用地	245,245,245	公园绿地	0,255,0
城镇住宅用地	255,255,45	防护绿地	20,141,74
农村宅基地	255,211,128	广场用地	172,255,207
农村社区服务设施用地	255,175,219	特殊用地	133,145,86
机关团体用地	255,0,255	留白用地	255,255,255
文化用地	255,127,0	陆地水域	51,142,192
教育用地	255,133,201	渔业用海	148,213,235
科研用地	230,0,92	工矿通信用海	86,166,211
体育用地	0,165,124	交通运输用海	108,139,209
医疗卫生用地	255,127,126	游憩用海	26,170,230
社会福利用地	255,159,127	特殊用海	131,188,214
商业服务业用地	255,0,0	其他土地	238,238,238
工业用地	187,150,116	其他用海	214,234,243

注：可根据实际需要增加用地分类。

（来源：作者绘制）

公共配套设施符号一览表　　　　表 3-14

序号	设施名称	图例	序号	设施名称	图例
1	村委会	★	4	村幼儿园	幼
2	村务室	服	5	卫生室	✚
3	小学	小	6	老年活动室	老

续表

序号	设施名称	图例	序号	设施名称	图例
7	村级幸福院	幸	15	旅游服务设施	旅
8	老年人日间照料中心	照	16	快递投放点	递
9	文化活动室	文	17	物流配送中心	物
10	农家书屋	书	18	兽医站	兽
11	特色民俗活动点	俗	19	农机站	机
12	健身广场	健	20	科技服务点	科
13	便民农家店	商	21	村级公益性公墓	墓
14	金融服务点	融			

注：可根据实际需要增加相关名称和图例符号。

（来源：作者绘制）

公用设施符号一览表　　　　　　　　　　表 3-15

序号	设施名称	图例	序号	设施名称	图例
1	供水设施	⬤	6	公厕	厕
2	污水处理设施	⬤	7	停车场	P
3	电力设施	⚡	8	公交站点	🚌
4	通信设施	信	9	避灾点	避
5	垃圾收集点	🗑	10	殡葬设施	殡

注：可根据实际需要增加相关名称和图例符号。

（来源：作者绘制）

第四章

乡镇国土空间总体规划设计成果

第一节　正图设计阶段

一、基础分析

（一）现状分析

分析乡镇区位条件、自然地理格局、经济社会发展、资源禀赋、产业发展、土地利用、历史文化、支撑保障体系、生态环境容量等现状情况，鼓励使用大数据等方法，总结提炼国土空间开发保护的主要特征和存在问题。

围绕区域协同发展、新型城镇化、乡村振兴及省市发展新要求，综合研判乡镇发展趋势、演变规律和在粮食安全、生态保护、资源利用、自然灾害等方面的机遇挑战和发展方向。

（二）评估评价

对土地利用总体规划、乡镇总体规划等规划实施评估，围绕人口规模、产业发展、住房建设、公共服务、基础设施等方面，总结规划实施成效和存在问题。结合市县"双评价"和风险评估成果，深化细化全域生态保护极重要区、农业发展适宜区、城镇建设不适宜区等国土空间适宜性评价，分析乡镇开发保护面临的灾害和安全风险，为乡镇国土空间规划编制提供科学依据。

二、目标定位

（一）发展定位

落实省、市、区县重大战略部署中的地位作用，结合上位规划指导要求与主体功能定位，立足资源环境条件、社会经济发展水平、产业基础发展趋势、自然人文特色等情况，找准定位，突出特色，明确乡镇发展定位和发展方向。

（二）规划目标

围绕"两个一百年"奋斗目标和乡村振兴战略，落实上位规划对乡镇的总体定位和职能分工要求，结合自身发展条件与特色，并针对存在问题、风险挑战和未来趋势，综合提出规划期内的发展目标。

（三）规划指标

落实上位规划下达的约束性指标传导要求，结合经济社会发展要求，合理预测人口规模，从空间底线、结构效率、空间品质、整治修复等方面构建国土空间开发保护指标体系，并制定下辖各建制村的约束性指标分解方案。

（四）发展策略

强化规划战略引领和底线管控作用，结合本地自然资源禀赋和社会经济发展阶段，针对国土空间资源保护、开发利用、整治修复中存在的重大问题以及发展趋势，提出乡村振兴、品质提升、空间优化、整治修复等发展策略，协调保护和开发的关系，引导国土空间开发保护方式转变，促进乡镇国土空间发展更加绿色低碳、开放协调、健康宜居、韧性安全、富有活力并各具特色。

三、国土空间格局

（一）总体开发和保护格局

落实国家和省、市的区域发展战略和主体功能区战略，衔接上级国土空间开发保护格局，以自然地理格局为基础，结合乡镇发展定位目标，科学统筹农业、生态和镇村等空间布局，确定开发保护区域、轴带及重要节点，形成绿色低碳、区域协调、集约高效、城乡融合、魅力彰显、安全韧性的国土空间总体格局。

1. 协调区域格局

依托城市建设，发挥乡镇的节点作用，提升开放合作层级，围绕产业创新分工协作、生态环境共育共保、公共服务共建共享、基础设施互联互通等方面统筹布局安排，形成多中心、多层次、多节点、组团式、网络化的协同发展格局，推动乡镇综合实力和发展能级迈上更高台阶。

2. 保障农业空间

以保障粮食安全为目标，落实粮食生产功能区和重要农产品生产保护区，稳定和优化农业生产空间，划定种植业、畜牧业、养殖业等农业发展区域，明确设施农用地用地规模及布局。大力推进现代都市农业，引导农业结构调整和布局优化，构建农业现代化发展新格局。

3. 保护生态空间

落实上位规划的生态安全格局，明确重要生态源地和生态敏感地区，构建重要生态屏障、廊道和网络，形成连续、完整、系统的生态保护格局和开敞空间网络体系，增强生态系统服务功能和连通性，维护生态安全和生物多样性。强化森林、湿地、草地等碳汇空间建设，助力实现"碳达峰、碳中和"。

4. 完善建设空间

围绕新型城镇化、乡村振兴、城乡融合，明确镇村体系的规模等级和空间结构。按照盘活存量、激活流量、用好增量的原则，从严控制乡镇建设用地总规模，合理布局城乡建设空间。全面推进城乡融合，完善城乡基础设施和公共服务设施网络体系，引导资源要素聚集，构建便捷活力、多元和谐、因地制宜、适度集聚的乡村社区生活圈。

（二）规划控制线

落实三条控制线。按照耕地和永久基本农田、生态保护红线、城镇开发边界的顺序，在乡镇规划中落实划定三条控制线，确保三线边界不交叉、空间不重叠、功能不冲突。

1. 耕地和永久基本农田

严格落实上位规划确定的耕地和永久基本农田传导指标和管控要求，做到现状耕地应保尽保、应划尽划。耕地和永久基本农田应落实到具体地块，并分解至村庄，确保面积不减少、落地准确、边界清晰。符合耕地占用规则的可以占用，按程序报批，并按规定实现"占补平衡""进出平衡"。

2. 生态保护红线

落实上位规划确定的生态保护红线传导指标和管控要求。生态保护红线应落实到具体地块，并分解至村庄，确保面积不减少、落地准确、边界清晰。落实自然保护地规模、边界和管控要求。

3. 城镇开发边界

落实上位规划城镇开发边界划定的规模与管控要求，包括镇政府驻地、开发区等。对于明确划定的城镇开发边界，严格进行落实；对于未明确划定的城镇开发边界，按照集约适度、绿色发展的要求，在保障规模不变和总体布局稳定的基础上，结合弹性发展区范围或用地增减挂钩等进行局部优化调整，细化深化城镇开发边界。乡政府驻地原则上不划入城镇开发边界，可参照城镇开发边界划定要求，划定村庄建设边界。

1）统筹划定村庄建设边界

落实上位规划下达的城乡建设用地规模和管控要求，结合村庄分类与布局成果，科学预测村庄人口发展趋势和村庄建设用地规模并分解至村庄。在避让永久基本农田，生态保护红线等底线的前提下，划定村庄建设边界。

村庄建设边界分为现状保留区、规划新增区。整合各类村庄建设用地，以及村庄内部标注为村庄属性的林地、耕地、水面、道路等用地生成现状保留区；统筹考虑存量用地和上级下达的新增用地指标的情况下，将乡村振兴项目、新建宅基地、农村基础设施等未来发展确需占用的地块，划入规划新增区。村庄建设边界应明确至具体地块，并明确管控要求。搬迁撤并类村庄原则不划定村庄建设边界。

2）其他空间控制线

落实上位划定的矿产资源、重大基础设施廊道、河湖水系等其他控制线，各乡镇可结合资源特征和管控需要，在乡镇域范围内划定洪涝风险、历史文化保护等控制线，并明确相应管控措施及要求。

（三）国土空间规划分区

落实上位规划的分区要求，以主体功能定位为基础，进一步细化规划分区和管控要求，传导和落实总体规划意图，构建科学发展的国土空间格局。结合乡镇国土空间发展策略，在上位国土空间总体规划基础上进行规划分区的细化落实，明确各规划分区的规划范围、边界和面积。规划分区应遵循全覆盖、不交叉、不重叠的原则。

规划分区包括一级分区和二级分区：一级分区严格落实市县分区要求，包括生态保护区、生态控制区、农田保护区、城镇发展区、乡村发展区、矿产能源发展区六大分区；二级分区包括生态保护区、生态控制区、农田保护区、集中建设区（居住生活区、综合服务区、商业商务区、工业发展区、物流仓储区、绿地休闲区、战略预留区）、弹性发展区、特别用途区、乡村发展区（村庄建设区、一般农业区、林业发展区、牧业发展区）、矿产能源发展区。

以乡镇规划为依据，对国土空间分区分类实施用途管制。在城镇开发边界内的建设，实行"详细规划＋规划许可"的管制方式；在城镇开发边界外的建设，按照主导用途分区，实行"详细规划＋规划许可"和"约束指标＋分区准入"的管制方式。

（四）国土规划用途与结构调整

落实上位规划控制指标，促进国土空间格局优化，以优先保障农业用地尤其是耕地资源，满足生态用地需求，补齐基础设施短板，优化乡村建设用地，提升国土景观风貌为顺序统筹安排，严格控制各类建设占用农业和生态用地，确定全域用地规模和比例。

按照《国土空间调查、规划、用途管制用地用海分类指南（试行）》规定，合理确定乡镇行政区域范围内的各类用地空间布局，非建设用地以一级类用地为主，各类建设用地应根据需要细化至二级类或三级类。坚持保护优先、节约集约利用，统筹各类资源要素保护和开发利用，制定国土空间用途结构调整方案，明确国土空间结构调整和优化的重点、思路及时序安排，制定国土空间功能结构调整表。

（五）战略留白

为满足长远发展需求，对一时难以明确具体用途的建设用地，规划可按照规定设置留白用地。在建设项目规划审批时，明确规划用地性质，并在项目批准后更新乡镇规划数据库。留白用地可用作村民居住、农村公共公益设施及农村新产业新业态用地使用，一般不超过乡镇建设用地总指标的 5%。

鼓励结合存量低效用地设置留白用地；鼓励在乡镇政府驻地边缘，对于地上无现状建设、近期无实施项目或现状易于拆迁的空间进行留白；鼓励将乡镇政府驻地内现状低效利用待转型和待腾退区域、尚未明确建设意向的空间以及邻近生态敏感度相对较高区域的集中建设地块进行留白，作为集中建设区功能优化和产业发展预留空间。原则上应避免将近期已有建设项目安排、纳入供地计划的区域划入战略留白用地。

四、自然资源保护与利用

（一）耕地资源

落实"长牙齿"的耕地保护硬措施，实施最严格的耕地保护制度；落实上位规划确定的耕地和永久基本农田保护目标和范围，提出耕地质量提升和布局优化的主要措施。加强耕地质量建设，确定高标准农田建设和土地整治重点区域。落实上位规划确定的永久基本农田储备区范围，明确耕地后备资源潜力、规模和区域，确定开发利用方式与时序安排。制定耕地占补平衡、进出平衡、黑土地保护性利用等措施，坚决制止耕地"非农化"，防止耕地"非粮化"。在保障国家粮食安全和重要农产品有效供给的前提下，根据耕地地力条件、质量等划出耕地生态退耕、轮作休耕的重点区域。

（二）水资源

落实上位规划确定的水资源供需平衡方案，确定各乡镇水资源利用上限，明确用水总量、水质达标率等控制目标。统筹重要水源涵养区、地下水战略储备区、重要水源地、重要河湖岸线及周边土地保护利用，细化水源地保护要求，确定重要水体保护等级，明确水源保护区名录。按照以水定城、以水定地、以水定人、以水定产原则，优化生产、生活、生态用水结构。

（三）林草资源

落实上位规划确定的林草资源保护目标和林草保护修复工程，划定重点公益林、一般林地集中连片区以及草地集中保护区，制定有效预防林草资源退化、灾毁的保护措施。商品林在不破坏生态的前提下，采取集约化经营措施，严格执行森林采伐限额、有偿使用林地等要求。完善林草资源用途管制，强化资源利用监督管理。巩固好西北部防风阻沙生态屏障、辽河、低山丘陵区等重要绿化空间建设，逐步实现林草资源要素从数量管控向布局质量提升转变。

（四）矿产资源

落实上位规划确定的矿产资源勘查、开发与保护目标，正确处理保护与开采、地上与地下的关系，统筹优化开发保护利用空间布局和开发时序。合理控制主要矿产资源开发总量，明确重要矿产资源保护与开发的重要区域，并细化相应的管控措施。按照推动矿业转型升级、满足绿色发展要求出发的要求，加强矿山地质灾害防治，提出提高矿产资源利用效率的策略及措施。

五、城乡统筹发展与乡村振兴

（一）产业发展和布局

1. 产业发展方向

落实区域乡村振兴战略和上位规划引导的产业发展要求，梳理乡镇现状产业发展基础，明确产业培育的目标、方向、类型和重点，优化产业结构，提出产业发展策略。结合乡镇发展目标定位，统筹规划产业空间布局，推动一、二、三产业深度融合，鼓励引导发展新产业新业态。以生态品牌建设为核心，丰富生态产品体系，提出优质生态产品和生态资源的供给与转化路径，推进绿色生态产业发展。制定产业发展正负面清单，明确鼓励发展类和禁止发展类产业类型，提出产业发展引导措施。

2. 产业空间布局

落实省、市乡村振兴战略部署，谋划乡村振兴产业空间。因地制宜提出具有地方特色的农业产业布局规划方案，合理布局果蔬生产区、畜牧区、养殖区以及特色农产品区。依托农产品加工及物流配送基础，布局农业物流运输体系。明确工业主导发展方向，统筹工业用地布局和功能分区，鼓励引导新增工业项目向城镇开发边界内集中，提高土地利用效率，加强污染管控。结合乡镇自然生态、田园景观、历史文化等资源，策划旅游产品、规划旅游线路，加快休闲农业与乡村旅游产业提档升级，推进全域旅游高质量发展。

3. 产业用地保障

乡镇产业用地应当根据不同的区位条件、产业特色等，以土地利用提质增效为目标，采取集中或分散的布局方式，鼓励优先使用存量建设用地。落实"不少于10％建设用地指标重点保障乡村重点产业和项目用地"的要求，鼓励将农村现状集体经营性建设用地、腾退的宅基地等闲散建设用地，集中用于保障乡村工业、农产品加工流通、乡村休闲旅游、乡村新型服务等产业发展用地需求，鼓励对建设用地进行复合利用。直接服务种植、养殖业的农产品加工、电子商务、仓储保鲜冷链等产业，原则上应集中在城镇开发边界或村庄建设边界内；利用农村本地资源开展农产品初加工、发展休闲观光旅游所必需的配套设施，在不占用永久基本农田和生态保护红线、不突破国土空间规划建设用地指标等约束条件、不破坏生态环境和乡村风貌的前提下，可安排少量建设用地在村庄建设边界外，提出规模、位置和准入条件。

（二）镇村体系规划

围绕新型城镇化和乡村振兴战略，将乡镇作为城乡融合的重要节点、乡村振兴的着力点，把乡镇建成乡村治理中心、农村服务中心、乡村经济中心，增强乡镇政府驻地在全域范围的辐射带动作用；开展乡村建设行动，推动基础设施和公共服务设施共建共享，推动城乡一体化发展。

采取多种方法分析乡镇人口数量、年龄结构、流动变化和分布规律等，合理预测乡镇人口规模和城镇化水平，进一步预测和分解乡镇政府驻地和各建制村人口。综合考虑区位条件、人口和用地规模、经济职能、辐射范围等因素，按照乡镇政府驻地、中心村、一般村三个等级，确定镇村职能结构和规模等级，构建城乡融合发展的镇村体系。

（三）村庄分类分型

1. 村庄分类

落实《沈阳市村庄布局规划（2019—2035年）》、县级国土空间规划（分区规划）及县级村庄布局等上位规划确定的村庄分类布局，将村庄分为"集聚建设类、整治提升类、城郊融合类、特色保护类、搬迁撤并类"，作为指导村庄规划编制和乡村地区各类开发建设活动实施的依据。

2. 村庄分型

在尊重村民意愿的基础上，结合村庄建设用地规模、人口规模、产业发展、空心化程度等因素，将乡镇内的自然村分为"增量型、等量型、减量型"三种类型，作为编制村庄规划、管控村庄用地的依据。

1）增量型

增量型原则上是指有新增建设用地指标的中心村或其他自然村。该型自然村是村内一、二、三产业融合与人口集中安置的重要承载空间；是建制村内新增建设用地指标的主要投放空间；是建制村内增减挂钩流量指标调入区。

2）等量型

等量型原则上是指在自然村内部进行建设用地等量增减的村庄。该型自然村通过整理零散用地、盘活闲置低效用地、实施增减挂钩等方式，实现村庄用地布局优化和有机更新。

3）减量型

减量型原则上是指建设用地逐步减少以及撤并的自然村。该型自然村作为增减挂钩指标调出的主要区域，严格限制新建行为。

（四）公共服务设施

落实上位规划确定的公共服务设施和城乡生活圈布局要求，基于常住人口的总量和结构，提出乡镇政府驻地—中心村——一般村分级公共服务体系布局和标准，明确不同空间层级公共服务设施的配置要求。完善城乡生活圈体系，优先确保基础保障型服务要素的配置，按照实际需求和条件，配置品质提升和特色引导型要素，推进生活圈服务要素定向化精准布局，构建舒适便捷、全域覆盖、层级叠加的乡镇生活圈体系。

（五）综合交通设施

落实上位规划及相关专项规划确定的公路、铁路、机场、渡口等重要交通设施布局和控制要求，提出综合交通发展目标与策略。

梳理乡镇现状交通系统的发展状况，合理构建全域综合交通体系。加强与区域交通网联系，完善乡镇道路网布局，强化乡镇政府驻地与村庄、各村庄之间的道路连通，明确城乡道路和农村道路的控制要求，提出公交场站、停车场、货运场站、加油加气站等交通设施的布局和规模。有旅游发展潜力的乡镇应明确旅游交通组织，结合旅游线路设置绿道、公共停车场、驿站、旅游交通引导标识等配套设施。

（六）市政公用设施

落实上位规划及相关专项规划确定的市政公用设施和廊道控制要求，结合现状市政公用设施布局，确定各类市政公用设施的建设目标。按照"共建共享"的原则，推动城乡基础设施互联互通，统筹安排乡镇域范围内能源、水利、给水、排水、电力、电信、燃气、环卫等设施，明确各专业市政设施的需求总量、建设标准、规模和管控要求，对重要的市政生命线廊道进行预留和管控。鼓励乡镇建设新能源汽车充电设施、5G通信基站等新型基础设施，协调安排污水处理厂、垃圾焚烧厂、殡葬等邻避设施布局，提出管控要求。

（七）安全韧性与综合防灾

落实上位规划和相关专项规划确定的各类防灾减灾基础设施、应急服务设施、避险通道等用地布局和安全防护要求。基于灾害风险评估，确定乡镇主要灾害类型，明确防灾减灾目标和设防标准，划定灾害风险区；明确防洪排涝、抗旱、抗震、消防、防疫、地质灾害、森林防火等各类重大防灾设施标准、布局要求与防灾减灾措施，适度提高生命线工程的冗余度；明确危险品存储设施用地布局和规划要求，科学划定安全防护和缓冲空间，提出近远期控制和防护措施；合理确定乡镇防洪防涝标准，合理布局防洪防涝工程，并落实防洪排涝通道、蓄滞洪区和洪涝风险控制线，增加城乡建设用地中的渗透性表面，健全雨洪利用措施。

六、乡镇政府驻地规划

（一）用地结构和布局

落实上位规划确定的城乡建设用地规模总量和管控要求，在城镇开发边界内，根据实际和规划管理需求确定规划范围。尊重乡镇格局和街巷肌理，渐进式推进镇中村、镇边村改造，优化空间结构和形态，明确用地结构调整方向，重点明确居住用地、公共管理与公共服务用地、绿地与开敞空间、交通和市政基础设施、公共安全设施、邻避设施等各类用地规模和布局，合理确定各类用地的比例，用地布局应达控制性详细规划深度。鼓励土地混合利用，明确用地兼容使用要求。

（二）绿地和开敞空间

构建功能完善、尺度宜人、蓝绿交织、富有活力的网络化、均衡性绿地与开敞空间体系，明确绿地、广场、街巷、河流水系等开敞空间的范围和管控要求，确定绿地和开敞空间总量、人均面积和覆盖率等指标。结合乡村社区生活圈建设，着重提出包括社区公园、口袋公园在内的各类绿地布局要求。鼓励各类公共空间与公共设施、基础设施共用共享，提高公共空间利用效率。

（三）住房建设与人居环境

预测乡镇住房需求，确定人均居住用地面积，优化居住用地结构和布局，保障各类人群的住房需要。新建和改建住宅应以多层为主，提出容积率、建筑密度、建筑高度等分区控制要求。以盘活存量为重点，实施城镇有机更新行动，采用微改造、微更新方式，推进乡镇物质更新与功能更新，全面提升人居环境品质，提出近远期建设时序和规划管控要求。

（四）公共服务设施

梳理分析现状公共服务设施情况，确定乡镇政府驻地公共服务设施总量和结构比例。针对人口老龄化、少子化趋势和乡村功能复合化需求，提出教育、文化、体育、医疗、养老、商业、生态休闲等公共服务设施的配置标准和布局要求，建设功能复合、便民惠民的邻里中心，打造便捷高效的乡集镇社区生活圈，增强乡镇综合服务能力。

（五）综合交通

尊重乡镇政府驻地传统道路格局，保护街巷空间肌理。以高密度、窄路幅为原则优化道路网结构和布局，路网密度不宜低于 $6\sim8km/km^2$，确定各级道路的等级、走向、红线宽度、断面形式等。

乡镇政府驻地的道路宜分为主干路、次干路、支路、巷路四级。主干路、次干路是镇区主要交通通道；支路是连接干路与巷道的通道；巷路是街坊内的联系道路（表 4-1）。

乡镇政府驻地道路技术指标与级别表 表 4-1

技术指标	道路级别			
	主干道	次干路	支路	巷路
计算行车速/(km/h)	40	30	20	—
道路红线宽度/m	24～36	16～24	10～14	6～8
道路间距/m	500	250～500	120～250	60～150

应根据人口规模设置机动车和非机动车公共停车场，人均公共停车场面积不少于 $0.8m^2$。宜采用公共停车场与路边停车相结合的方式，在城镇公共中心和商业中心设置公共停车场。有旅游业产业的镇，需结合旅游集散中心布置集中式停车。

应坚持公交优先原则，合理布局客运站、公交站等交通设施，强化乡镇政府驻地与各个村庄之间的公共交通联系，促进城乡公交一体化发展。

（六）市政公用设施

合理预测乡镇政府驻地给水、排水、电力、通信、燃气、供热、垃圾处理需求总量，确定各类市政公用设施及工程管线布局，因地制宜推进海绵城镇、垃圾分类收集和处理设施建设工作，提升乡镇绿色基础设施建设水平。市政公用设施建设要适合本地特点，以小型化、分散化、生态化方式为主，降低建设和运营维护成本。

1. 供水：按照实际需求预测需水总量，确定供水水源，选择供水模式，布置供水主干管网，确定供水设施的布局与规模，提高供水应急保障能力。

2. 排水：确定排水体制，划分排水分区，布局污水主干管网及处理设施；布局雨水管道（沟渠）及调蓄设施。

3. 供电：落实上位规划确定的 66kV 及以上变电站、高压走廊的规模和管控要求。科学预测用电需求，布局变电设施和中低压电力线路。

4. 通信：落实通信设施用地规模、布局及建设要求。

5. 供热：预测供热需求总量，确定热源，明确供热站场规模、用地及建设标准，布局供热主干管网及热交换站。

6. 燃气：预测燃气需求总量，确定供气方式，布局燃气主干管道，明确门站、供气储备站等燃气站场的规模、面积，明确对燃气管道及燃气站场的安全防护要求。

7. 环卫：落实上位规划确定的垃圾处理设施，建立垃圾分类收集、运输、处置体系，推进垃圾处理无害化、减量化和资源化。确定垃圾转运站、公共厕所等环境卫生设施布局、建设标准及用地管控要求。

（七）安全韧性与综合防灾

明确乡镇政府驻地各类防灾设施和应急保障设施的建设标准、位置和规模。综合布局防洪堤、避难场所、应急指挥、消防站、救灾物资储备等设施，明确疫情防控、消防通道、消防供水等基础防灾设施和应急防灾要求。对重大危险源防治、搬迁、改造提出管控要求。

（八）"四线"管控

划定乡镇政府驻地"四线"（绿线、紫线、蓝线、黄线），明确各控制线的管控要求。划定绿线，确定公园绿地、防护绿地、结构性绿地等控制界线；划定黄线，确定对乡镇政府驻地发展全局有影响必须控制的重大交通设施、市政基础设施、公共安全设施及廊道控制界线；划定蓝线，确定河、渠、湿地等地表水体保护和控制的地域界线；划定紫线，确定文物保护单位、历史建筑等历史文化资源保护控制线。对不能进行空间落位的"四线"，应因地制宜地提出定性、定量等方面的管控要求，在文本和图纸中进行标示。

七、历史文化保护与景观风貌塑造

（一）历史文化保护体系

落实上位规划确定的历史文化保护要求，深入挖掘乡镇历史资源，建立具有地域特色的历史文化资源保护体系，包括文物保护单位、历史文化名村、传统村落、历史建筑、非物质文化遗产、地下文物埋藏区等，编撰历史文化保护名录。统筹划定各类历史文化资源保护控制线，明确保护范围和控制要求，实施严格保护。

具有历史文化特色的乡镇，应深入挖掘地方历史、人文底蕴、乡土民俗等特色文化资源，针对资源富集、空间分布集中的地域，以及非物质文化遗产高度依存的自然环境和历史文化空间，明确整体保护和促进活化利用的措施。

（二）景观风貌塑造与引导

落实上位规划确定的城乡景观风貌指引和管控要求。结合自然地理格局和地域文化特色，确定乡镇整体风貌定位和总体要求，构建全域景观系统，划定重点管控区域与节点。协调乡镇与周边山、水、林、田等重要自然景观资源的关系；对滨水空间、低山丘陵、历史文化、乡土民俗等特色景观资源提出有针对性的管控要求；挖掘地方民居特色，对村庄布局形态、建筑风格、体量色彩提出引导和管控要求，营造北美南秀、东山西水，具有盛京风韵特色的美丽田园风光。

八、国土综合整治与生态修复

落实上位规划确定的国土综合整治与生态修复目标任务，明确整治修复的主要内容、整治区域和具体措施。

（一）国土综合整治

综合考虑国土整治潜力、经济社会发展状况、农民意愿、资金保障水平等因素，整体推进田、水、路、林、村综合整治。制定乡镇国土综合整治方案，明确土地整治项目范围、规模、布局、时序和建设内容等，细化落实到地块。

1. 农用地整理：适应发展现代农业和适度规模经营的需要，统筹推进高标准农田建设、耕地提质改造、旱地改水田、低效林草地和园地整治、农田基础设施建设等项目，优化耕地布局，提升耕地数量和质量，加强稳定耕地建设及不稳定耕地改造，改善农田生态。

2. 建设用地整理：统筹安排农村低效建设用地、工矿废弃地、城镇低效用地等地块的盘活利用方式，优化农村建设用地布局结构。鼓励通过国土综合整治、城乡建设用地增减挂钩等政策措施，挖潜盘活存量空间，解决乡镇建设用地指标不足的问题，提升城乡建设用地使用效益和节约集约化水平。

做好建设用地增减挂钩安排，明确减量腾退建设用地的规模、范围和时序，明确安置建新和节余指标的规模、布局及用途。减量腾退的建设用地应纳入农用地整理复垦项目，且在实施复垦之前，应置换的城乡建设用地指标不得使用。腾退的建设用地指标在保障农民安置、农村基础设施建设、公益事业等用地前提下，重点用于农村一、二、三产业融合发展，增强乡村自我造血功能。经乡村民主决策后纳入交易的建设用地节余指标，由县市统筹管理。

3. 后备土地资源开发：在不破坏生态环境的前提下，慎重开发后备土地资源，因地制宜确定盐碱地、沙地、其他草地等未利用地开发的用途和管控措施。

（二）生态修复

坚持人与自然和谐共生，统筹山水林田湖草沙系统保护和治理，确定重点生态功能区、生态环境脆弱敏感区，识别生态功能退化、生物多样性减少、水土污染、洪涝灾害等生态系统问题，提出国土空间生态修复总体布局，实施生态品质提升工程。

1. 水域湿地修复：落实上位规划和专项规划确定的河流水系治理重点工程，确定水环境综合治理目标，明确水体保护等级和要求；加强乡村水系连通，实施河道清淤疏浚，提升水环境质量；对集中连片、破碎化严重、功能退化的湿地进行保护修复。

2. 林地生态修复：落实上位规划和专项规划确定的重点防护造林、风沙源治理、水土流失等林地生态修复工程，持续建设西北防风阻沙带，完善防沙治沙生态林防护体系；实施通道绿化、农田林网建设，以及水系堤坝、河渠湖库周边绿化。

3. 矿山生态修复：落实上位规划和专项规划确定矿山生态修复工程，明确矿山生态修复范围，提出修复对策和措施。推进绿色矿山建设，加大植被破坏严重、裸露矿山的复绿力度，提高地质灾害风险防范能力。鼓励利用废弃矿山发展农村新产业、新业态。

4. 其他生态修复：开展地质灾害、水土流失、土地盐碱化、土地沙化、黑土区侵蚀沟、农业生态废弃物等其他生态修复治理，提出修复对策和措施，维护生物多样性，保护和恢复乡村生态功能。

九、规划管控与传导

乡镇国土空间规划应将乡镇行政区域划分为若干详细规划编制单元，明确规划编制传导与管控体系，确保乡镇级国土空间总体规划与详细规划有效衔接。

（一）划分详细规划单元

城镇开发边界内为城镇单元，应突出功能导向，结合河流、干路等自然地理界线、社区管理边界及近远期开发时序，以街区尺度和生活圈服务半径划分城镇单元。城镇开发边界外为村庄单元，结合自然地理格局、社会经济发展、地域历史文化、村庄分类布局、国土空间规划用途分区等因素，以一个或若干个建制村为单位划分村庄单元。城镇单元内编制控制性详细规划，村庄单元内编制村庄规划。

（二）规划管控与引导

城镇单元：落实规划控制线和约束指标，明确开发强度和空间形态引导等规划要求，作为控制性详细规划编制的依据，具体包括以下内容：

1. 范围四至、面积、名称、编号；

2. 功能定位、结构和布局、人口和建设用地规模；

3. 提出公共服务设施、市政基础设施、公共安全设施的配建标准或空间布局要求，明确社区生活圈服务要素和布局指引要求；

4. 绿地开敞空间、景观风貌和空间形态等控制引导要求；

5. 建筑高度、密度、容积率等开发强度控制要求；

6. 落实乡镇集中建设区"四线"（绿线、蓝线、紫线、黄线）等内容。

村庄单元：衔接已编制的村庄规划，落实各类规划控制线，统筹管控集体经营性建设用地；对未编制规划的村庄，将约束性指标和规划控制线传导至村庄，明确村庄分型分类、产业发展、服务要素配置等指引要求，作为村庄规划编制的依据；对不编制规划的村庄，应明确国土空间用途管制规则和人居环境整治要求，结合村庄单元进行底线管控，引导村庄建设发展。具体内容包括：

1）范围四至、面积、名称、编号；

2）功能定位；村庄规划类型、发展方向引导，明确中心村建设、特色发展及传统村落保护与利用等指引要求；

3）生态保护红线控制面积、耕地保有量、永久基本农田面积、村庄建设用地和城乡建设用地规模等约束性指标；户数、人口规模、集体经营性建设用地规模等预期性指标；

4）耕地保护红线和永久基本农田、生态保护红线、村庄建设边界等规划控制线和管控要求；

5）村庄公共设施、道路交通、公用设施的配建标准和空间布局，明确村组层级社区生活圈服务要素和布局指引；

6）绿地开敞空间和景观风貌控制引导要求；

7）明确村民住宅、产业、生活服务等用地的建筑层数、建筑高度、建筑密度、建筑退让等控制要求，以及对建筑风格、色彩、朝向等提出建设指引要求；

8）梳理村庄开发建设的正、负面清单，引导不同类型的村庄开发建设。

第二节　制　图　总　则

一、空间参照系统和比例尺

正式图件的平面坐标系统采用"2000 国家大地坐标系"，高程系统采用"1985 国家高程基准"。

在乡镇级国土空间总体规划中，乡镇域图件比例尺一般为 1：10000，若辖区面积过大或过小，可适当调整图件比例尺。

乡镇级国土空间总体规划中，镇区（乡集镇）图件比例尺一般为 1：1000～1：2000，镇区（乡集镇）规划控制范围较大的，图件比例尺可缩小至 1：5000。

二、图件的合并与拆分

图纸合并。同专业或不同专业内容的现状图件和规划图件，在不影响内容识别的前提下，可合并绘制。

图纸拆分。综合交通、市政基础设施、综合防灾减灾等规划图件，可按不同专业内容拆分绘制。

三、基础地理要素

行政界线。制图区域内行政界线，表达至村界；制图区域外行政界线外围标注四周相邻行政单位名称。

政府驻地。制图区域内政府驻地。

重要地物。包括制图区域内的主要山地、水体等，根据实际情况可选择表达其他重要地物。

其他地物。根据区域情况可选择表达其他重要地物，图式可参考地形图相关规范表达。

四、注记

主要注记内容：乡镇政府驻地名称；建制村及主要自然村名称；公路、铁路、机场与港口码头名称；水利设施名称；河流、湖泊与水库名称；自然保护区、风景名胜区名称；其他重要地物名称。

同一图形文件内注记文字种类以不超过四种为宜。汉字可选用宋体、黑体、楷体、隶书。英文宜采用 Times New Roman，可选用 Arial Black。

点状要素注记（如政府驻地、山峰、遗址等）可采用水平字列无间隔排列，且尽量遵循八方位原则放置，从而使图件具有整洁性、美观性、统一性。

线状要素注记（如河流、交通等）可使用雁形字列或屈曲字列，其注记与符号平行或沿其轴线配置。其中，河流注记的倾斜方向宜与河流流向一致。对于过长线状要素，可沿要素多处重复注记。

面状要素注记（如市、县的行政区划名称等）配置在相应面积内时，原则上沿该轮廓的主轴线配置，成直线、雁形或屈曲字列，可打散文字排列，使其尽可能均匀地分布在面状区域中。

具体注记配置可参考《国家基本比例尺地图图式》和湖北省自然资源厅公布的标准地图。

五、图幅配置

乡镇级国土空间总体规划图件的图幅配置内容包括：图名、图廓、指北针与风玫瑰图、比例尺、图例、署名和制图日期。

图名。图名宜位于图廓外上方，包括规划名称、主题名称，汉字采用黑体，英文采用Times New Roman。

图廓。图廓由外图廓和内图廓构成，外图廓用粗实线绘制，内图廓用细实线绘制。

指北针与风玫瑰图。指北针与风玫瑰图可绘制在图幅内右上角或左上角，有风向资料地区采用16方向或8方向风向玫瑰图，其他地区采用指北针式样。

比例尺。比例尺可选用数字比例尺或直线比例尺，数字比例尺形式如"1：10000"，直线比例尺总长度宜为10cm。

图例。图例由图形（线条、色块或符号）和文字构成，图例绘制在图幅内下方（竖版）或右方（横版）。

署名和制图日期。图件应署规划编制单位的正式名称和规划编制日期，注于图廓外左下方或右下方。

第三节 基础分析图制作

基础分析图（国土空间现状图集）应表达区域内的空间位置、相邻的乡镇名称、行政区划范围；乡镇范围内现状农用地、建设用地、其他用地等各类用地；重要公共服务设施和基础设施的位置、线路、等级；铁路、公路、山体河流、自然保护地、自然资源分布等内容。

具体图纸可包括：区位图；地形地貌分析图；行政区划图；土地利用现状图；海域、海岛开发利用现状图；矿产资源分布图；自然保护地现状图；城镇体系现状图；历史文化保护现状图；综合交通现状图；地质、水文、灾害、海洋环境质量等其他现状图。

一、镇（乡）域国土空间用地现状图

必选要素：耕地、园地、林地、草地、湿地、农业设施建设用地、居住用地、公共管理与公共服务用地、商业服务业用地、工矿用地、仓储用地、交通运输用地、公用设施用地、绿地与开敞空间用地、特殊用地、陆地水域、其他土地现状。机场、铁路及站场、城际轨道、港口码头、公路、城镇骨干路网等重要结构性交通要素叠加在用地要素上。

可选要素：可参照《国土空间调查、规划、用途管制用地用海分类指南（试行）》规定细化至二级或三级类；可将城镇和村庄范围内的有关用地归并表述为城镇和村庄用地；镇（乡集镇）区范围、历史文化保护线等要素。

二、镇区（乡集镇）国土空间用地现状图

必选要素：耕地、园地、林地、草地、湿地、农业设施建设用地、居住用地、公共管理与公共服务用地、商业服务业用地、工矿用地、仓储用地、交通运输用地、公用设施用地、绿地与开敞空间用地、特殊用地、陆地水域、其他土地。

可选要素：可参照《国土空间调查、规划、用途管制用地用海分类指南（试行）》规定细化至二级或三级类；镇（乡集镇）区范围、历史文化保护线等要素。

第四节　规划成果图制作

一、乡镇域部分

（一）国土空间总体规划图：表达生态保护红线、永久基本农田保护红线、城镇开发边界和村庄建设边界；农用地、建设用地、其他用地等各类用地规划用途，生态、农业、建设空间布局等内容。

（二）居民点体系布局规划图：表达乡村生活圈的结构，包括文化教育、医疗体育、社会福利等公共服务设施布局和配置内容。

（三）生态修复和国土综合整治规划图：标明山水林田湖草系统修复、国土综合整治、矿山生态修复等重点区域和重大项目等内容。

（四）交通与基础设施规划图：表达乡（镇）域交通网络和设施布局，公交线路及公交站点；水利能源、给水排水、电力电信、供热燃气、殡葬、环卫等基础设施及主要干线走向；重大交通与基础设施廊道空间等内容。

（五）历史文化保护与景观风貌规划图：表达各类历史文化遗产的位置与类型，历史文化保护线，全域自然、农业、人文景观风貌分区及重要节点等内容。

（六）近期建设规划图：表达乡（镇）域、乡镇政府驻地近期建设的项目布局，附项目规划表。

二、乡镇政府驻地部分

（一）国土空间现状图：表达乡镇政府驻地内各类城乡建设用地的现状；重要公共服务设施和基础设施的位置、线路、等级；铁路、公路、山体、河流等现状要素等内容。

（二）用地布局规划图：表达乡镇政府驻地规划建设范围、各类城乡建设用地。

（三）道路交通规划图：表达乡镇政府驻地道路网等级结构、道路红线宽度、道路名称、交通设施布局和对外道路衔接，标注主次干道交叉点坐标、高程、走向、道路横断面形式等内容。

（四）基础设施布局规划图：表达给水排水、供电通信、供热燃气、环卫等设施布局、

管线走向、管径，各类防灾减灾设施布局等内容。

（五）空间形态与风貌控制规划图：表达视线廊道、重要节点、开敞空间的布局，建筑高度、色彩、形式，开发强度等内容。

按照现行国土空间规划的相关标准、规范及地方实际需求，成果图制作可参考以下图纸形式：

1. 镇（乡）域国土空间控制线规划图

必选要素：城镇开发边界、永久基本农田、生态保护红线。

可选要素：可根据实际情况增加历史文化保护线、洪涝风险控制线等要素。

2. 镇（乡）域国土空间规划分区图

必选要素：生态保护区、生态控制区、农田保护区、城镇发展区、乡村发展区、矿产能源发展区等，其中城镇发展区、乡村发展区应细化表达至二级规划分区。

3. 镇（乡）域历史文化保护规划图

必选要素：世界遗产；省级（含）以上文物保护单位、历史文化名城/名镇/名村、传统村落、历史文化街区（分级表达）；各类历史文化保护线，可结合遗产特征和图纸比例尺情况择情合并或分类表达。

可选要素：可根据实际情况增设市级文物保护单位、未定级不可移动文物、地下文物埋藏区、水下文物保护区、历史建筑、历史地段、历史城区、工业遗产、农业遗产、水利遗产、风景名胜区、山水形胜等要素；历史文化保护重点区域、线路或廊道、节点等。

4. 镇（乡）域村庄建设边界规划图

必选要素：村庄建设边界。

5. 镇（乡）域生态修复和综合整治规划图

必选要素：城镇建设用地存量更新重点区、乡村土地综合整治重点区、山体生态修复重点区、水环境和水生态修复重点区、矿产资源综合整治的重点区。

6. 镇（乡）域综合交通规划图

必选要素：高速公路、国道、省道、县道、铁路及铁路枢纽、机场、港口码头、公路枢纽。

可选要素：可根据实际情况增加铁路分级、港口分级、机场分级、枢纽分级、轨道线网结构等。

7. 镇（乡）域基础设施规划图

必选要素：电力设施（发电站、35kV 及以上变电站、35kV 及以上高压线及其两侧控制线）、给水排水设施（水源地、水厂、污水处理厂）、燃气设施（储气站、燃气门站、高压管线）、环卫设施（生活垃圾处理设施）。

可选要素：可根据实际情况增设供热设施、原水干管、截污干管、次高压管线、通信设施、新能源设施、取水口等要素。

8. 镇区（乡集镇）土地使用规划图

必选要素：耕地、园地、林地、湿地、农业设施建设用地、居住用地、公共管理与公共服务用地、商业服务业用地、工矿用地、仓储用地、交通运输用地、公用设施用地、绿地与开敞空间用地、特殊用地、留白用地、水域、其他土地。

可选要素：可参照《国土空间调查、规划、用途管制用地用海分类指南（试行）》规划定二级类或三级类。

9. 镇区（乡集镇）开发强度分区规划图

必选要素：根据容积率指标，划定不同等级的开发强度分区。

可选要素：可根据实际情况增设中心地标控制区、生态景观控制区、高度分区、视线通廊等要素。

10. 镇区（乡集镇）控制线规划图

必选要素：绿线、蓝线、黄线、紫线。

可选要素：可根据实际情况增加其他控制线。

11. 镇区（乡集镇）绿地系统和开敞空间规划图

必选要素：公园绿地、广场用地、防护绿地等。

可选要素：可根据实际情况增加其他隔离绿地、绿道、通风廊道等。

12. 镇区（乡集镇）公共服务设施体系规划图

必选要素：镇级及以上文化设施、体育设施、医疗卫生设施、社会福利设施。

可选要素：可根据实际情况增设其他教育设施、商业设施等要素；可根据实际情况区分现状设施与新增设施。

13. 镇区（乡集镇）道路交通规划图

必选要素：主干路、干路、支路，各类交通站场和对外交通设施等。

可选要素：可根据实际情况增设公共换乘停车场，国道、省道、县道、区域性的铁路及铁路枢纽、高速公路、港口码头及预留通道等要素。

14. 镇区（乡集镇）市政基础设施规划图

必选要素：电力设施（包括发电站、35kV及以上变电站、35kV及以上高压线）、给水排水设施（包括水厂、污水处理厂、输水干管、雨污水排水干管、截污干管、雨水调蓄设施）、燃气设施（包括储气站、燃气门站、次高压及以上等级调压站、次高压及以上等级管线）、环卫设施（包括生活垃圾处理设施及转运设施）、热力设施（包括热力站、热电厂、热力干管）、通信设施（包括通信局所）。

可选要素：可根据实际情况增设防灾指挥站、灾害风险分区、洪涝风险控制线等。

15. 镇（乡）域国土空间总体格局规划图

必选要素：重要的生态功能区、城镇密集区、农产品生产功能区、生态廊道、产业发展走廊。

可选要素：可根据实际情况增加历史风貌保护区、景观廊道、节点等。

16. 镇（乡）域镇村体系规划图

必选要素：镇区（乡集镇）、中心村、基层村等镇村等级结构。

可选要素：公共服务设施布局、产业布局等。

17. 镇（乡）域公共服务设施体系规划图

必选要素：各级文化设施、教育设施、体育设施、医疗卫生设施、社会福利设施。

可选要素：可根据实际情况增设其他各级商业设施、公共服务设施等要素。

18. 镇（乡）域近期重点建设项目布局图

必选要素：近期建设项目布局，附项目规划表。

根据实际情况需求，也可有针对性地加入一些专项图纸制作，如评价分析图、集体产业用地规划图、风貌特色引导示意图等。

第五节　ArcGIS 在成果表达部分的应用

一、国土空间规划成果图制图规范

目前国家未制定统一的乡镇级国土空间规划制图技术标准，各省根据国家标准和省级相关政策文件，结合本省实际制定本省的乡镇国土空间规划编制技术指南，但是必须符合国家、省市相关技术标准。乡镇国土空间规划成果制图规范可参照市级国土空间总体规划制图规范，并结合当地实际情况。市级国土空间总体规划制图规范用地用海分类配色指引表及规划分区配色指引表等见表 3-13、表 4-2、表 4-3，各类设施图例可参考自然资源部2021 年编制的《市级国土空间总体规划制图规范》附录 E。

规划分区配色指引表　　　　　　　　　　　　表 4-2

规划分区类型		图式颜色（RGB）
一级规划分区	二级规划分区	
生态保护区		RGB（77,151,87）
生态控制区		RGB（130,197,174）
农田保护区		RGB（255,255,195）
城镇发展区		RGB（228,139,139）
	居住生活区	RGB（254,221,120）
	综合服务区	RGB（254,133,200）
	商业商务区	RGB（199,66,57）
	工业发展区	RGB（174,141,109）
	物流仓储区	RGB（139,93,215）
	绿地休闲区	RGB（13,123,62）
	交通枢纽区	RGB（108,109,109）
	战略预留区	RGB（255,255,255）
	城镇弹性发展区	RGB（230,230,230）
	城镇特别用途区	RGB（141,204,110）
乡村发展区		RGB（244,177,192）
	村庄建设区	RGB（244,177,192）
	一般农业区	RGB（214,239,190）
	林业发展区	RGB（189,232,178）
	牧业发展区	RGB（197,232,211）
海洋发展区		RGB（148,213,235）
矿产能源发展区		RGB（125,102,79）

（注：城镇集中建设区为"居住生活区"至"战略预留区"的合并列）

各类控制线配色及表达指引表　表 4-3

图面要素	图例	备注
城镇开发边界		RGB 填充（228,139,139）＋边框（0,0,0）
永久基本农田		RGB 填充（254,254,96）＋边框（215,214,214）
生态保护红线		RGB 填充（77,151,87）
历史文化保护线		RGB 线（87,3,213）
洪涝风险控制线		RGB 线（0,0,196）
矿产资源控制线		RGB 线（155,70,55）
城市绿线		RGB 填充（143,238,128）＋边框（0,153,68）
城市蓝线		RGB 填充（175,217,240）＋边框（0,104,183）
城市黄线		RGB 填充（252,234,170）＋边框（241,145,73）
城市紫线		RGB 填充（198,169,242）＋边框（95,15,214）

二、成果数据入库管理

乡镇国土空间规划成果数据库一般应包括土地用途现状图、空间布局规划图、土地用途管制规划图、控制线划定规划图、近期重点设施布局规划图和开发边界内用地规划图等。空间矢量数据应采用符合要求的基于 GIS 技术的数据格式。数据库成果格式参照三调汇交版本的 GDB 格式，文件名称按照"乡镇行政区划代码（9 位）.GDB"规则命名。

基础数据库标准如下：

（一）数学基础

地图投影及分带：采用"高斯——克吕格投影"，国家标准 3 度分带。

坐标系统：采用"2000 国家大地坐标系（CGCS2000）"。

高程基准：采用"1985 国家高程基准"。

（二）数据精度

数据库中数据的单位和精度要求参考表 4-4，可根据各镇实际进行调整。

数据精度表　表 4-4

编号	名称	单位	精度
1	距离（长度）	米/m	0.1
2	面积	平方米/m²	0.01
3	汇总面积	公顷/hm²	0.01

（三）空间要素组织管理

规划数据库采用分层方法进行组织管理，要素分层、层要素、要素代码、几何特征、属性表及约束条件描述参考表 4-5，各要素层属性结构描述表参考表 4-6～表 4-11，具体层要素和属性结构描述要求要符合各镇地方文件规范。由于国家还未出台关于乡镇总体规划统一数据入库标准且各镇实际情况不同，因此下表仅供参考。

要素分层　　　　　　　　　　　表 4-5

序号	要素分类	层要素	要素代码	几何特征	属性表名	约束条件	说明
1	境界与行政区	行政区	1000600100	Polygon	XZQ	M	
		行政区界线	1000600200	Line	XZQJX	M	
		建制村注记	1000609000	Annotatio	XZCZJ	O	
2	地貌	等高线	1000710000	Line	DGX	C	
		高程注记点	1000720000	Point	GCZJD	C	
		坡度图	1000780000	Polygon	PDT	C	
3	基期年现状	基期现状用地	2003010100	Polygon	JQXZYD	M	以三调成果为基础，结合补充调查，按照村庄规划用途分类进行转换，形成基期现状用地
		补充调查现状点	2003010200	Point	BCDCXZD	C	按照现状补充调查
		补充调查现状线	2003010300	Line	BCDCXZX	C	按照现状补充调查
		建（构）筑物	2003010400	Polygon	JGZW	C	按照现状补充调查
		公开版生态保护红线	3003000100	Polygon	GKBSTBHHX	M	引用公开版生态保护红线划定成果
4	目标年规划	三区划定区	2003010500	Polygon	SQHDQ	C	引用市（县）级三区划定成果
		永久基本农田保护图斑	2005010300	Polygon	YJJBNTBHTB	M	属性结构引用《永久基本农田图斑属性结构》
		生态保护红线	3003000200	Polygon	STBHHX	M	属性结构引用生态保护红线评估调整后的生态保护红线属性结构
		村庄建设边界	2003070101	Polygon	CZJSBJ	M	

续表

序号	要素分类	层要素	要素代码	几何特征	属性表名	约束条件	说明
4	目标年规划	国土空间规划分区	2003070102	Polygon	GTKJGHFQ	M	
		规划地类图斑	2003070103	Polygon	GHDLTB	M	
		规划基础设施点	2003070104	Point	GHJCSSD	C	
		规划基础设施线	2003070105	Line	GHJCSSX	C	
		国土综合整治与生态修复工程（点）	2003070107	Point	GTZHZZ YSTXFD	C	
5	其他要素	古茶山（园）保护范围	3003070101	Polygon	GCSBHFW	C	
		古树名木	3003070102	Point	GSMM	C	
		历史文化保护范围	3003070103	Polygon	LSWHBHFW	C	
		历史文化保护点	3003070104	Point	LSWHBHD	C	
		地理名称注记	3000000100	Anotation	DLMCZJ	C	

注1：本表中层要素约束条件：M（必选）、O（可选）、C（条件可选）；下表中字段约束条件是在满足本表约束条件的基础上作下层次的约束。

注2：本表所标识的 C，表示数据内容存在则必选，特殊说明的除外。

注3：村庄建设边界按村庄规划编制规划的实际范围提供，作为后期乡村建设、管理的依据。

注4：上图面积约定为 $30m^2$。

行政区界线属性结构描述表（属性表名：XZQJX） 表 4-6

序号	字段名称	字段代码	字段类型	字段长度	小数位数	值域	约束条件	备注
1	标识码	BSM	Char	18			M	
2	要素代码	YSDM	Char	10			M	
3	行政区代码	XZQDM	Char	12			M	
4	行政区名称	XXZMC	Char	12			M	
5	界线类型	JXLX	Char	6			M	注1
6	界线性质	JXXZ	Char	6			M	
7	界线说明	JXSM	Char	100			O	
8	备注	BZ	VarChar	200			O	

注1：以三调行政界线为准。

行政区属性结构表（属性表名：XZQ）

表4-7

序号	字段名称	字段代码	字段类型	字段长度	小数位数	值域	约束条件	备注
1	标识码	BSM	Char	18			M	注1
2	要素代码	YSDM	Char	10			M	
3	行政区代码	XZQDM	Char	12			M	注2
4	行政区名称	XZQMC	Char	12			M	
5	行政村类型	XZCLX	Char	60			M	注3
6	行政村特征	XZCTZ	Char	60			M	注4
7	面积	MJ	Float	16	2	>0	M	单位：m²，注5
8	备注	BZ	Char	200			O	

注1：标识码编写采用村级行政代码（12位）+顺序号（6位）构成。

注2：行政区代码填写至村级代码。

注3：行政村类型按照"集聚提升类""城郊融合类""特色保护类""搬迁撤并类""暂不明确类"填写。

注4：行政村特征按照"自然山水特色型""民族文化特色型""产业资源特色型""区位交通特色型""守边固边特色型"填写。

注5：本表中所有面积字段如无特别说明，均指椭球面积。

现状地类图斑属性结构描述表（属性表名：XZDLTB）

表4-8

序号	字段名称	字段代码	字段类型	字段长度	小数位数	值域	约束条件	备注
1	标识码	BSM	Char	18		>0	M	
2	要素代码	YSDM	Char	10			M	
3	行政区代码	XZQDM	Char	12			M	
4	行政区名称	XZQMC	Char	12			M	
5	图斑编号	TBBH	Char	8			M	
6	地类编码	DLBM	Char	5			M	注1
7	地类名称	DLMC	Char	60			M	注1
8	权属性质	QSXZ	Char	2			M	
9	权属单位代码	QSDWDM	Char	19			M	注2
10	权属单位名称	QSDWMC	Char	60			M	注2
11	坐落单位代码	ZLDWDM	Char	19			M	注3
12	坐落单位名称	ZLDWMC	Char	60			M	
13	图斑面积	TBMJ	Float	15	2	>0	M	单位：m²，注4
14	扣除地类编码	KCDLBM	Char	5			C	
15	扣除地类系数	KCDLXS	Float	6	4	[0，1]	C	
16	扣除地类面积	KCDLMJ	Float	15	2	≥0	C	单位：m²，注5
17	图斑地类面积	TBDLMJ	Float	15	2	>0	M	单位：m²，注6
18	耕地类型	GDLX	Char	2			C	注7
19	耕地坡度级别	GDPDJB	Char	2			C	
20	线状地物宽度	XZDWKD	Float	5	1	>0	C	注8
21	种植属性代码	ZZSXDM	Char	6			C	
22	种植属性名称	ZZSXMC	Char	20			C	
23	耕地等别	GDDB	Int	2		>0	C	注9
24	城镇村属性码	CZCSXM	Char	4			C	注10

续表

序号	字段名称	字段代码	字段类型	字段长度	小数位数	值域	约束条件	备注
25	数据年份	SJNF	Int	4			M	注11
26	描述说明	MSSM	Char	100			M	
27	三调地类编码	SDDLBM	Char	5			M	
28	三调地类名称	SDDLMC	Char	60			M	
29	备注	BZ	VarChar	255			O	

注1：地类编码和地类名称将第三次国土调查工作分类转换为村庄规划用途分类填写，地类编码填写至最末级。

注2：权属单位代码和名称为该地类图斑三调调查的权属单位的代码和名称。

注3：坐落单位代码指该地类图斑实际坐落单位的代码。

注4：图斑面积指用经过核定的地类图斑多边形边界内部所有地类的面积（如地类图斑含岛、孔，则扣除岛、孔的面积）。

注5：扣除地类面积＝图斑面积×扣除地类系数。

注6：图斑地类面积＝图斑面积－扣除地类面积。

注7：当图斑为坡地耕地时，耕地类型填写"PD"；图斑为梯田耕地时，耕地类型填写"TT"。

注8：线状地物是指河流、铁路、公路、管道用地、农村道路、林带和沟渠等线状地物。线状地物宽度填写线状地物平均宽度，以下同。

注9：根据《农用地质量分等规程》GB/T 28407—2012开展耕地分等调查评价，填写利用等。

注10：对城市、建制镇和村庄范围内的地类图斑，相应标注城市（203或203A）属性；城镇村外部的盐田及采矿用地和特殊用地按规划用地，并标注"204"或"205"属性。

注11：数据生产的年份。

三区划定区属性结构描述表（表名：SQHDQ）　　表4-9

序号	字段名称	字段代码	字段类型	字段长度	小数位数	值域	约束条件	备注
1	标识码	BSM	Char	18			M	
2	要素代码	YSDM	Char	10			M	
3	行政区代码	XZQDM	Char	12			M	
4	行政区名称	XZQMC	Char	12			M	
5	三区名称	SQMC	Char	20			M	注1
6	面积	MJ	Float	16	2	>0	M	单位：m²
7	备注	BZ	Char	255			O	

注1：城镇空间、农业空间、生态空间。

城镇建设边界属性结构描述表（表名：CZJSBJ）　　表4-10

序号	字段名称	字段代码	字段类型	字段长度	小数位数	值域	约束条件	备注
1	标识码	BSM	Char	18		>0	M	
2	要素代码	YSDM	Char	10			M	
3	行政区代码	XZQDM	Char	12			M	
4	行政区名称	XZQMC	Char	12			M	
5	自然村名称	ZRCMC	Char	12			M	
6	自然村现状户数	ZRCXZHS	Float	16		>0	M	单位：户
7	自然村现状人口	ZRCXZRK	Float	16		>0	M	单位：人

续表

序号	字段名称	字段代码	字段类型	字段长度	小数位数	值域	约束条件	备注
8	面积	MJ	Float	16	2	＞0	M	单位：m²
9	自然村特征大类	ZRCTZDL	Char	16			M	注1
10	自然村特征小类	ZRCTZXL	Char	16			M	注1
11	自然村规划人口	ZRCGHRK	Float	16		＞0	C	
12	备注	BZ	VarChar	200			O	

注1：建制村特征按照《自然资源厅关于加强村庄规划工作的通知》村庄特征分类分型图中的5大类24小类填写。

规划地类图斑属性结构描述表（表名：GHDLTB）　　表4-11

序号	字段名称	字段代码	字段类型	字段长度	小数位数	值域	约束条件	备注
1	标识码	BSM	Char	18		＞0	M	
2	要素代码	YSDM	Char	10			M	
3	行政区代码	XZQDM	Char	12			M	
4	行政区名称	XZQMC	Char	12			M	
5	规划图斑编号	GHTBBH	Char	8			M	注1
6	规划地类编码	GHDLBM	Char	5			M	注2
7	规划地类名称	GHDLMC	Char	60			M	注2
8	图斑地类面积	TBDLMJ	Float	15	2	＞0	M	单位：m²
9	经营性用地	JYXYD	Char	2		(Y,N)	C	注3
10	建筑高度控制	JZGDKZ	Float	20		＞0	M	单位：m
11	宅基地面积标准	ZJDMJBZ	Float	20		＞0	M	注4
12	规划设施分类	GHSSFL	Char	20			C	
13	规划设施类型	GHSSLX	Char	20			C	
14	备注	BZ	VarChar	255			O	

注1：规划图斑编号以村为单位，采用村级代码（3位）＋顺序号（5位）。

注2：规划地类编码和规划地类名称可参考本地城市规划用地分类编码和名称填写。

注3：属经营性用地地块填写"Y"，不属于经营性用地的地块填写"N"。

注4：宅基地面积标准根据当地规划填写。

（四）空间要素入库管理

以 ArcGIS 软件为例，简单介绍如何使规划相关成果入库管理。打开 ARCMAP 软件，找到目录下的要保存数据库的存储位置，单击右键，选择新建"文件地理数据库"，给数据库命名，一般行政区代码＋数据库内容，这样一个空的数据库就建立好了。下一步就是实现各规划图件的入库：在新建立的数据库右键单击选择"导入""要素类多个"，打开要素类至数据库（批量）窗口，在输入要素一栏打开文件夹找到要入库的要素数据，批量加入，然后单击"确定"，即实现规划图的入库，具体见图4-1，注意各图件命名以及属性结构表要符合规范及各镇要求。

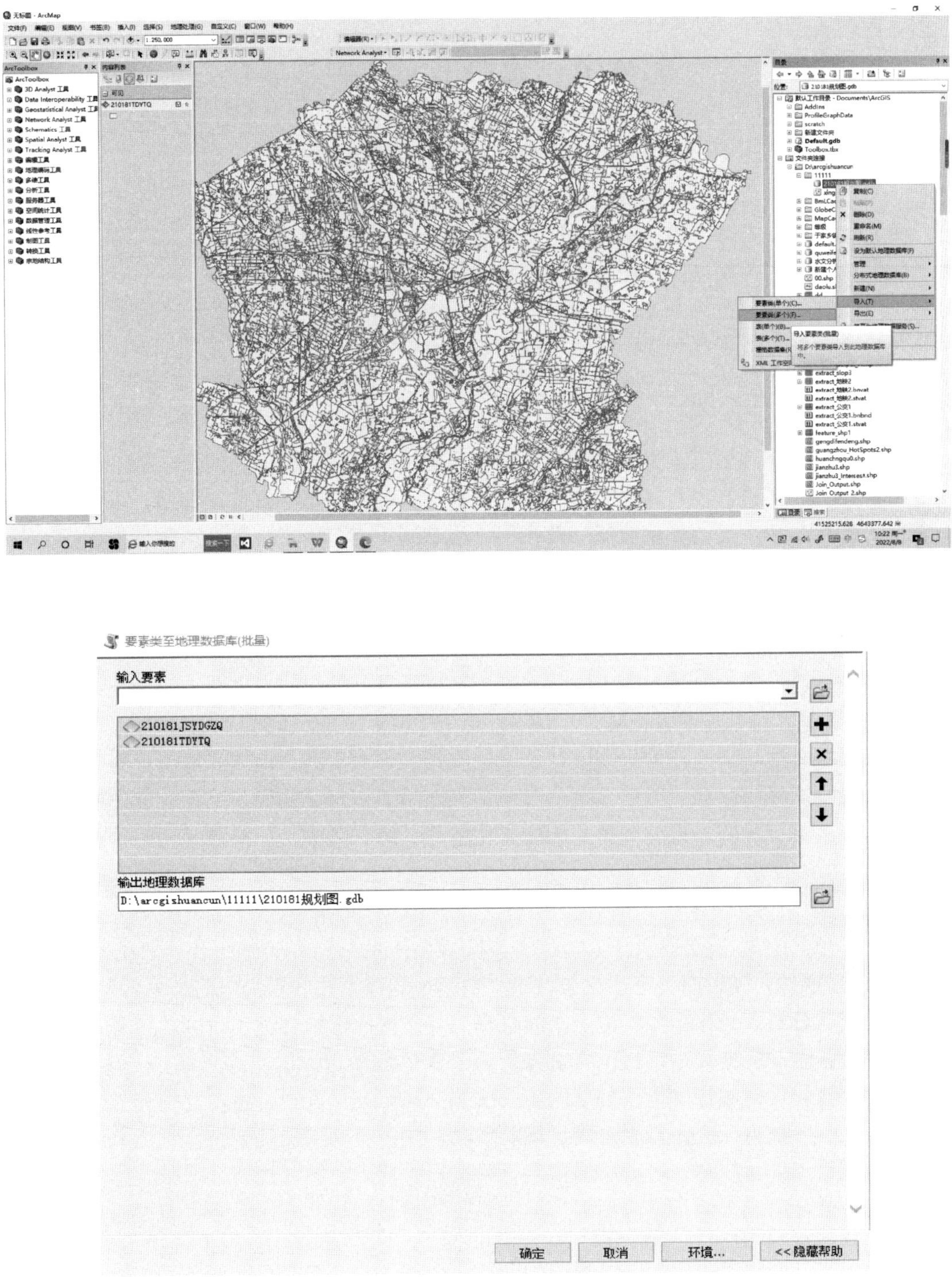

图 4-1 导入规划图件到数据库中

第六节 说明书文本撰写

规划成果包括规划文本、图件、数据库及附件。涉及的文、图、表、数应相辅相成、衔接一致。其中，文本为法定文件，说明书为规划技术文件（附件之一）。

规划说明书，是对规划文本的具体说明与解释，应阐述规划决策的编制基础、技术分析和编制内容，作为规划实施中配合规划文本和图件使用的重要参考。

文本：文本内容包括条文和附表。条文以结论性内容为主，表述准确规范、简明扼要，不作分析性和过程性表述，并应明确规划强制性内容。下文介绍规划准备。

一、基础资料收集

编制城市总体规划应收集齐备的有关城市和区域的勘察、测量、经济、社会、自然环境、资源条件、历史、现状和规划情况等基础资料，资料数据必须统一基期，尽量采用最新年份。勘察、测量类的矢量数据一般采用设计基期年当年的最新数据；统计类数据一般采用编制基期年前五至十年的连续数据。

（一）市域资料及城市相邻地区的有关资料

包括自然条件、资源条件、历史沿革、生态环境、土地利用、经济发展、人口社会、交通及市政基础设施、自然与历史文化遗产、区域规划等。最好有连续十年的统计年鉴。

（二）规划区和中心城区资料

包括历版总体规划及相关规划资料、气象资料、水文资料、地质和地震资料、历史沿革、环境保护、经济社会、城市人口、土地利用与用地评价、住房、工业、交通道路、公共交通、市政基础设施、园林绿化、历史文化遗产、综合防灾、公共服务设施等。

二、说明书（技术文件）撰写

依据《中共中央 国务院关于建立国土空间规划体系并监督实施的若干意见》，《中共辽宁省委 辽宁省人民政府关于建立全省国土空间规划体系并监督实施的意见》，可将说明书划分为现状分析、目标定位、国土空间格局、自然资源保护与利用、城乡统筹发展与乡村振兴、乡镇政府驻地规划、历史文化保护与景观风貌塑造、国土综合整治与生态修复、规划管控与传导、实施保障十个部分内容。按照空间研究尺度，可将内容划分为镇域、镇区两个层次。一般可分为：规划总则、现状概况、国土空间格局规划、自然资源保护与利用规划、居民点体系规划、产业布局规划、乡村振兴规划、镇区规划、基础设施保障体系规划、生态修复与国土综合整治规划、近期建设规划、规划实施保障等章节撰写。以某镇国土空间总体规划为例，说明书内容如下。

1. 总则。明确规划编制的背景及目的；确定规划原则；明确规划编制所依据的法律法规、政策规范、相关上位规划、各项设计标准等；确定规划期限，一般为 15 年，近期建设 5 年，远景展望 30～50 年；描述规划范围；确定规划目标，依据上位规划要求，确定城镇性质及职能，预测发展目标。

2. 现状概况。结合已搜集的基础资料，描述区域位置、自然资源、地形地貌、社会经济、城乡职能、各级各类人口规模、产业发展状态、镇域镇区各级设施建设现状，并形成对应总结及判断，总结特点及问题，进行双评价分析，明确未来的优势、劣势，为后续规划编制奠定基础、提供依据。

3. 国土空间格局规划。结合现状分析，提出高度凝练总体空间格局概括，并进行相应的文字解释说明，划定相应的生态空间、农业空间、建设空间，明确各类空间涵盖要素、总体规模、控制与利用要求；明确生态保护红线、永久基本农田、城镇开发边界三线控制要求；对国土空间结构布局进行分析描述，明确结构性调整内容及规模、布局调整内容及规模；描述国土空间规划分区范围，明确各分区规模及指标传导内容。

4. 自然资源保护与利用规划。对水、耕地、林地、文化、历史遗存等资源内容进行描述总结，确定保护与利用的具体措施。

5. 产业布局规划。结合现状产业分析，进一步剖析产业现状问题，提出产业布局框架，阐述产业发展结构，制定产业发展规划内容，预测未来产业发展链条及主导产业等内容。

6. 居民点体系规划。依据现状人口变化分析，结合产业发展预测，多方法预测目标年镇域、镇区人口规模，预测未来城镇化水平；依据省级村庄规划导则，对村庄进行分类分型，制定体系规划结构，明确各村职能，并进行相应阐述。

7. 乡村振兴规划。依据国家相关政策，结合乡镇区位条件、自然条件、区域职能等分析，对乡村振兴发展模式进行选择研判，明确发展思路，提出与之相应的发展措施。

8. 镇区规划。结合镇区环境要素对镇区功能结构进行凝练、描述；明确镇区范围及规模，详细阐述用地布局，总结计算各类用地指标；应景观生态学基本理论提出绿化与公共空间布局的特征、特点，确定各类用地位置及规模；结合方案，确定"五线"，制定与之相应的控制内容。

9. 基础设施保障体系规划。保障体系规划一般包含交通、公共服务、市政公用设施、综合防灾四部分内容。

10. 交通。镇域层面需确定主要交通体系网络，阐述货运、客运主要通道及各类转运节点，明确主要公路的断面形式及数据。对高速公路、铁路等区域性交通设施提出控制范围及控制内容。镇区层面结合现状交通分析，阐述规划构建的道路网体系，明确各类道路的主要断面形式及控制要求，确定静态交通体系规划内容及要求。如果镇区规模较大，需明确客运交通规划内容。

11. 公共服务。结合现状建设条件，阐述公共服务设施体系规划内容。依据相关规范，确定各级生活圈规划，明确各级政府、村委会、派出所、税务所、税务局、工商所、九年一贯制学校、医院、幼儿园、信用社、敬老院、文化站、计划生育站、动监所、市场、商业、宗教场所、供销社、客运站等设施的用地范围。

12. 市政公用设施。依据现状分析，对给水、排水、供热、燃气、电力、电信、环卫规划进行阐述。明确各项规划的源点位置、规模，阐述各项规划管网组织形式，确定管径（可结合基础设施规划课程进度进行具体布置）。

13. 综合防灾。结合未来人口规模、职能定位，阐述防洪、抗震、消防等规划内容，明确设防级别，描述各类要求管控要求及技术参数。

14. 生态修复与国土综合整治规划。结合现状分析内容，对林地、水域、湿地、矿山等生态功能受损要素进行空间定位，明确规模，制定相应的修复措施及修复内容；综合研判各类土地使用效率，在符合国家相关法律政策的前提下，对低效用地提出整治措施，形成整治方案及整治计划。

15. 近期建设规划。阐述近期建设年限及目标，结合规划方案明确建设内容，形成建设项目汇总表。

16. 规划实施保障。依据国家相关法律法规要求，结合规划方案及地方管理要求，制定实施保障内容。

三、文本（法定文件）撰写

在内容层面上，文本是说明书的高度凝练与总结，以说明书各章节的主要结论及数据作为主要内容。因此，在章节目录上存在一定的对应关系。此外，要依据相关的法律法规要求，对强制性内容需要明确，形式上为逐条编写，如：第 1 条、第 2 条、第 3 条……以某镇国土空间总体规划为例，文本内容如下。

第一章　总则。内容一般涵盖：制定背景、成果形式、法律效力、规划依据、规划原则、规划期限、规划范围等内容条目。

第二章　发展定位及目标。内容一般涵盖：城镇性质、城镇职能、总体目标、经济发展目标、社会发展目标、镇村空间发展目标等条目。

第三章　国土空间格局规划。内容一般涵盖：总体格局、生态红线、永久基本农田、城镇开发边界、国土空间结构调整、国土空间布局调整、国土空间规划分区等条目。

第四章　自然资源保护与利用规划。内容一般涵盖：水资源保护与利用、耕地资源保护与利用、林地资源保护与利用、文化及历史遗存保护与利用等条目。

第五章　产业布局规划。内容一般涵盖：产业布局结构、第一产业、第二产业、第三产业、产业发展措施等条目。

第六章　居民点体系布局规划。内容一般涵盖：人口预测、镇区人口、城镇化水平预测、镇村体系、村庄分型分类等条目。

第七章　乡村振兴规划。内容一般涵盖：模式选择、发展思路、发展措施等条目。

第八章　镇区规划。内容一般涵盖：用地规模、功能结构、用地布局规划、绿地与景观系统、五线控制等条目。

第九章　基础保障体系规划。内容一般涵盖：道路交通规划、公共服务设施规划、市政公用设施规划、综合防灾规划等条目。

第十章　生态修复与国土综合整治规划。内容一般涵盖：生态修复、土地综合整治等条目。

第十一章　近期建设。内容一般涵盖：近期建设规划年限、镇域近期建设项目、镇区近期建设项目等条目。

第十二章　规划实施政策与保障措施。内容一般涵盖：总体思路、保障措施等条目。

第十三章　附则（具体参考省级规划导则）。

附表 1：国土空间规划用地结构；附表 2：镇区建设用地计算表。

第五章
乡镇国土空间总体规划
编制评析

第一节 现状问题分析

一、以偏概全

以偏概全可以说是现状分析中最常见的错误之一，它主要存在于逻辑上的偏差，"偏"就是不全面，"全"就是全面，"概"即总结、概括，"以偏概全"就是凭借有限的、不全面的经验概括出全面的、具有普遍意义的结论。可以理解为我们用片面的观点去看待整体问题。同时，也可以用"晕轮效应"来表示，晕轮效应是指当我们对某一个人形成好或坏的印象后，便倾向由此推论这个人是好人还是坏人。在现状调查过程中，由于我们提前设定了考察的是乡镇中的大类对象，在分析结论时便建立了一系列的联系，来看待整体的乡镇发展；所以不能只根据少数的、单独的、粗略的事实，就得出一般性的结论，避免"轻率概括"或"以偏概全"。

当我们用以偏概全的思维去认识一个人或做一件事情，得到的结果就会出现认知偏差。例如，同学们在调查中发现某乡镇的主要产业为农业种植，主要种植的是玉米，在分析中同学们就认为该乡镇产业无特色，在发展中要打破原来的产业基础，另外寻找产业发展点。但同学们忽略了该乡镇处于大城市发展圈的外围，有着良好的交通发展条件和物流运输条件，且相邻乡镇已经有了一定规模的养鸡场，已成为一定规模的大城市家禽初级市场供应地。根据这些外在发展条件，完全可以在现有的玉米种植基础上，发展饲料加工二产供应给相邻乡镇，形成错位发展和产业链的借力延伸，还可以与周边乡镇形成规模效应，发展肉猪养殖，将玉米农业产品进行转化升级，而不是要完全抛弃原来的优势去发展其他不相关的产业，看不到自身的"好"。

二、数据量不足

在现状分析中我们常常遇见的另一个比较常见的问题是数据量的不足，当然造成这种不足的情况有主、客观两种。

（一）主观情况

我们在分析过程中要注意规避主观造成的数据量不足的情况，在调研问卷发放回收阶段尤其要注意。

1. 数据的形式（图像或者文本，是否有缺失）

在现状分析时要尽量查找到丰富且全面的图像和文本信息，例如查找城镇体系规划时既要找到布局图，还要找到交通规划图、基础设施规划图、产业规划图等，并且要找到其说明性的文本，仔细阅读，筛选出能够确定乡镇总体规划的发展方向的影响性因素内容和数据。

2. 数据的规模（样本数和维度大小）

在做现状调研报告时要注意调研样本的数量和维度，例如在做乡镇居民的就业意向调查时，要注意样本的分类采集，一般可按年龄分段，18～25岁、25～35岁、35～45岁、

45～55 岁、55 岁以上，还要分性别的影响，每个年龄段和性别都应该覆盖足量的样本数目，一般每组最好是 10 人，最少不要少于 5 人。

3. 数据中存在的结构信息

数据结构稀疏、低秩在调研问卷阶段同样是常见和易犯的错误，要注意调研样本的结构一定要完整和有序。例如在进行对乡镇居民居住环境的评价调查时，对于居住人群的结构要进行分析，有常住本地人口，常住外来人口、外出务工人口、游客等，同时还要区分年龄段，分为儿童、青年、中年、老年，当然还可以再区分出性别。其设计结构一定要丰满，考虑到调查对象中的全部情况，力争做到数据结构的全覆盖。

另外，在现状调研阶段对于数据的收集整理要结构鲜明，一般按照时间、年龄、性别等情况进行整理，可列表格，这样数据清晰明了，且结构完整有序，在分析中更容易发现问题，例如经济情况统计表、人口增长统计表等。

（二）客观情况

客观情况造成的数据量不足主要是由于部门的数据缺失、网上数据资料太少等情况造成的。在这样的情况下，同学们可以通过查找替换词进行转化推论，例如要获取当地的适龄儿童入学率的调查数据，就可以转化成当地的每年人口出生率；要获取产业经济数据，可以查找当地税收情况来进行推导等。客观导致的数据不足，就需要同学们转换思路，从其他方向寻找关键性的推导信息，从而客观判断当地的发展情况。

三、发现问题没有针对性

在现状分析中，学生们常出现的问题，并且最应该重视的一项就是没有针对性。规划中有一种工作方法是问题导向方法，即以解决问题为方向，不做与问题无关的无用功。有什么问题就解决什么问题，什么问题突出就重点解决什么问题，这是我们采用的一个重要工作方法。有的学生只看到问题的表象，不去深挖问题的根源，急匆匆开出治标的"偏方"；有的只是就事论事，只看到问题的本身，缺乏系统意识、全局观念，头痛医头、脚痛医脚；还有的只看到当下的问题，解决措施不能虑及长远，对可能出现的新情况预估不足，被问题牵着鼻子走。例如下面这个学生作业中，学生提出某乡镇缺乏教育配套设施，中学配置量不足，但从数据上看，深层次的原因是该乡镇因为产业发展落后和规模不足，导致多数人去大城市务工，同时将子女随迁就学，导致该地区的教育发展落后。

发现问题，才能解决问题，才能提出有针对性的规划方案，所以在现状分析阶段，同学们要瞄着问题去、追着问题走，以解决问题为突破口。

四、实地踏勘不详尽

针对学生的现状调查分析汇报，以及生成的规划设计方案，发现同学们经常因为对实地踏勘情况不熟、不清、不详尽等原因，导致出现规划思路偏差和方案实施性差等问题。主要表现在踏勘深度精度不足、踏勘工作量不够、踏勘与规划设计脱节、实地踏勘的成果不能指导规划设计等方面。

要避免这种情况的出现，第一，同学们要在实地踏勘前先在网上搜集资料了解项目所在地的基本情况，同时仔细观察核对卫星影像图，对项目地的主要街道、重点片区（包括行政办公片区、商业商务片区、文化展示片区、休闲娱乐片区等)、重要节点(门户节点、景观节点、交通节点等)、地形地貌、水文特征等做到心中有数;第二,在充分了解项目所在地的基本情况下,制定周密的调研计划和详细的小组调研分工,加强组员间的交流沟通,保证实地踏勘的准确性、详尽性,尤其是重点片区、重要街道和重要节点,要有专门的人进行统筹记录。

第二节　产业规划问题及解决措施

一、产业规划脱离实际

目前我国乡镇产业规划中存在很多问题,很多规划的产业体系落地性不强、前瞻性不够,这种情况出现的原因大多是由于在进行产业规划和思考的过程中脱离实际造成的。

(一) 乡镇产业规划脱离实际的类型

1. 产业规划体系不健全

从目前乡镇区域相关规划编制到实施的过程来看,乡镇产业规划体系尚不健全,规划制定过程较为随意,产业规划往往是"纸上画画、墙上挂挂",起不到应有的作用。出现这种状况一是因为产业规划的理论研究不足,二是因为产业规划在实际应用中的针对性不强。产业规划理论基础广泛但不成体系,由于没有一个系统的理论指导,在现有理论的基础上制定的产业规划要么流于形式,要么背离现实,难以形成有操作价值的产业规划,无法指导现实的产业规划实践。同时,很多产业规划是应景之作,缺乏科学的论证和严格的制定过程。

2. 产业规划定位不准确

实践中,产业规划要受经济增长与经济发展目标的制约。从目前我国产业规划的实践来看,很多地区在产业规划制定中的目标定位不够准确,导致规划的目标常常脱离当地所处的经济发展阶段,要么过分超前于经济的发展,要么落后于经济的发展。两种情况的结果都将使得产业规划成为一纸空谈,使规划失去意义。

产业规划的定位要明确四个问题:第一,为什么要做产业规划。产业规划不是纸上谈兵,要有具体的作用方向和途径。第二,产业规划的目标是什么,是增长问题还是发展问题。第三,产业规划要考虑哪些约束。产业发展不是在真空中实现的,而是与经济社会方方面面有直接或间接的联系,在制定产业规划时,要考虑这些因素。第四,产业规划该如何实施,需要明确哪些是指令性规划,哪些是指导性计划。

3. 产业规划边界不明确

在进行产业规划时,将所有产业不加以甄别均列入其中,这是不可取的。其结果往往是规划中的"规划发展"的产业在该地区没有按规划很好地发展,而在规划中"规划放弃"的或未提及的产业却如雨后春笋般方兴未艾,这是产业规划引起众多质疑的原因。明确规划的边界,就是明确"规划什么"的问题。产业规划是产业发展规划,但是不能每个产业都规划一通,像纺织、服装等领域,政府编制的规划,起不了多大的作用。苏州近年来 IT 制造业的快速发展，就不是按规划发展起来的。对政府干预不了的行业，编制产业规划的意义不大。

4. 产业规划的深度不够

很多产业规划在编制方法上只是对城市中的产业布局进行描述，或对产业发展现状进行提炼汇总，规划的技术（或专业）空间狭窄，缺乏对区域发展、产业发展等的深刻认识，导致规划内容比较单一，发挥的作用有限。

5. 产业规划操作性不强

由于产业规划的编制团队水平参差不齐，对当地实际情况了解不透彻，对产业发展中的问题和障碍认识不足，导致产业规划与城市规划、土地利用规划等空间规划的衔接产生矛盾，产业规划的思路和布局难以落地。

（二）针对乡镇产业规划脱离实际的整改方法

乡镇的产业规划，要做到落地性和可实施性更强，就需要从乡镇的实际情况入手，以市场为导向。坚持农业农村优先发展，以实施乡村振兴战略为总抓手，以一、二、三产业融合发展为路径，发掘乡镇功能价值，强化创新引领，突出集群成链，延长产业链，提升价值链，培育发展新动能，聚焦重点产业，聚集资源要素，大力发展乡镇产业，为农业农村现代化和乡村全面振兴奠定坚实基础。

应坚持立农为农。以农业农村资源为依托，发展优势明显、特色鲜明的乡村产业。把二、三产业留在乡村，把就业创业机会和产业链增值收益更多地留给农民。

坚持市场导向。充分发挥市场在资源配置中的决定性作用，激活要素、激活市场、激活主体，以乡村企业为载体，引导资源要素更多地向乡村汇聚。

坚持融合发展。发展全产业链模式，推进一产往后延、二产两头连、三产走高端，加快农业与现代产业要素跨界配置。

坚持绿色引领。践行绿水青山就是金山银山理念，促进生产、生活、生态协调发展。健全质量标准体系，培育绿色优质品牌。

坚持创新驱动。利用现代科技进步成果，改造提升乡村产业。创新机制和业态模式，增强乡村产业发展活力。

1. 提升农产品加工业

农产品加工业是国民经济的重要产业。农产品加工业从种养业延伸出来，是提升农产品附加值的关键，也是构建农业产业链的核心。要进一步优化结构布局，培育壮大经营主体，提升质量效益和竞争力。

1）完善产业结构

统筹发展农产品初加工、精深加工和综合利用加工，推进农产品多元化开发、多层次利用、多环节增值。

拓展农产品初加工。鼓励和支持农民合作社、家庭农场和中小微企业等发展农产品产地初加工，减少产后损失，延长供应时间，提高质量效益。果蔬、奶类、畜禽及水产品等鲜活农产品，重点发展预冷、保鲜、冷冻、清洗、分级、分割、包装等仓储设施和商品化处理，实现减损增效。粮食等耐储农产品，重点发展烘干、储藏、脱壳、去杂、磨制等初加工，实现保值增值。食用类初级农产品，重点发展发酵、压榨、灌制、炸制、干制、腌制、熟制等初加工，满足市场多样化需求。棉麻丝、木竹藤棕草等非食用类农产品，重点发展整理、切割、粉碎、打磨、烘干、拉丝、编织等初加工，开发多种用途。

提升农产品精深加工。引导大型农业企业加快生物、工程、环保、信息等技术集成应用，促进农产品多次加工，实现多次增值。发展精细加工，推进新型非热加工、新型杀菌、高效分离、清洁生产、智能控制、形态识别、自动分选等技术升级，利用专用原料，配套专用设备，研制专用配方，开发类别多样、营养健康、方便快捷的系列化产品。推进深度开发，创新超临界萃取、超微粉碎、生物发酵、蛋白质改性等技术，提取营养因子、功能成分和活性物质，开发系列化的加工制品。

推进综合利用加工。鼓励大型农业企业和农产品加工园区推进加工副产物循环利用、全值利用、梯次利用，实现变废为宝、化害为利。采取先进的提取、分离与制备技术，推进稻壳米糠、麦麸、油料饼粕、果蔬皮渣、畜禽皮毛骨血、水产品皮骨内脏等副产物综合利用，开发新能源、新材料等新产品，提升增值空间。

2）优化空间布局

按照"粮头食尾""农头工尾"要求，统筹产地、销区和园区布局，形成生产与加工、产品与市场、企业与农户协调发展的格局。

推进农产品加工向产地下沉，向优势区域聚集。引导大型农业企业重心下沉，在粮食生产功能区、重要农产品保护区、特色农产品优势区和水产品主产区，建设加工专用原料基地，布局加工产能，改变加工在城市、原料在乡村的状况。向中心镇（乡）和物流节点聚集，在农业产业强镇、商贸集镇和物流节点布局劳动密集型加工业，促进农产品就地增值，带动农民就近就业，促进产镇融合。向重点专业村聚集，依托工贸村、"一村一品"示范村发展小众类的农产品初加工，促进产村融合。

推进农产品加工与销区对接，丰富加工产品。在产区和大中城市郊区布局中央厨房、主食加工、休闲食品加工、方便食品加工、净菜加工和餐饮外卖等服务业，满足城市多样化、便捷化需求。培育加工业态，发展"中央厨房＋冷链配送＋物流终端""中央厨房＋快餐门店""健康数据＋营养配餐＋私人订制"等新型加工业态。

推进农产品加工向园区集中。促进政策集成、要素集聚、企业集中、功能集合，发展"外地经济"模式，建设一批产加销贯通，贸工农一体、一、二、三产业融合发展的农产品加工园区，培育乡村产业"增长极"。提升农产品加工园，强化科技研发、融资担保、检验检测等服务，完善仓储物流、供能供热、废污处理等设施，促进农产品加工企业聚集发展。在农牧渔业大县（市），每县（市）建设一个农产品加工园。不具备建设农产品加工园条件的县（市），可采取合作方式在异地共同建设农产品加工园。建设国际农产品加工产业园，选择区位优势明显、产业基础好、带动作用强的地区，建设一批国际农产品加工产业园，对接国际市场，参与国际产业分工。

3）促进产业升级

技术创新是农产品加工业转型升级的关键。要加快技术创新，提升装备水平，促进农产品加工业提档升级。

推进加工技术创新。以农产品加工关键环节和瓶颈制约为重点，建设农产品加工与贮藏国家重点实验室、保鲜物流技术研究中心及优势农产品品质评价研究中心。组织科研院所、大专院校与企业联合开展技术攻关，研发一批集自动测量、精准控制、智能操作于一体的绿色储藏、动态保鲜、快速预冷、节能干燥等新型实用技术，以及实现品质调控、营养均衡、清洁生产等功能的先进加工技术。

推进加工装备创制。扶持一批农产品加工装备研发机构和生产创制企业，开展信息化、智能化、工程化加工装备研发，提高关键装备国产化水平。运用智能制造、生物合成、3D 打印等新技术，集成组装一批科技含量高、适用性广的加工工艺及配套装备，提升农产品加工层次水平。

2. 拓展乡村特色产业

乡村特色产业是乡村产业的重要组成部分，是地域特征鲜明、乡土气息浓厚的小众类、多样性的乡村产业，涵盖特色种养、特色食品、特色手工业和特色文化等，发展潜力巨大。

1) 构建全产业链

以拓展二、三产业为重点，延伸产业链条，开发特色化、多样化产品，提升乡村特色产业的附加值，促进农业多环节增效、农民多渠道增收。

以特色资源增强竞争力。根据消费结构升级的新变化，开发特殊地域、特殊品种等专属性特色产品，以特性和品质赢得市场。发展特色种养，根据种植资源、地理成分、物候特点等独特资源禀赋，在最适宜的地区培植最适宜的产业。开发特色食品，重点开发乡土卤制品、酱制品、豆制品、腊味、民族特色奶制品等传统食品。开发适宜特殊人群的功能性食品。传承特色技艺，改造提升蜡染、编织、剪纸、刺绣、陶艺等传统工艺。弘扬特色文化，发展乡村戏剧曲艺、杂技杂耍等文化产业。

以加工流通延伸产业链。做强产品加工，鼓励大型龙头企业建设标准化、清洁化、智能化加工厂，引导农户、家庭农场建设一批家庭工场、手工作坊、乡村车间，用标准化技术改造提升豆制品、民族特色奶制品、腊肉腊肠、火腿、剪纸、刺绣、蜡染、编织、制陶等乡土产品。做活商贸物流，鼓励地方在特色农产品优势区布局产地批发市场、物流配送中心、商品采购中心、大型特产超市，支持新型经营主体、农产品批发市场等建设产地仓储保鲜设施，发展网上商店、连锁门店。

以信息技术打造供应链。对接终端市场，以市场需求为导向，促进农户生产、企业加工、客户营销和终端消费连成一体、协同运作，增强供给侧对需求侧的适应性和灵活性。实施"互联网＋"农产品出村进城工程，完善适应农产品网络销售的供应链体系、运营服务体系和支撑保障体系。创新营销模式，健全绿色智能农产品供应链，培育农商直供、直播直销、会员制、个人定制等模式，推进农商互联、产销衔接，再造业务流程，降低交易成本。

以丰富业态提升价值链。提升品质价值，推进品种和技术创新，提升特色产品的内在品质和外在品相，以品质赢得市场、实现增值。提升生态价值，开发绿色生态、养生保健等新功能新价值，增强对消费者的吸引力。提升人文价值，更多融入科技、人文元素，发掘民俗风情、历史传说和民间戏剧等文化价值，赋予乡土特色产品文化标识。

2) 推进集聚发展

集聚资源、集中力量，建设富有特色、规模适中、带动力强的特色产业集聚区。打造

"一县一业""多县一带"，在更大范围、更高层次上培育产业集群，形成"一村一品"微型经济圈、农业产业强镇小型经济圈、现代农业产业园中型经济圈、优势特色产业集群大型经济圈，构建乡村产业"圈"状发展格局。

建设"一村一品"示范村镇。依托资源优势，选择主导产业，建设一批"小而精、特而美"的"一村一品"示范村镇，形成一村带数村、多村连成片的发展格局。用 3～5 年的时间，培育一批产值超 1 亿元的特色产业专业村。

建设农业产业强镇。根据特色资源优势，聚焦一两个主导产业，吸引资本聚镇、能人入镇、技术进镇，建设一批集标准原料基地、加工转化、区域主导产业、紧密利益联结于一体的农业产业强镇。用 3～5 年的时间，培育一批产值超 10 亿元的农业产业强镇。

提升现代农业产业园。通过科技集成、主体集合、产业集群，统筹布局生产、加工、物流、研发、示范、服务等功能，延长产业链，提升价值链，促进产业格局由分散向集中、发展方式由粗放向集约、产业链条由单一向复合转变，发挥要素集聚和融合平台作用，支撑"一县一业"发展。用 3～5 年的时间，培育一批产值超 100 亿元的现代农业产业园。

建设优势特色产业集群。依托资源优势和产业基础，串珠成线、连块成带、集群成链，培育品种品质优良、规模体量较大、融合程度较深的区域性优势特色农业产业集群。用 3～5 年的时间，培育一批产值超 1000 亿元的骨干优势特色产业集群，培育一批产值超 100 亿元的优势特色产业集群。

3）培育知名品牌

按照"有标采标、无标创标、全程贯标"要求，以质量信誉为基础，创响一批乡村特色知名品牌，扩大市场影响力。

培育区域公用品牌。根据特定自然生态环境、历史人文因素，明确生产地域范围，强化品种品质管理，保护地理标志农产品，开发地域特色突出、功能属性独特的区域公用品牌。规范品牌授权管理，加大品牌营销推介，提高区域公用品牌影响力和带动力。

培育企业品牌。引导农业产业化龙头企业、农民合作社、家庭农场等新型经营主体将经营理念、企业文化和价值观念等注入品牌，实施农产品质量安全追溯管理，加强责任主体逆向溯源、产品流向正向追踪，推动部省农产品质量安全追溯平台对接、信息共享。

培育产品品牌。传承乡村文化根脉，挖掘一批以手工制作为主、技艺精湛、工艺独特的瓦匠、篾匠、铜匠、铁匠、剪纸工、绣娘、陶艺师、面点师等能工巧匠，创响一批"珍稀牌""工艺牌""文化牌"的乡土品牌。

4）深入推进产业扶贫

贫困地区发展特色产业是脱贫攻坚的根本出路。促进脱贫攻坚与乡村振兴有机衔接，发展特色产业，促进农民增收致富，巩固脱贫攻坚成果。

推进资源与企业对接。发掘贫困地区优势特色资源，引导资金、技术、人才、信息向贫困地区的特色优势区聚集，特别是要引导农业产业化龙头企业与贫困地区合作创建绿色优质农产品原料基地，布局加工产能，深度开发特色资源，带动农民共建链条、共享品牌，让农民在发展特色产业中稳定就业、持续增收。

推进产品与市场对接。引导贫困地区与产地批发市场、物流配送中心、商品采购中心、大型特产超市、电商平台对接，支持贫困地区组织特色产品参加各类展示展销会，扩大产品影响，让贫困地区的特色产品走出山区、进入城市、拓展市场。深入开展消费扶贫，拓展贫困地区产品流通和销售渠道。

3. 优化乡村休闲旅游业

乡村休闲旅游业是农业功能拓展、乡村价值发掘、业态类型创新的新产业，横跨一、二、三产业，兼容生产生活生态，融通工农城乡，发展前景广阔。

1）聚焦重点区域

依据自然风貌、人文环境、乡土文化等资源禀赋，建设特色鲜明、功能完备、内涵丰富的乡村休闲旅游重点区。

建设城市周边乡村休闲旅游区。依托都市农业生产生态资源和城郊区位优势，发展田园观光、农耕体验、文化休闲、科普教育、健康养生等业态，建设综合性休闲农业园区、农业主题公园、观光采摘园、垂钓园、乡村民宿和休闲农庄，满足城市居民消费需求。

建设自然风景区周边乡村休闲旅游区。依托秀美山川、湖泊河流、草原湿地等地理特征，在严格保护生态环境的前提下，统筹山水林田湖草系统，发展以农业生态游、农业景观游、特色农（牧、渔）业游为主的休闲农（牧、渔）园和农（牧、渔）家乐等，以及森林人家、健康氧吧、生态体验等业态，建设特色乡村休闲旅游功能区。

建设民俗民族风情乡村休闲旅游区。发掘深厚的民族文化底蕴、热闹的民俗节日活动、多样的民族特色美食和绚丽的民族服饰，发展民族风情、民俗体验游、村落风光游等业态，开发民族民俗特色产品。

建设传统农区乡村休闲旅游景点。依托稻田、花海、梯田、茶园、养殖池塘、湖泊水库、海洋牧场等田园渔场风光，发展景观农业、农事体验、观光采摘、特色动植物观赏、休闲垂钓等业态，开发"后备厢""伴手礼"等旅游产品。

2）注重品质提升

乡村休闲旅游要坚持个性化、特色化发展方向，以农耕文化为魂、美丽田园为韵、生态农业为基、古朴村落为形、创新创意为径，开发形式多样、独具特色、个性突出的乡村休闲旅游业态和产品。

突出特色化。注重特色是乡村休闲旅游业保持持久吸引力的前提。开发特色资源，发掘农业多种功能和乡村多重价值，发展特色突出、主题鲜明的乡村休闲旅游项目。开发特色文化，发掘民族村落、古村古镇、乡土文化，发展具有历史特征、地域特点、民族特色的乡村休闲旅游项目。创制独特、稀缺的乡村休闲旅游服务和产品。

突出差异化。乡村休闲旅游要保持持久竞争力，必须差异竞争、错位发展。把握定位差异，根据不同区位、不同资源和不同文化，发展具有城乡间、区域间、景区间主题差异的乡村休闲旅游项目。瞄准市场差异，根据各类消费群体的不同消费需求，细分目标市场，发展研学教育、田园养生、亲子体验、拓展训练等乡村休闲旅游项目。顺应老龄化社会的到来，发展民宿康养、游憩康养等乡村休闲旅游项目。彰显功能差异，根据消费者在吃住行、游购娱方面的不同需求，发展采摘园、垂钓园、农家宴、民俗村、风情街等乡村休闲旅游项目。

突出多样化。乡村休闲旅游要保持持久生命力，要走多轮驱动、多轨运行的发展之路。推进业态多样，统筹发展农家乐、休闲园区、生态园、乡村休闲旅游聚集村等业态，形成竞相发展、精彩纷呈的格局。推进模式多样，跨界配置乡村休闲旅游与文化教育、健康养生、信息技术等产业要素，发展共享农庄、康体养老、线上云游等模式。推进主体多样，引导农户、村集体经济组织、农业企业、文旅企业及社会资本等建设乡村休闲旅游项目。

3）打造精品工程

实施乡村休闲旅游精品工程，加强引导，加大投入，建设一批休闲旅游精品景点。

建设休闲农业重点县。以县域为单元，依托独特自然资源、文化资源，建设一批设施完备、业态丰富、功能完善，在区域、全国乃至世界有知名度和影响力的休闲农业重点县。

建设美丽休闲乡村。依托种养业、田园风光、绿水青山、村落建筑、乡土文化、民俗风情和人居环境等资源优势，建设一批天蓝、地绿、水净、安居、乐业的美丽休闲乡村，实现产村融合发展。鼓励有条件的地区依托美丽休闲乡村，建设健康养生养老基地。

建设休闲农业园区。根据休闲旅游消费升级的需要，促进休闲农业提档升级，建设一批功能齐全、布局合理、机制完善、带动力强的休闲农业精品园区，推介一批视觉美丽、体验美妙、内涵美好的乡村休闲旅游精品景点线路。引导有条件的休闲农业园建设中小学生实践教育基地。

4）提升服务水平

促进乡村休闲旅游高质量发展，要规范化管理、标准化服务，让消费者玩得开心、吃得放心、买得舒心。

健全标准体系。制修订乡村休闲旅游业标准，完善公共卫生安全、食品安全、服务规范等标准，促进管理服务水平提升。

完善配套设施。加强乡村休闲旅游点水、电、路、通信、网等设施建设，完善餐饮、住宿、休闲、体验、购物、停车、卫生等设施条件。开展垃圾污水等废弃物综合治理，实现资源节约、环境友好。

规范管理服务。引导和支持乡村休闲旅游经营主体加强从业人员培训，提高综合素质，规范服务流程，为消费者提供热情周到、贴心细致的服务。

4. 发展乡村新型服务业

乡村新型服务业是适应农村生产生活方式变化应运而生的产业，业态类型丰富，经营方式灵活，发展空间广阔。

1）提升生产性服务业

扩大服务领域。适应农业生产规模化、标准化、机械化的趋势，支持供销、邮政、农民合作社及乡村企业等开展农技推广、土地托管、代耕代种、烘干收储等农业生产性服务，以及市场信息、农资供应、农业废弃物资源化利用、农机作业及维修、农产品营销等服务。

提高服务水平。引导各类服务主体把服务网点延伸到乡村，鼓励新型农业经营主体在城镇设立鲜活农产品直销网点，推广农超、农社（区）、农企等产销对接模式。鼓励大型农产品加工流通企业开展托管服务、专项服务、连锁服务、个性化服务等综合配套服务。

2）拓展生活性服务业

丰富服务内容。改造提升餐饮住宿、商超零售、美容美发、洗浴、照相、电器维修、再生资源回收等乡村生活服务业，积极发展养老护幼、卫生保洁、文化演出、体育健身、法律咨询、信息中介、典礼司仪等乡村服务业。

创新服务方式。积极发展定制服务、体验服务、智慧服务、共享服务、绿色服务等新形态，探索"线上交易＋线下服务"的新模式。鼓励各类服务主体建设运营覆盖娱乐、健康、教育、家政、体育等领域的在线服务平台，推动传统服务业升级改造，为乡村居民提供高效便捷服务。

3）发展农村电子商务

培育农村电子商务主体。引导电商、物流、商贸、金融、供销、邮政、快递等各类电子商务主体到乡村布局，构建农村购物网络平台。依托农家店、农村综合服务社、村邮站、快递网点、农产品购销代办站等发展农村电商末端网点。

扩大农村电子商务应用。在农业生产、加工、流通等环节，加快互联网技术应用与推广。在促进工业品、农业生产资料下乡的同时，拓展农产品、特色食品、民俗制品等产品的进城空间。

改善农村电子商务环境。实施"互联网＋"农产品出村进城工程，完善乡村信息网络基础设施，加快发展农产品冷链物流设施。建设农村电子商务公共服务中心，加强农村电子商务人才培养，营造良好市场环境。

5. 推进农业产业化和农村产业融合发展

农业产业化是农业经营体制机制的创新，农村产业融合发展是农业与现代产业要素的交叉重组，引领农业和乡村产业转型升级。

1）打造农业产业化升级版

壮大农业产业化龙头企业队伍。实施新型农业经营主体培育工程，引导龙头企业采取兼并重组、股份合作、资产转让等形式，建立大型农业企业集团，打造知名企业品牌，提升龙头企业在乡村产业发展中的带动能力。指导地方培育龙头企业，形成国家、省、市、县级龙头企业梯队，打造乡村产业发展"新雁阵"。

培育农业产业化联合体。扶持一批龙头企业牵头、家庭农场和农民合作社跟进、广大小农户参与的农业产业化联合体，构建分工协作、优势互补、联系紧密的利益共同体，实现抱团发展。引导农业产业化联合体明确权利责任、建立治理结构、完善利益联结机制，促进持续稳定发展。有序推进土地经营权入股农业产业化经营。

2）推进农村产业融合发展

培育多元融合主体。支持发展县域范围内产业关联度高、辐射带动力强、参与主体多的融合模式，促进资源共享、链条共建、品牌共创，形成企业主体、农民参与、科研助力、金融支撑的产业发展格局。

发展多类型融合业态。引导各类经营主体以加工流通带动业态融合，发展中央厨房等业态。以功能拓展带动业态融合，推进农业与文化、旅游、教育、康养等产业融合，发展创意农业、功能农业等。以信息技术带动业态融合，促进农业与信息产业融合，发展数字农业、智慧农业等。

建立健全融合机制。引导新型农业经营主体与小农户建立多种类型的合作方式，促进利益融合。完善利益分配机制，推广"订单收购＋分红""农民入股＋保底收益＋按股分红"等模式。

总体来说，一个切实可行的乡镇产业定位及规划，要落实县级规划的战略和目标任务，根据乡镇的特色资源禀赋、经济社会发展状况、历史文化特色和城乡发展诉求等，确定不同时段的发展定位和目标。

二、缺乏特色

（一）产品质量缺乏整体性

1. 目标和程序缺乏准确性

在全域旅游型特色乡镇逐渐发展的大趋势下，许多全域旅游型特色乡镇的旅游变成了个体经营，自己搞旅游，没有具体的规划、没有目的的投资以及没有拿得出手的产品，甚至有些乡镇游仍然停留在浅层的开发，简单的风景观赏和农家乐就成为乡村旅游的经典形式。虽然这是一个很绿色的旅游方式，但农家乐的食品安全和质量都无法得到有效监督，品质无法得到保证。一家一户的独立经营与市场严格区分开来，不能顺应市场发展的需求。

2. 发展方向存在盲目性

从每年中央一号文件可以看到，"三农"问题始终是党和国家关注的焦点。当前，我国已开启全面建设社会主义现代化国家新征程，"三农"工作转入全面推进乡村振兴、加快农业农村现代化新阶段。党的十九届五中全会审议通过了《中共中央关于制定国民经济和社会发展第十四个五年规划和二〇三五年远景目标的建议》，对全面推进乡村振兴作出具体部署。作为基层，在认真贯彻落实党中央关于"三农"工作各项决策部署的基础上，还需结合区域现实状况、乡村实际情况及家庭实际困难制定有针对性的产业发展规划。只有这样，才能激活村民发展意愿，保障乡村产业持续发展。规划的制定在实用性、创新性与可持续发展上仍然存在一定差距：一是各村在编制产业发展规划过程中，存在盲从性，见到其他地方做得好，就照搬照抄，不能全面结合本区域特色资源，因地制宜、实事求是地提出清晰可行的阶段性发展目标，出现了特色不"特"的局面；二是规划发展，大多是村支两委、驻村干部、党员群众代表商议，但由于创新思想及规划能力的局限性，大多是因循守旧在原有产业上扩大规模，实际效用发挥不明显；三是发展实施细则不够明确，规划大多采取提纲式，具体到某项产业上不够明确不够创新，导致其在实施过程中，容易出现偏差，也将使得乡村产业的发展失去具体的方向性。

3. 发展主体不协同

党中央指出，要坚持贯彻农业供给侧结构性改革，构建现代农业产业体系，提高农业创新力，增强农业竞争力和全要素生产率。作为基层一线，产业的发展都需要政府、企业、社会组织及人民群众等多方主体的共同参与，仅仅依靠一方的力量是远远不够的，根据基层治理理论，必须调动多元主体及其掌握的资源，确保产业积极发展。在深入了解中发现，政府方面，以马良镇为例，很多乡村产业的发展在很大程度上是依靠政府来主导的，如全镇基础设施建设、产业发展规划、营销宣传推广、落实国家政策等方面，均按照相关政策和经济社会发展的必然要求在运作。企业方面，按照精准扶贫相关政策，部分企业开展了一系列帮贫扶困活动，如金融扶贫、项目帮扶等，但是在乡村产业发展方面，扶持力度较小。社会组织方面，各村成立的农民专业合作社，以及培育的部分龙头企业等社会化组织基本仍处于起步阶段，自身实力较弱，在资金、技术、市场等方面助力农村发展产业的能力有限，部分志愿服务实践队伍虽然经常开展活动，但是效果不明显。群众方面，农村留人难，大量青壮劳力外出务工，一部分人在村集体产业项目中务工，或以家庭方式发展小型种养业。主体之间缺乏凝聚力，不协同的方式导致产业发展动力不足，进展缓慢。

4. 发展资金不充足

资金是发展产业的坚强后盾，保康县是湖北省级贫困县，是襄阳市唯一的全山区县，地方财政收入有限，但是支出数额巨大，资金缺口巨大。一是收入紧张支出刚性，从2018年保康县政府工作报告看，全县2018年财政支出36.29亿元，而一般公共预算收入9.38亿元，地方财政收入约占财政支出的1/4，而化解债务、民生保障、项目建设等仍需要持续的刚性支出，这使得政府财政压力更大。二是活力不足阻碍发展，作为实施产业发展的基层乡村，进行基础设施建设、营销推广活动等各个方面，都需要资金支持，但是由于财力紧张，使得开展各项工作的经费不能及时补贴到位，严重打击了项目开展的积极性，阻碍了乡村产业的进一步发展。三是保障不足投入有限，近年来进行精准扶贫，各专项资金都侧重发展了重点扶贫产业，受益群体也仅局限于乡村部分贫困户，更多解决的是他们的基本生活温饱问题，而对于某些不在框架内的产业以及必需的基础设施建设投入则较为不足。

5. 龙头企业数量少，规模效益不突出

要素匮乏、基础条件差的县域环境，决定特色产业的发展离不开龙头大企业。龙头大企业所拥有的要素吸收能力、先进技术生产能力、规模化经营优势以及强大的关联带动效应，对县域特色产业的发展具有特殊意义。目前广西壮族自治区县域特色产业的发展，龙头企业组织的扶持培育效果不明显，大企业数量不足。这导致许多县域特色产业规模偏小，规模化经营欠缺，规模效益不突出，处于小打小闹、不成气候的"散、小、乱"阶段。例如，2005年广西全区规模以上农产品加工企业共890家，实现工业总产值518亿元，平均每家0.58亿元。与之对比，2004年我国规模以上农产品加工企业为72701个，总产值近40000亿元，平均每家约0.55亿元。因此，广西2005年的农产品加工企业规模只相当于全国2004年的平均水平，相比先进地区差距甚远。

（二）缺乏产业特色

1. 缺乏民俗特色

一些旅游型特色乡镇在开发时严重破坏传统的民族建筑和民俗文化。乡镇旅游的魅力在于它独特的民俗风情和建筑，而有些地方在开发乡镇旅游时一味地与城市建筑看齐，没有保留自己的民俗特色，反而失去了特色民俗文化和特色建筑的优势，把自己本来有特色的民俗改变得与城市风格类似，这无疑是一种矛盾的现象。例如荆州市很多农村居民流向荆州市城市地区。城市人向往农村生活，而农村人却不断向城市靠近，竟不惜抛弃自己原有的民俗特色。使自己与城市那种钢筋水泥的建筑风格同化。

2. 缺乏地方特色

旅游型特色乡镇的景区大多是分散分布的，房屋等建筑都比较老式和陈旧，可进入性差，在一定程度上制约了全域旅游型特色乡镇的发展。有的村落，因为旅游业发展得比较早，基础设施跟不上旅客的需求，制约了当地旅游业的发展。大多数国内旅游者对旅游地区的要求不高，他们更注重旅游的性价比，如果能花较少的钱去到更多的地方，玩更多有趣的娱乐设施和项目，就能满足他们的旅游需求。但由于全域旅游型特色乡镇没有统一的发展规划，且都是个体独立经营，更难形成一个有竞争性的旅游品牌，而且有些地区交通较为闭塞，基础设施不完善，更难吸引更多的旅游者游玩。

3. 缺乏商品特色

乡镇地域范围较小，相关法律法规、行业准则难以准确覆盖，政府和开发商的配套服务无法全面展开，这不利于旅游产业的良性持久发展。这也使得旅游产品无法规模化生产，难以形成旅游产业集群，导致全域旅游型特色乡镇旅游产品质量整体不高。同时商品的特色是影响游客是否购买旅游商品最关键因素，在荆州各大旅游乡镇中，很少存在与"荆楚文化"相关的各种旅游纪念品，旅游产品在包装的设计上也没有表现出"荆楚文化"，这也是直接导致旅游产品质量不高的一大重要原因。同时在全域旅游型特色乡镇建设过程中，本地居民对于旅游产品的关注度不够，没有参与到旅游产品的建设当中。故在外地游客到来时，很难有针对性地宣传全域旅游型特色乡镇的旅游产品，导致全域旅游型特色乡镇的产品形成产品滞销，产商亏损，产品质量下降的恶性循环。

（三）产业结构不合理

河北的保定县域特色产业区域，工业主要以区内特色农产品为原料，进行产品的初级加工推向市场，产品结构单一、关联产业发育不足。在原料供给不足时，工厂便处于停产状态。更有甚者，由于可加工原料单一，一旦工业加工原料停止生产，工厂则面临倒闭，造成投资浪费。在缺少外部输入的情况下，县域现有经济无力支撑整个区域生产结构的整体升级。工业的发展缺少大量的投资，致使县域工业大多规模小而分散，企业竞争力差，难以抵挡强大的外界风暴。

（四）产业开发不足

1. 产品种类单一

近几年，东北地区不断加大力度调整种植业结构，粮食作物比重不断下降，经济作物的比重不断上升，但是单一的粮食结构仍旧没有改变，粮食作物仍以玉米为主。单一的粮食生产阻碍了资源利用效率的提高，阻碍了比较利益的发挥，是农民收入难以提高的主要原因。

2. 农业效益低下

农业科技含量不高，尤其是特色农业的种植技术严重滞后，同时一些技术的覆盖面小，粗放经营，高成本运行，只会使农产品在价格的竞争上处于劣势，不利于全域旅游型特色乡镇旅游的全面发展。许多乡镇，它们本身没有较好的自然景观，也没有历史人文遗迹，于是为了提高收益效率故意模仿其他乡镇的特色，没有寻找本身的价值。

3. 产业特色不足

随着精准扶贫及乡村振兴战略的持续推进，目前各地发展产业建设热情高涨，各类项目如雨后春笋般涌现，甚至出台了一批推荐产业以供选择，但是部分地区在发展过程中没有结合当地产业优势，照搬照抄其他地方成果，千篇一律没有特色，难以可持续发展。以加大地域西坪村为例，当前发展的果蔬采摘、休闲观光项目，是目前大部分乡村所选取的发展方向。对于此类情况，可以从众多的经验教训里看到，简单复制产业发展模式，不仅无法彰显自身特色，更容易导致产品堆积、设施荒废，难以形成竞争力。如距离保康县马良镇10km的歇马镇盘龙村，依托邻近高速收费站的地理位置优势，也发展了林果采摘园，相较于马良镇更具有竞争力。但由于采摘园仅规划现场采摘，没有配套深加工流程，对于易损耗、难保存的瓜果缺乏合理利用，且产能不足更无法供应电商平台，难以形成全产业链发展。而纵观全镇其他产业，缺乏独有的产业特色，缺少较强的核心竞争力，没有能够带动产业发展的规模企业，与其他地区、乡镇之间同质化竞争较普遍，故而马良镇难以给客商留下深刻的印象，难以形成强烈投资意愿。

4．未形成品牌效应

特色产业为实施品牌战略、塑造品牌产品提供了得天独厚的基础与条件。然而，由于品牌意识缺乏加之实力不足，品牌经营能力欠缺，特色产业在发展过程中，很少能培育出具有足够影响力的名牌产品。典型的例子是广西横县的茉莉花茶产业。横县是"中国茉莉之乡""中国茉莉花之都"，年产茉莉鲜花8万多吨，占全国总产量的70%以上、世界总产量的50%以上，茉莉花茶加工量约占全国总量的50%，茉莉花茶年销售收入达20亿元。尽管如此，令人遗憾的是，横县迄今为止都没有一个获得广西名牌产品称号的茉莉花茶产品，更不用说全国知名品牌了。

（五）产业发展落后

1．农业基础薄弱

农业基础仍然薄弱，农民收入增长缓慢。家庭联产承包责任制以来，贵州全省农业和农村经济发展很快，粮食等主要农产品的产量不断提高，农业基础设施建设和生产条件得到改善。但是，近几年来，从总体上看农业的基础还很薄弱，抗御自然灾害的能力还不强。由于人均耕地少，劳动力富余，劳动成本升高等原因，农业生产的比较效益低，农民家庭人均收入增长较慢，这是当前贵州乡镇经济中一个根本性的结构矛盾一方面，由于人均耕地少，农业的劳动生产率低，随着生产成本的不断上升，农民从事种植业的收入无法增加，增产不增收的现象还很普遍。继1996年粮食大丰收之后，1997年夏粮又获得增产，虽然国家采取了敞开收购粮食和实行保护价格等措施，遏制了粮食市场价格的下跌，但从整体看，农民从粮食增产中得到的纯收入增加不多。另一方面，农民收入增长慢，限制了农民扩大购买生活消费品和生产资料的能力；农民收入提高缓慢，制约了工业和服务业的市场，不利于贵州乡镇经济顺畅循环。

2．工业水平低

乡镇加工工业不仅质量和效益水平低，而且人均数量水平也不高。近年来，贵州农村地区加工工业的规模速度扩大，生产能力和产量也增长较快，但从目前供求关系看，多数产品供大于求，生产能力不能充分发挥，人均产量的水平仍然较低。据统计，除少数产品外，贵州乡镇加工产品的人均产量都还低于全国平均水平，与发达地区差距更大。当前，生产能力与能够实现的有效需求不平衡，这是又一个比较突出的结构性矛盾。贵州乡镇加工业更是低于全国平均水平，仅限于简单的粗加工，极度缺乏支柱产业。从长远看，贵州乡镇工业品的市场还有很大潜力，如何挖掘市场潜力是贵州乡镇当前面临的迫切任务。

3. 第三产业发展相对滞后

贵州乡镇少数民族地区和全国其他地区一样，第三产业在就业中已经发挥了主渠道的作用。但是，由于长期运行的计划经济体制的限制，第三产业增加值占国内生产总值的比重始终增长得不快，目前只是近36%。第三产业投入少、见效快，近几年来得到贵州乡镇各级政府，特别是地方政府的鼓励和支持，体制和政策障碍逐步得到克服，但其创造的产值增长还不够快，比重提高的幅度还不够大。目前，第三产业增加值占国内生产总值的比重，世界平均水平是50%左右，发达国家是60%～70%，发展中国家平均水平在40%以上，我国是第三产业比重过低的为数不多的国家之一。贵州乡镇第三产业比重更是低于全国和其他省区。

（六）缺少人才

1. 人力资源空心化

人兴方能业兴。乡村振兴，关键在人。当下农村尤其山区、贫困地区的农村从业人员数量不断减少、年龄不断老化、素质不断降低，新型农业经营主体尚处于初步发育阶段，农村技术人才、经营人才、管理人才普遍缺乏。以现有的农村人力资源实现乡村振兴，实在是小牛拉大车，力不从心。农村人力资源空心化的实质是传统农业比较效益低，缺乏吸引力，农村人力资源日趋匮乏，已成为制约乡村振兴的突出瓶颈。

2. 工作人员专业能力不足

工作人员专业能力不足分为两方面，一方面是工作人员专业技术水平不足，另一方面是工作人员自身思想意识不足。虽然乡镇农业产业化已经发展了一段时间，但是发展的历史较短，大多数工作人员没有较好的专业技能，不仅会损坏相关技术设备，还会影响乡镇产业化的推进。

（七）产业创新力度不够

1. 科技水平偏低

虽然乡镇农业产业化政策在同一时间实施于各个乡镇中，但是受限于乡镇基础经济和教育发展水平，不同地区乡镇农业产业化发展在各个方面呈现出发展难题。其中，科技水平断层最为严重，多数乡镇农民并没有接受过专业的技能知识培训，而且相关的科技设备普及面较小，设备数量和技术水平无法支撑乡镇农业产业化发展的需求，进而造成多数乡镇农业产业化发展依然存在以人力为主要劳动力，以科技设备为辅的状况，使推进产业化发展和提升农业生产量十分困难。

2. 技术进步缓慢

现阶段乡镇特色产业，以特色农业、资源业为主。对于这些产业而言，产业链的高端在于农产品、资源的精深加工环节。这些环节创造最高的附加价值，给价值创造活动主体带来最高的利润率。然而，由于底子差、技术进步能力弱、区内技术支撑能力不足，使得广西的县域特色产业普遍技术较落后，先进技术应用不够，缺乏产品自主开发能力。目前，乡镇农产品加工企业大多数加工设备简陋、工艺落后、技术人才缺乏，相当多的小型农产品加工企业尤其是家庭手工作坊，大多都是手工操作。技术水平的落后，限制了乡镇产业的发展。

（八）劳动人员素质薄弱

1. 劳动技能落后。

山区乡镇的百姓在产业发展上的思想普遍较为保守，农村劳动力始终采取靠土地生产生活的模式，承担着单一生产者的角色，并且很大一部分农民是凭借祖祖辈辈言传身教的农业经验和基础技能，按部就班地做着初级劳动力，缺乏新技术、新思想的洗礼。

2. 培训方式单一。

虽然举办了不少专业技能培训活动，但大多数是入门阶段的系统讲解，提纲式的知识多，实用性的技能少。以药材种植为例，药材的生长在不同阶段必须进行相应操作，播种、翻土、施肥、压枝、晾晒等，有一步做错，都会引起后面的连锁反应。而很多新入门药材种植农户，面对首次尝试，并没有足够的知识储备和技能支撑，专业人员系统性讲解后，留给农户的是土地里一个缓慢生长的秧苗。由于缺乏分阶段的培训指导，很容易导致减产甚至失败，而一般农户十分缺乏抵御此类风险的经济能力和心理承受能力，故而放弃。诸如此类的情况严重阻碍了乡村产业发展的调整及优化。

3. 综合能力偏低

湖北马良镇为推动产业发展多样化，先后通过招商引资建设玩具厂、制衣厂、冷水米加工厂等，且大多属于初级加工业，号召村民就近解决就业问题。但由于加工生产行业条件一般，且需要一定的基础知识，年轻人一般难以适应工厂的工作模式，年长者缺乏工作技能，存在招人难、招人才更难的问题，进而导致工厂成型慢、规模小，也难以接到更大的订单，最终陷入困境。

4. 农民思想观念保守

首先，受中国几千年沿袭的小农思想，以及计划经济、半计划经济时期形成的政府出钱农民种田的经济管理体制的影响，农民牢守田园，缺乏商品意识，按合同生产、按契约交易的市场观念还相当薄弱。其次，由于农民基本上还是小规模生产，只关心眼前利益的得失，普遍存在小富即安的心理，不敢承担风险，少有创业思想。农民思想观念上的保守，怕担风险，不思变革，以及生活方式上的陈规旧习很难适应现代农业发展需要。再次，有的农民想干摸不着头，不懂技术，也不研究市场，"跟着感觉走"，照葫芦画瓢，别人怎么干他就怎么干。最后，有的农民小钱不愿意挣，大钱挣不来，怨天尤人，牢骚满腹，不从自身找原因。

（九）产业扶持政策不完善

1. 政策范围较狭窄

目前乡村振兴战略的实施处于起步阶段，各项政策重点大多放在提升乡村基础设施建设方面，如新修扩建道路、规划建设垃圾转运处理站、改善人居综合环境等，均离不开国家投资，对于推进产业发展，实现经济效益还有一段距离。

2. 激励政策未完善

广大农民发展产业离不开政策的支持和保障，如产业扶贫政策激励了一大批建档立卡贫困户，积极发展产业，扩大种植养殖规模，提档升级，从量变逐步走向质变，实现了脱贫致富。但是产业扶贫政策设定了框架目录，在框架之外的产业却无法享受政策，且扶贫政策对非贫困户缺乏激励，一定程度影响了全民发展产业的积极性。在乡村振兴方面，产业发展目前没有单独的激励政策，产业扶贫政策与乡村振兴政策缺乏衔接。

3. 产业发展制度匮乏

在产业发展中，会涉及土地、山林、税收、金融等各个领域，因此政策应该进一步全面完善细化，加快出台具体可操作性的实施方案。比如土地制度改革方面，土地的经营、流转程序不够顺利，规模化发展产业还不够畅通，为新型农业经营主体的健康发展提供切实有效的制度空间还存在差距。

第三节　缺乏实施计划和保障措施

一、挖掘文化内涵，提升产品质量内容不够深入

对于一个项目的实施，要先深入挖掘了解当地现状及特点与优劣势，做好 SWOT 分析，根据当地特点，制定重点规划目标。如某市在民俗文化、田园风光、品牌打造和产品创新方面，要体现地区特色，使之在一系列旅游城市中有一定竞争力。往往学生们在前期调研方面发现问题不够深入，解决问题措施过于浅显，不够大胆，缺乏创新。可多借鉴优秀案例，学习对于这些问题的解决方式积累经验。

发展传统旅游商品的同时，更要注重新型产品的创新，尤其要符合可持续发展的要求，将绿色商品的开发作为一大特色。努力开发专项类的旅游产品，不断根据市场的需求调整自己的研发方向，在品牌打造和产品创新上下功夫，体现出地区的特色和优势，保留最原始的民俗特色能够有效提高当地乡镇旅游经济效益。乡村旅游必须与生态旅游、文化相结合，在良好的生态环境以及充分挖掘民族文化内涵的基础上，将旅游产品的质量提升到高端水平，并实现产品多样化的发展，如观光农业产品、休闲度假产品、科普教育产品、农业体验产品、拓展培训产品等。

为了提升全域旅游型特色乡镇文化内涵，可以采取以下措施。

1. 调研并确定发展定位

在详细调研农村区位交通、资源环境、文化内涵等基本情况的基础上，对发展全域旅游型特色乡镇进行业态及发展趋势总体定位，并根据各农村景点实际情况编制详细旅游产业发展规划。

2. 把握基地发展潜力

要对全区域旅游型特色乡镇旅游业发展有所统筹，设立一定的门槛，一些不适合发展旅游业的乡镇要寻找其他方向。有些地区旅游资源丰富，但不是每个乡镇的旅游资源都丰富，一些乡镇看到别的乡镇因旅游业发展起来了就一味跟风，但其自身的特色很贫乏，生态也很脆弱，一哄而上只会形成恶性竞争，对当地的全域旅游乡镇旅游业发展是十分不利的。

3. 加强当地文化保护

旅游资源开发要最大限度地保护好当地的传统文化和民族文化，作为全域旅游型特色

乡镇发展的生命力，这些资源是吸引游客的主要原因，如果过度开发，无法保证原汁原味的农村旅游特色，那么不仅破坏了当地文化遗产，也会降低游客对该景区的兴趣。应科学开发规划，加强管理，对当地的古建筑、节日风俗和特色饮食进行保护性开发。

4. 辩证性保留当地特色

在保持当地乡镇的本地特色的同时对资源进行特色开发，使其与其他景区形成差异。在进行全域旅游型特色乡镇旅游资源开发时，要保持乡镇的样子，避免向城市化方向发展，尽力保持农村淳朴的田园风光。但是在进行开发的时候，也要注重差异性，过于保护传统也会造成与时代脱节，最好是先进行科学专业的规划然后再进行开发，打造一个天然清新的世外桃源，让游客充分感受到当地特有的风光景色。

二、夯实乡镇五年发展计划与近期实施重点

作为"五级三类"规划中最基础的层级规划，乡镇国土空间规划着重强调实施导向。执行落实县市级国土空间规划近期实施要求，制定和分解乡镇五年发展目标计划和项目库，明确项目名称、建设性质、建设内容、用地规模、投资估算、涉及区域、建设年限和项目业主等内容。统筹乡镇交通、水利、旅游、农业、工业、生态修复和国土整治等要素，夯实乡镇土地储备、整治、分年度计划的空间落实等实施重点。

三、对环境保护问题重视不足

环境问题是大多旅游型县市都不容忽视的问题，学生们在做旅游规划时应格外注意当地现状环境污染程度，多调查，全面了解当地环境问题，思考接下来旅游规划将带来的更多环境问题，并提出具体详尽可实施的解决方案。

1. 垃圾处理

保护旅游环境，从垃圾处理方面入手是关键。首先对旅游乡镇周边的餐饮业和垃圾污染企业作出严格的限制；其次对旅游场地垃圾收集基础设施进行完善，提高各大全域旅游型特色乡镇的垃圾处理工作水平，保证景区以及游客居住区的卫生质量。

2. 环保措施

在保护旅游资源的同时，可采用一些较为环保的措施来开发新的旅游资源，这点可以效仿其他乡镇的开发方式。例如苏州周庄镇，主要采取集群开发的模式，打造精品旅游区，把一个地区的文化遗产全部开发，打造为一个文化产业区。与将旅游区相关的文化资源规划在相邻空间，有利于管理，合力打造拥有更强吸引力的精品旅游区；这样不仅提高了当地旅游区的资源丰富度，节约了旅游资源开发的成本，还能开发出一条特色旅行线路，吸引对这方面有兴趣的游客前来。溧阳乡镇就是这样发展思路，并由此开发出大众旅游路线，借助地利，开发本地的文化资源。

四、注重分类管理指导，打造特色

不同地域有不同的特色，要注重县域发展特点，打造特色。全域旅游型特色乡镇的开发覆盖主体广泛、内容全面，因此，需要一个完善的组织结构进行统一协调管理。

1. 增强竞争力

全域旅游型特色乡镇的建设关键在于农业结构的调整。通过大力发展旅游特色经济，着力打造"人无我有、人有我佳"的区域比较优势和市场竞争优势，根据市场的需求进行服务，迎合游客的需求，在可持续发展的背景下，尽可能提供绿色、环保的旅游环境。将生态旅游与文化旅游相结合，通过独特的经营模式，进行品牌的推广，提高效益。延续乡镇旅游的绿色、宁静的风格，使它区别于城市的生活方式，受到更多人的好评和欢迎。对全域旅游型特色乡镇旅游进行系统和专业的规划，实现旅游区域在市场经营上的聚集，有利于增加乡镇居民的收入，提高他们的生活质量。未来要增加全域旅游型特色乡镇旅游自然资源以及文化底蕴的附加值，并全面提升管理经营水平和服务品质，全力将各大全域旅游型特色乡镇打造成为文化深度体验地和乡镇休闲度假目的地。

2. 因地制宜，多模式发展

全域旅游型特色乡镇各有特色，根据乡镇所处的位置，可以制定不同的建设和发展方案，多模式的发展更有利于发挥每个地方独特的优势。全域旅游型特色乡镇旅游的建设者和决策者要因地制宜，为地区发展制定一套良好方案，其应充分考虑到地域结构和类型，文化底蕴和特色，并给出有针对性的发展建议。通过浅层的旅游产品和特色食物来感受全域旅游型特色乡镇旅游的表，再通过独特的文化底蕴和深度发展建设来了解全域旅游型特色乡镇旅游的里，不断探索，让全域旅游型特色乡镇旅游得以用最适合的方式展现出来，打造出优秀的全域旅游型特色乡镇旅游品牌。

五、规划重点

聚焦"三农"，强调全面推进乡村振兴重点工作。强调牢牢守住保障国家粮食安全和不发生规模性返贫两条底线，扎实有序做好乡村发展、乡村建设、乡村治理重点工作，推动乡村振兴取得新进展。规划重点内容可有以下5点。

1. 守底线：优先保障空间底线，统筹协调保护与发展的关系

严格落实永久基本农田、生态保护红线、城镇开发边界三条控制线，严格落实公益林、基本草原、矿产开发等资源保护底线。

2. 优布局：集约高效盘活存量用地，优化全域国土空间布局

一是以自然地理格局为基础，结合适宜性分析，构建国土空间开发保护总体格局。

二是研判人口流动趋势，科学预测近远期人口，结合人口、区位、交通、产业特征确立镇村等级与职能，形成有特色的镇村体系。

三是按照集约高效使用土地原则，优化农用地、建设用地、其他用地布局。以尊重村民意愿、考虑合理耕作半径为原则，引导人口适度聚居，分级配置新村聚居点。

3. 兴产业：壮大特色生态农业，打造农文旅融合产业示范

落实上位规划对片区产业发展要求，找寻片区在区域产业发展中的角色和定位，错位发展、变竞争为协作。

4. 强支撑：优化配置公共资源，按需精准安排设施布局

完善市政设施，推动城乡一体化，重点加强片区供水、排水、环卫市政设施铺设，加强聚居点之间基础设施共建共享，加强城乡一体防灾减灾应急能力建设，支撑片区健康

发展。

5. 提品质：提升乡村空间品质，塑造高山地区乡村典范

通过引导农房建筑风貌，加强"垃圾污水治理、厕所改造、农房改造"工作力度，完善农村综合治理体系，提升居民幸福感；减少碳排放，增加耕地数量，提升耕地质量，改善耕地生态，营造四季各异的农田大地景观；推进水环境及山体生态修复治理，书写"绿美国土"新篇章，提高固碳增汇能力，实现片区绿色发展。

六、加强科学规划编制，防止破坏性开发建设

全域旅游型特色乡镇生态环境建设要注重环境保护与美化，始终坚持人与自然和谐的理念，需要系统地进行生态环境规划。要引导全民参与规划，加强科学规划。全域旅游型特色乡镇建设涉及多方利益，规划设计必须体现政府、开发商、当地居民和规划专家的共同意愿，并听取多方意见，充分研究全域旅游型特色乡镇的市场定位和布局，并在旅游开发过程中形成多种功能的管理体系，制定相应的详细计划。规划应以详细的市场分析为基础，将旅游规划与市场需求相结合。规划要具有前瞻性、专业性和可操作性，突出全域旅游型特色乡镇特色。

旅游、娱乐、休闲、房地产、会展等业已在全域旅游型特色乡镇聚集。全域旅游型特色乡镇规划是小尺度的空间规划，应区别于一般的城市旅游规划，具有自身的特点。发展全域旅游型特色乡镇需要优化旅游村镇土地利用的功能布局和空间结构，加强旅游功能子系统之间的内在联系，形成一个生活、旅游的功能体系，并在城市空间中合理分布。从人性化的角度，要着重设计乡镇的交通组织、风格建设和建筑特色，使全域旅游型特色乡镇的功能布局系统化、有机化，成为住宅的功能之乡。全域旅游型特色乡镇旅游是在农村生产生活的平台上发展起来的旅游项目，它对自然环境、社会文化和旅游卖点有很高的依赖性。因此，在发展全域旅游型特色乡镇旅游时，要尊重当地的文化和环境，因地制宜地规划。从实际情况出发，综合考虑地理特征、自然条件、交通位置、民俗等因素，对各因素进行详细分类，为专业人员提供管理指导，避免旅游景区重复开发造成环境污染。

七、坚持旅游型特色乡镇可持续发展

规划措施要结合实地，想法可以有特点，但不能过于天方夜谭，更要注重开发的可持续性。

为实现旅游资源开发的可持续性，需要确保生态平衡，还需要打造质量较高的旅游自然环境。需要重视环境保护，还需要准确把握当地自然环境的承载力度。在可持续发展理论之下，不能够以追求经济利益为唯一目标，需要意识到环境保护是一项具备长远利益的工作。在面对外来文化冲击之时，全域旅游型特色乡镇文化一定要维持自身特点，不能失去自身特色，需要以自身魅力来吸引外来游客。一个古镇被拆除之后，当地人文景观魅力就大打折扣，使得自身资源的吸引力不断降低，全域旅游型特色乡镇文化也失去了文化旅游竞争力。故而有必要加强对于旅游项目的制度体系建设，促进实现旅游型特色乡镇旅游的可持续性发展。

八、乡村振兴规划措施典型案例

1. 休闲农业

休闲农业发展模式首先依托于其地理环境、气候条件、海洋潮汐等自然因素，坚持亲近自然生态的绿色发展理念，开发乡土民俗体验型休闲项目。在休闲农业规划方面，充分利用资源与产品的异质性，让休闲农业经营地与客源地保持一定距离，可以增加旅客的逗留时间。在休闲农业建设过程中，利用当地要素成为该地区休闲农业的突破点。例如，农场里的时令蔬果采摘是主打活动，采摘过程有引导和服务，田园环境清新怡人，农田周边森林环绕，给人悠闲松弛的享受。此外，还可将农庄与室外乐园等完美融合，派生出家庭农场，并具备完善的综合服务条件。

2. 永久农业

永久农业是一种土地使用和社区建设的行为，目的在于努力将人类居住、区域气候、一年生和多年生植物、动物、土壤和水和谐融入并形成稳定的具有生产力的社区。永久农业不仅局限于农业上的植物和动物生产，还包括社区规划与发展以及技术应用，如太阳能和风力发电、堆肥、温室、节能住宅、水回收与再利用系统、太阳能食品烹饪和干燥等。永久农业的本质并不是在于各种元素本身，而在于人们给各种元素创造相互之间的关系，通过模仿自然界的模式而进一步增强这种协同作用。

3. 绿色能源

绿色能源农业是指人们利用农作物（绿色能源型）将太阳能转变为有机能，并将其储存于植物体内，再通过相关科学技术手段，将有机能转化为人类所需能源的一种农业生产活动。

德国科学家通过对甜菜、油菜、玉米、马铃薯等农作物进行定向培育，从中可以成功制取甲烷、乙醇等绿色能源。目前，德国可以用油菜籽提取植物柴油，以代替化石燃料柴油用作动力燃料。另外，该植物通过技术转换还可用作化工原料。

4. 荷兰现代化农业具体实践

荷兰农业资源匮乏，人口密度高，气候条件影响农作物的生长，在这样的发展环境下，荷兰仍成为世界上最发达的农业现代化国家之一。荷兰农业以要素集约化、生产专业化、高新技术与现代化管理模式为特点，深度融合农村一、二、三产业，在短时间内创造出了"荷兰农业奇迹"。其可取做法一是根据比较优势调整农业产业结构，地势、降水等自然条件不利于种植大田作物，则改为种植牧草，通过发展畜牧业和园艺业带动农业发展；二是荷兰农业侧重推进技术和产业创新，推行农业科研、教育和推广三者结合在一起的发达的农业知识创新体系，该体系通过政府的力量研发、推广农业新技术，根据农户需求提供开放的农业生产信息，提高农业从业人员和相关主体技能水平，将新技术应用于实践，不断提高农业整体的生产效率。

5. 法国农村产业融合实践

农民合作社是法国农业社会服务的典型主体，是农业其他产业部门紧密结合的供应链一体化的生产组织形式，其专业化程度非常高。农民合作社已经整合到国家农业和粮食生产的各个环节，成为农业和食品工业的重要组成部分。

其突出特点为，一是合作社经营规模大，有充足的资金，规模效应明显，农业生产率高；二是农民合作社与农民的关系是互利共赢的，农民负责生产，其他事宜由合作社处理，除农业合作社发展基金外，盈余返还入社农民，对外实行企业化管理，创新资本融合模式，吸纳各界私人资本，联合农业合作企业，扩大经营规模，提高市场竞争力，增加合作社效益。三是法国农业信息服务非常完善，农业生产资料从生产到销售的各环节主体通过信息平台紧密联结，并依据供应链的反馈信息进行调节，实现生产与市场的连接，提高了整体效益。

九、特色生态农业发展措施

1. 因地制宜，科学规划

现代生态农业是一项复杂的系统工程，需要综合考虑农、牧、副、渔、林各行业的综合协调发展。中国幅员辽阔，各地自然环境、资源、农业发展历史、经济状态均存在较大差异。因此，国外循环农业经济发展成功的模式，虽然值得学习和借鉴，但是发展中国特色生态农业经济应该因地制宜、科学规划，充分考虑区域特点，进行整体优化布局，扬长避短，充分、合理利用各地资源，以构建出具有中国特色的现代生态农业系统。

2. 推进技术创新，加速成果转化

加大人力、物力、财力投入，开发绿色环保、高效益、可操作性强的农业高新技术是发展生态农业的基础。善于学习、汲取国外先进的科学技术，加快高新技术成果的推广应用，如农业废弃物转化资源技术、绿色生态能源开发技术、转基因技术等，可以更好地改善生态农业发展现状，提升资源节约的整体技术水平，提高中国生态农业的经济效益。

3. 提高农业产业化水平

农业产业化是发展中国特色生态农业的重要途径，也是未来中国生态农业发展和新农村建设的根本取向。单纯依靠农民自发的生产经营模式难以提高农业产业化水平，生搬硬套国内外的成功经验也是不可取的。需要根据不同区域的农业特点，因地制宜、科学规划，调整产业结构，形成集"种植—养殖—加工—生产—销售"于一体的产业链，提高产品的附加值，减少农产品流通的中间环节，降低生产经营成本。

第四节　用地布局问题及解决措施

一、用地布局脱离实际

（一）产业规划脱离实际

在乡镇产业规划中，由于对乡镇产业特色了解不足，很多同学在规划过程中会引入对投入成本、人才需求、设施配套、物流运输等要求较高的产业，脱离乡镇产业实际。产业布局影响空间分布、交通结构、基础设施服务等多个方面，在规划设计过程中属于先行阶段，因此，在产业规划中我们应该避免以下3个方面的问题。

1. 投入大、规模大的产业

乡镇级国土空间总体规划中，我们依据上位规划落实乡镇定位和产业规划。如果在上

位规划中，在该乡镇有重大产业项目落点，那我们要依据上位规划落实。如果我们在产业规划中没有经过深入研究论证就规划高新产业，或者大规模工业企业，或者是投入过大的旅游服务产业，产业规划不仅没有起到帮助乡镇增收提升的作用，反而会成为乡镇的负担，或者浪费了乡镇组织开展国土空间规划、获得新生的机会。

在产业规划中，很多同学还会采用扩大现状产业规模的手段提升产业影响力。在这个过程中，很多同学容易忽视乡镇空间承载力和人口支撑，想通过吸引人口和增加城镇建设用地来满足产业发展需求。但根据目前全国城镇建设空间规模增量指标紧张、人口老龄化、人口负增长等社会现象，通常情况下，扩大产业规模并不实际（图5-1）。

2. 人才需求大，需要投入高精尖人才

在绿色发展、可持续发展、注重生态文明等理念等影响下，很多同学在产业规划中喜欢规划科技含量高，或者是科研创新依赖性强的产业，这类产业需要高精尖人才的投入。对于乡镇级地区来讲，对高精尖人才的吸引力很低。目前全国各地都有高精尖人才荒，全国各大城市都有比较好的人才引进机制，对于乡镇来讲，与大城市争人才没有优势甚至没有可能。

3. 对生态和耕地资源有不良影响甚至破坏的产业

国土空间规划中，按照三区三线的划定标准和控制要求，我们必须严格按照控制线进行产业和空间规划，不占用不影响生态保护区，不占用基本农田，保证耕地保有量。在生态环境好、景观条件好的地区，很多同学会很自然地开发利用自然资源，忽略了自然保护地体系的保护原则和控制规则，造成过度开发。还有一些同学会根据产业发展需求，占用基本农田，再根据区域调整原则在其他地方补划，这种情况要根据实际产业发展情况做出合理的取舍，因为即使能够保障基本农田数量不减、质量不降，也要经过繁复的论证和审批程序，通常会拖慢建设进度，甚至流产，达不到预期的产业规划目标（图5-2）。

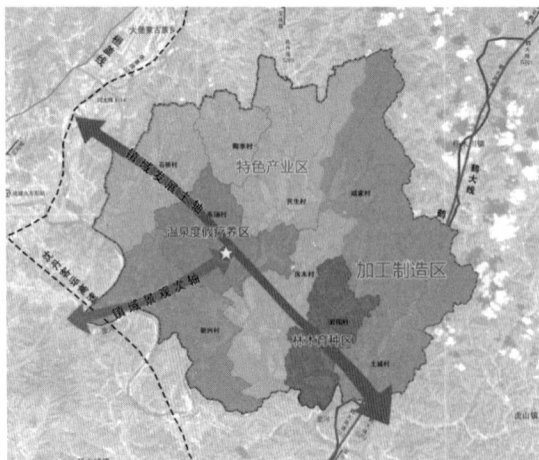

图 5-1 产业规模划分不合理

图5-2 产业布局中忽略了对生态和耕地的保护

（二）空间规划脱离实际

在乡镇国土空间总体规划中，空间规划脱离实际交通规划。脱离实际，主要体现在空间规模上，特别是建设空间规模。国土空间规划开展的一个重要目标就是控制各类用地规模，合理分配、科学设计。很多同学在空间规模预测和开发边界划分时，经常脱离实际，过大或者过小地划定建设空间规模。空间过大的主要原因是目标定位不准确，产业及服务配套和人口预测过大，导致空间规模过高；过小的主要原因是很多同学过于保留现状，现状建设一点不改，很难增加和腾退，欠缺更新手段和理念，难以做到合理取舍。

（三）交通规划脱离实际

交通规划脱离实际，主要也分为镇域和镇区两个部分。在镇域层面，很多同学会增设乡道、村道，沟通区域内各个村庄，甚至增加高速公路路口。在交通规划设计中一定要考虑合理的交通量和实际需求，不能单纯地为了建立完善的路网体系而过多地增加长线路、高等级的道路，避免设施建设的浪费。镇区层面交通规划脱离实际是在道路断面规划设计中，道路过窄，只考虑车行道，忽视人行道和街道附属设施、绿化空间等。在乡镇级国土空间规划中，城区内部的用地与大城市相比还是比较充裕的，所以在道路空间规划时，除了交通出行需求还应该优化街区尺度，注重绿化和慢行空间设计。

二、空间结构混乱

（一）对空间概念理解不清晰

在乡镇国土空间总体规划中，空间规划分为镇域层面和中心城区空间规划设计两个部分。在镇域层面的空间布局规划中，同学们经常混淆功能、项目、空间和产业。在一张图纸中会有具体的功能定位，也会有项目名称和产业类型。缺乏对空间点、线、面的认知和理解，空间结构应该包括空间片区、空间轴线和空间节点。

（二）空间连续性差

由于功能布局的不合理，不同功能、不同空间形态、不同空间需求，在区域内很难协调整合。特别是绿化景观空间，很多同学的方案中很难做到空间的连续。绿化景观空间不连续，就会影响后期的慢行系统连续性，在镇域范围内还会影响生态廊道的连续性等。

（三）空间轴线不明显

空间轴线一般是道路、河流等线型空间，在轴线两侧有公共空间和重要功能节点，地标建筑等。很多同学在设计空间轴线时，只是选择了主要干道，但是在道路两侧并没有重要片区或者空间节点，或者功能片区与节点并无紧邻轴线、没有起到烘托轴线、突出轴线的作用。轴线只是图上的轴线，并不是真正空间上的轴线。

（四）空间节点不突出

在选择空间节点时，很多同学只选择开敞空间，比如绿地和广场，忽略了地标节点。具有特殊功能的地标建筑，在城市中也是空间节点不可或缺的一部分。地标建筑在城市空间中有引导和控制空间节奏的作用，地标节点的设置可以丰富空间形态，塑造良好或者具有特色的空间结构。

三、功能组织不合理

（一）功能设置不合理

在乡镇国土空间规划中，由于学生对镇域功能了解不足、生活经验不够、理论基础不扎实等原因，导致在功能设置时总是过于单调，居住、商业、绿地缺乏整合，甚至很多同学都会忽视工业与物流、交通枢纽等功能。我们在规划设计中提倡地块功能复合，同时也需要在功能单元中合理设置各类功能片区，形成完善的运转体系。除了在用地中占比较高的居住、商业、绿地等功能片区之外，工业片区、服务片区、特色产业片区都是我们在功能划分中要提出并给出规模空间范围的。乡镇规划中，中心城区的范围一般在 $2km^2$ 左右，面积不大，需要我们将功能片区细分，这样有助于后期地块的划分。只有进行合理的功能组织与设置，才能得到科学合理的土地利用规划（图 5-3）（表 5-1）。

（二）功能配置不合理

乡镇域的功能设置受乡镇产业规划和上位规划设计的影响较大，在落实产业功能和上位规划功能的同时，很多同学会忽视公共服务与市政功能的配置。在公共服务配置中可以根据生活圈的理念，合理配置设施，完善功能。在乡镇中心城区的规划中，对于功能分区，同学们经常会设计大面积的居住功能或者商业商务功能。在进行功能分区的过程中，同学们会忽视生活圈或者功能单元划分这个层级，导致各个功能区面积规模差距较大，片区功能单一，区域间功能差距大、联系少，增加居民日常出行距离与出行频率等多种问题（图 5-4）。

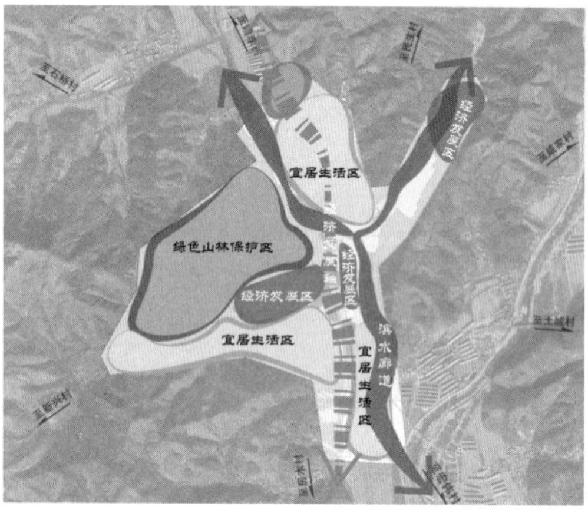

图 5-3　功能设置不合理

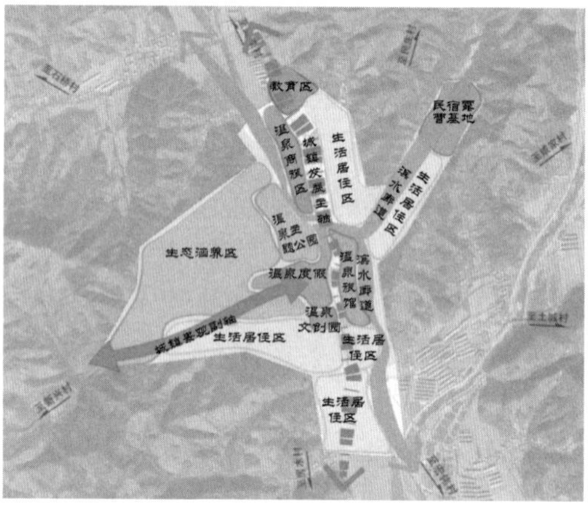

图 5-4　功能配置不合理

乡镇规划用地表　　　　　　　　　　　　　　　　　　　　　表 5-1

类别代号	类别名称	占建设用地比例/%	
		中心镇镇区	一般镇镇区
R	居住用地	28～38	33～43
C	公共设施用地	12～20	10～18
S	道路广场用地	11～19	10～17
G1	公共绿地	8～12	6～10
四类用地之和		64～84	65～85

四、功能和交通不匹配

（一）道路网密度不合理

在乡镇道路系统规划布局中，道路广场用地占建设用地的比例，需要参考《镇规划标准》GB 50188—2007。

道路之间的间距，应按支路间距 300～500m，次干路间距 500～800m，主干路间距 800～1000m，快速路 1～1.5km 进行设置。同时，注意道路之间的衔接，主干路衔接次干道，次干道衔接支路，不能跨越等级衔接，如主干路与支路衔接是不合理的，在道路系统规划中要注意相关的问题。如图 5-5 所示，南北主干路与东西向支路衔接过多，在方案构思过程中，可尽量调整道路等级或减少衔接。在规划方案中，综合各方面因素，考虑增设环路是否有必要。

（二）交叉口问题

在道路系统规划中，避免出现丁字交叉、Y 字交叉和五岔路口。在一般情况下，往往布置成十字交叉的路口，这样不仅行车效率高，而且由道路划分出的地块使用效率也高；为了防止交通过于拥挤，原则上不能设置五条路（指进入交叉口的道路数量）以上相交叉；丁字路口虽然较为安全，但车辆运行效率并不高，并且往往与其他丁字路口相距不远，形成交错路口，反而增加了汽车在直行道路上的停车次数，这种情况应该尽力避免；在对已有的平面交叉路口重新规划时，尽量不要再增加新建道路与其交叉，即使现有的平面交叉口是次干路之间或者是次干路与支路相交的交叉口，也不能随意增加进入交叉口的道路数量；选定路线时，由于某种原因在不得已的情况下，需要在现有平面交叉路口上规划新的道路时，必须同时改建和调整现有道路；环行交叉口一般不需要信号灯控制，车辆也可以连续行驶，但是占地面积较大，绕行距离长，一般不宜布置在中心区。

（三）地块之间联系不密切

如图 5-6 所示，南北两个地块仅有一条主干路连接，地块联系不够紧密，且主干路交通压力大。应至少再增加一条次要道路，疏解两地块南北向的交通压力。

图 5-5　主干路与支路衔接不合理

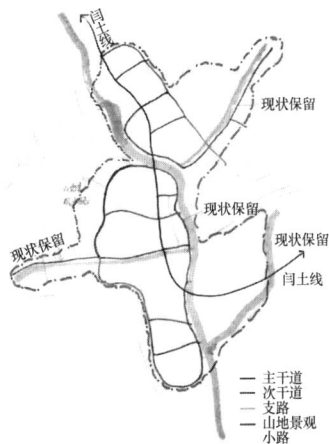

图 5-6　地块之间联系不密切

（四）道路类别要明确

乡镇道路按功能分类的依据是道路与用地的关系，按道路两旁用地所产生的交通流的性质来确定道路的功能。按功能可分为两类：交通性道路和生活性道路。交通性道路用来解决各用地分区之间的交通联系以及作为乡镇与对外枢纽之间的联系，其特点是行车速度快、车辆多，以货运为主，车道宽、行人少；生活性道路主要解决乡镇各分区内部的生产和生活活动的需要，其特点是车速慢，以客运为主，行人多。

五、市政设施用地规模不合理

市政设施作为乡镇发展的重要指标，已经成为乡镇展现综合实力的一种方式。市政设施规划是乡镇国土空间总体规划下的子课题，其关键是对乡镇内部土地、空间等资源的划分。要注意满足市政设施用地的规模要求，并将其贯彻在乡镇后期建设中。

（一）缺乏科学规划方法

目前的市政设施规划一般是围绕设施的规模和布局以及管线走向三方面展开，对设施规模大多采取直接预测的方法，并将乡镇人口和有关指标作为预测依据。然而将乡镇人口作为主要预测依据的方式，将导致市政设施规划形成按需供给的模式。有关指标大多是经过夸大的数据，因为国家和相关部门为了扩大指标的适用范围，需要适量扩大指标取值，被扩大后的指标有的乡镇并不适用，如人均用水量取值，因为人口数量的急剧上升，人均综合用水量也在快速增长，传统的市政设施规划技术，将按照趋势直接预测未来的用水量，但将会忽视节约用水理念的作用。在规划时仅考虑市政设施是否占据其他用地，而从不考虑此处的规划是否需要市政设施，并不对市政设施周围环境进行考察和模拟校正，设施在布局以及规模分布上论证不够严密，进而很难对乡镇发展走势和其他设施分布产生引导作用。管线分布资料的残缺不全，导致管线分布资料和实际分布情况误差较大，使得市政设施管线布局规划缺乏较高的准确性以及合理性，同时也削弱了规划的可操作性。

（二）缺乏先进的规划理念

先进的规划理念不仅体现在市政设施规划中既能熟练应用已发展成熟的老系统又能敢于尝试先进的新技术，而更多的是体现在对传统市政规划模式的改进，防止出现只重视满足需求的情况。低碳经济、高效节约的观念在传统市政规划模式下，只能是书面概述，不会得到落实，而只重视满足需求的市政规划模式将会造成资源大量消耗、环境日益恶化的问题。同时这种按需规划的思想将会给人带来错觉，认为经济的增长将解决资源不足和环境恶化的问题，而社会现实告诉我们，以资源消耗和生态恶化作为代价的经济发展，代价将会是效益的两倍。

（三）考虑市政设施布局是否合理

1. 自来水厂布局在河流上游原因主要有两点：一般认为河流的上游水质受污染较少，处理比较容易；河流的上游，海拔较高，不用增设加压设备，利用水自身的压力就可将自来水较容易地送往较高的楼层。如果水厂的上游有污染型工厂或较大的居民区，则择其更上一段。

2. 污水处理厂在乡镇的位置应选在乡镇水体下游的某一区段，污水处理厂处理后出水排入该河段，对该水体上、下游水源的影响最小。污水处理厂位置由于某些因素，不能设在乡镇水体的下游时，出水口应设在乡镇水体的下游。

污水处理厂在城镇的方位，应选在对周围居民点的环境质量影响最小的方位，一般位于夏季主导风向的下风侧。

根据我国耕田少、人口多的实际情况，选厂址时应尽量少拆迁、少占农田，使污水处理厂工程易于上马。根据环境评价要求，应与附近居民点有一定的卫生防护距离，并予绿化。

厂址的防洪和排水问题必须重视，一般不应在淹水区建污水处理厂，当必须在可能受洪水威胁的地区建厂时，应采取防洪措施。另外，有良好的排水条件，可节省建造费用。防洪标准"不应低于城镇防洪标准"。

3. 加油站应选择在交通便利的地方。乡镇站址应位于主干道两侧或车辆汇集较多的地方；郊区站址应靠近主要公路或城镇交通出入口附近。

站址应避开人流密集和重要建筑物，如商业街、文化中心、金融住宅中心、文物古迹、学校、医院、影剧院、托儿所等；避开构成乡镇主要景观的道路风景区；避开需要保证安全生产的部门，如水厂、电厂；避开具有易燃爆炸、危险的基础设施场地，如煤气站、变电所。

4. 变电所一般设在主要用户附近的地方；同时变电所应与公路相连接，以便大型设备的装运；考虑安全，还应尽量避免变电所的进出高压线与主要交通线路交叉。

第六章

规划师的职责

2019 年 5 月，《中共中央　国务院关于建立国土空间规划体系并监督实施的若干意见》正式印发，为建立国土空间规划体系构建了"四梁八柱"。经过几年的不懈努力，"多规合一"的国土空间规划体系总体形成。其中，责任规划师制度的建立和完善，是建立国土空间规划体系中具有长远意义的一项改革实践。习近平总书记指出，"把全生命周期管理理念贯穿城市规划、建设、管理全过程各环节""通过绣花般的细心、耐心、巧心提高精细化水平"。总书记有关规划改革的一系列重要指示，是各地探索建立责任规划师制度的基本遵循。

多年来，众多有社会责任感的规划专业技术人员深入街道、乡镇、村庄，扎根责任片区，充分了解公众对空间环境整治的诉求，持续跟踪规划管理和基层服务，在提升人居环境品质、推进城市更新、乡村振兴、保护历史文化、社区营造、构建 15 分钟生活圈等规划实践中发挥专业优势，践行规划的价值观念和工作原则，积极传播新发展理念，成为街道、居委会基层工作的好帮手。在此，向责任规划师们致敬！

环境是人民创造的。规划作为工程与艺术的结合，可以更好地为人民服务。规划师走出办公室，深入社区基层，驻场工作更加艰苦，协调过程更加烦琐，规划师的社会责任增加了。责任规划师，多的不是从与规划管理部门签订协议中所获得的"责任"，多的是从这种新责任和新角色中所获得的发挥自身创造性的机会。规划师不是一成不变的职业。这里借陈占祥先生 1981 年在讨论建筑师历史地位演变时的观点：各个时代按不同的要求，对规划师提出不同的任务和责任是历史的必然。规划师历史地位演变到今天，应当要求规划师在满足人民不断变化的需要时起到更大的作用。

面向生态文明的国土空间规划改革，使规划的对象不再是原来的城市规划区，而是城市和乡村的全部。要改善的人居环境不再是城市和乡村中建设开发的一小部分，而是覆盖城市和乡村的全域；规划师所追求的人居环境可持续性，能够调节的对象不再是城乡的形体环境和概念化的生态环境，而是在城乡、区域、陆海、地上地下的空间维度，切切实实综合统筹生态、农业和城镇的系统功能，真正走向规划设计结合自然。在这场历史性变革中，规划师本身应当充分认识自己的历史使命所发生的根本性变化，规划师不是描图机器。相信未来的责任规划师能在更加广阔、更有深度的国土空间规划领域，充分展现出职业的风采。

从 2021 年开始，自然资源部国土空间规划局对建立责任规划师（社区规划师、乡村规划师）制度的典型城市开展实地调研，整理了责任规划师制度建设典型案例，促进有条件的城市制定符合自身发展特点的制度，并不断研究推动这一改革实践同规划职业资格、资质管理制度以及城乡规划专业教育制度发展的结合。充分发挥规划师服务人民、服务公共利益、服务可持续发展的职业作用，一同努力为推动生态优先、绿色发展为导向的高质量发展，为满足人民群众对美好生活的向往，为营造美丽的城市和乡村贡献我们的力量，尽到我们的责任。

随着国土空间总体规划的深入推进，越来越多的规划师开始反思自己的角色和职责，寻求在变革中规划师发展的新路径。规划师的角色由物质环境设计阶段走向以人为本的综合设计阶段，人的主体作用成为规划师关注的重点。目前，我国处于乡村振兴的起步阶段，全国各地又迎来了新一轮的乡村规划建设热潮，伴随着时代政策召唤和乡村发展的需求，乡村规划师的角色和职责趋于多元化。城乡融合发展的政策背景要求规划师实现从城市到乡镇再到村的有序衔接过程，如何将城乡公共政策落实到村的层面是当代规划师亟须解决的现实问题。

从现阶段乡村的规划与发展来看，生态要素、历史文化和民俗文化等资源要素的变化引起了乡村生产生活方式的转变，规划师也面临着缺乏主观能动性、驻地性和在地性等困境，各地也在积极进行试点工作的探索，试图实现乡村规划师的模式创新。在此基础上，驻村规划师应运而生，他们的职责在于走入乡村，用合适的技术方法进行驻村建设，新时代对规划师的角色、职责和自身技能提出了多样化的要求。

乡村建设是一项系统工程，是与国家解决"三农"问题和实现民族复兴相联系的。因此，当前乡村规划应回归到对乡村建设和破解"三农"问题的讨论上来，而不是就"规划"论"规划"。乡村规划的核心应该是解决乡村建设中存在的综合问题，而不仅仅是解决一些技术问题。在这个过程中，乡村规划师应该加强对乡村建设自身规律的研究。结合"小镇"工作经验，乡村规划师应至少做到以下4点。

第一，乡村规划师要"在地"，必须能够长期或规律性地提供现场服务；

第二，乡村规划师需要具有通才能力，既可以搞规划，又可以做简单的建筑设计，还要懂得基础设施的排布关系；

第三，乡村规划师要有市场意识，能跟农民探讨产业发展，挖掘乡村的经济资源，走向共同富裕；

第四，乡村规划师要有把农民组织起来进行制度建设的意识和能力。

总之，乡村建设工作应是建成环境改造、产业帮扶、制度建设三位一体的综合工作，乡村规划应回归到对"乡村建设"的探索上来。规划师应加强对乡村建设的研究，具备多方面能力，才能真正促进乡村的可持续发展。

一、国土空间总体规划中规划师的主要职责

（一）促进经济社会协调发展

在政府与市场合作以追求经济快速发展的时期，作为规划编制的主要参与者，规划师应分担政府职能，责无旁贷地把推动经济发展作为规划的重要任务。同时，也应注重社会的全面发展，积极营造良好的社会环境、构建合理的社区结构、关注广大社会群体的利益等。尤其是在市民社会思潮复苏的背景下，更应该关注社会弱势群体的利益，避免经济发展给社会带来负面影响，以促进经济社会全面协调持续发展。

（二）协调各方利益

2019年修正的《城乡规划法》明确提出城市规划需公众参与的原则，突出公众参与的重要性，从而使规划师在编制规划过程中将面临政府、市场和社会三方群体。当规划在三者之间或各自内部产生利益冲突时，需要规划师发挥专业领域的优势，通过沟通、谈判、对话等方式来协调不同社会群体间的利益，以达到规划一致目标的最大化。其协调作用主要体现在：作为价值中立者，对政府、市场和社会三者之间的利益进行协调；作为政府权力的执行者，对政府、市场、社会各自内部的利益进行安排。

（三）传播规划信息

当前，规划师在规划过程中面临一些现实问题时大多无能为力，当公共利益受到挑战，他们最多只能呼吁。然而在新出台的法律中，规划师可以通过传播规划信息来维护公共利益。《城乡规划法》中将公众参与纳入规划过程。由于受知识背景、从业性质、信息不畅等多种因素的影响，公众对于规划涉及范围、内容并不明确，就规划是否涉及其自身利益也不得而知，这就要求规划师肩负起传播规划信息的责任，通过传播规划信息使公众深入了解规划内容，积极参与规划过程，并就相关问题提出自己的见解，从而促使规划更加系统全面，一定程度上也维护了规划的公正性。

（四）充分发挥监督权

新法要求城乡规划主管部门加强对城乡规划编制、审批、实施、修改的监督检查，对城乡规划部门内部的管理型规划师，应充分发挥自身的监督权，敢于揭露规划编制、实施中一些诸如超强度开发、盲目追求高大全、破坏环境等有悖规划法规的行为，并提交相关部门处理，以捍卫规划法的权威性，维护公众利益。

二、国土空间规划师应具备的素质

（一）更新观念，运用现代技术的能力

《城乡规划法》第四十六条明确提出，在规划的实施过程中应定期组织有关部门和专家对规划进行评估，而此又是修改前期编制规划的依据，这对具有扎实专业知识的规划师提出了新的要求。规划师应不断更新观念，冲破传统物质空间形态规划的束缚，从城市的空间布局、经济功能、生态环境、社区结构、文化氛围、可持续发展等方面，综合评价实施项目，同时运用计算机网络、地理信息系统、卫星遥感等技术，对已在实施的项目规划进行论证，以达到科学评估的目的，从而把城乡规划建设推向前进。

（二）良好的职业道德修养

《城乡规划法》对规划编制单位的资质等级提出明确要求，规划师一方面要在资质等级许可范围内承揽项目，另一方面要注重增强自身的职业道德建设，维护和提高编制单位的资质等级。同时，新法也对规划编制单位应承担的法律责任提出明确规定，规划师应严格按照相关的技术规范标准编制规划，以履行规划编制单位承担的法律责任，提升单位的整体形象，更好地担当起规划师的职责。

（三）新型的工作能力

1. 沟通谈判能力

在《城乡规划法》出台前，对于公众参与，规划只是停留在口号上，规划师的沟通谈判能力，主要是针对业内的专家学者、政府规划主管部门及开发商等群体，这些群体大多数具有一定的专业知识背景，规划师可以直接地展示自己的规划方案，以达到沟通谈判的目的。随着《城乡规划法》公众参与制度的开展，规划师将面临如何将专业性的规划信息转化成日常的话语，通俗易懂地传递给不同社会背景的群体，反之又如何将公众反馈的信息提炼成专业性的规划术语融入规划方案。这些都要求规划师应具有更强的沟通谈判能力。

2. 社会组织能力

《城乡规划法》（2019 年）明确指出城乡规划报送审批前，要采取论证会、听证会或者其他方式征求专家和公众的意见。可见，要保证规划过程的有效推进，规划需要开展论证会、听证会。如何把社会中处在不同阶层、不同利益的公众组织起来，聚集在一起开会，这需要规划师具备相应的社会活动的组织能力，驾驭会议主题，达到会议召开的目的，顺利推进规划进程。

3. 综合协调能力

在《城乡规划法》（2019 年）颁布之前，规划师对于规划方案的协调，往往限于法律法规、地方现实以及专业技术内容等领域，协调工作具有一定依据和可操作性。而在公众参与过程中，当规划师面对公众提出的不同意见时，如何综合处理这些观点各异的看法，并达成一致意见或者构建一个让不同利益群体都能认可的规划成果，这都要求规划师具有更强的综合协调能力。

附　　录

规划指标表

规划指标表   表 1

编号	指标项	指标属性	指标层级
一、底线管控			
1	生态保护红线面积/hm²	约束性	全域
2	永久基本农田保护面积/hm²	约束性	全域
3	耕地保有量/hm²	约束性	全域
4	建设用地总面积/hm²	约束性	全域
5	城乡建设用地面积/hm²	约束性	全域
6	城镇用地/hm²	预期性	全域
7	新增建设用地占用耕地面积/hm²	约束性	全域
8	林地保有量/hm²	约束性	全域
9	基本草原面积/hm²	约束性	全域
10	湿地面积/hm²	约束性	全域
11	自然和文化遗产/处	预期性	全域
12	新增生态修复面积/hm²	预期性	全域
二、结构效率			
13	常住人口规模/万人	预期性	全域
14	户籍人口规模/万人	预期性	全域
15	常住人口城镇化率/%	预期性	全域
16	畜禽养殖设施建设用地面积/hm²	预期性	全域
17	人均城镇建设用地面积/m²	预期性	全域
18	人均村庄建设用地面积/m²	预期性	全域
19	人均应急避难场所面积/m²	预期性	镇区、乡驻地
三、生活品质			
20	城镇人均住房面积/m²	预期性	镇区、乡驻地
21	人均公共服务设施面积/m²	预期性	镇区、乡驻地
22	人均公园绿地面积/m²	预期性	镇区、乡驻地
23	生活垃圾回收利用率/%	预期性	镇区、乡驻地
24	医疗卫生机构千人床位数/张	预期性	全域
25	每千名老年人养老床位数/张	预期性	全域
26	农村生活垃圾处理率/%	预期性	全域

乡（镇）域国土空间用途结构调整表　　表2

用地类型		规划基期年		规划近期目标年		规划目标年	
		面积/hm²	比重/%	面积/hm²	比重/%	面积/hm²	比重/%
耕地							
园地							
林地							
草地							
湿地							
农业设施建设用地							
城乡建设用地	城镇用地						
	村庄用地						
区域基础设施用地							
其他建设用地							
陆地水域							
其他土地							
合计							

乡镇政府驻地国土空间规划用途结构表　　表3

序号	用地类型	面积/hm²	比例/%
1	居住用地		
2	公共管理与公共服务用地		
3	商业服务业用地		
4	工矿用地		
5	仓储用地		
6	交通运输用地		
7	公用设施用地		
8	绿地与开敞空间用地		
9	特殊用地		
10	留白用地		
	合计		

村庄规划编制单元划分表　单位：个　　表4

编制方式		涉及村庄名称	涉及村庄数量	编制规划数量
不编制	市县中心城区城镇开发边界内	某村		
		……		
	乡镇政府驻地规划范围内			
		……		
	搬迁撤并			
		……		
编制	单独编制			
		……		
	合并编制			
		……		
合计				

核心指标分解表 单位：hm² 表5

序号	名称	耕地保有量	永久基本农田	生态保护红线	建设用地总面积	城乡建设用地面积	林地保有量	基本草原面积	湿地面积	新增生态修复面积	畜禽养殖设施建设用地面积	……
1	乡镇政府驻地											
2	某村庄单元											
……	某村庄单元											
	合计											

注：乡镇政府驻地的指标应包括驻地的村域范围。

镇村体系规划表 单位：人 表6

镇村等级	个数	名称	人口规模	职能分工	备注
乡镇政府驻地					
中心村					
		……			
基层村					
		……			

注：人口规模分500人以下、500～1000人、1000～5000人、0.5万～1万人、1万～3万人。

村庄分类表 单位：个 表7

村庄类型	数量	村庄名称	备注
城郊融合类			
		……	
集聚提升类			
		……	
特色保护类			
		……	
搬迁撤并类			村庄去向
		……	
稳定改善类			
		……	
兴边富民类			
		……	
合计			

历史文化资源统计表　　　　表 8

类别	名录	等级	规模	位置
世界文化遗产	……			
文物保护单位	……			
历史文化名镇名村	……			
历史文化街区	……			
传统村落	……			
历史建筑	……			
物质文化遗产	……			
未核定公布的文物保护单位的不可移动文物	……			
地下文物埋藏区	……			
水下文物保护区	……			

注：各级政府所公布的历史文化遗产名录。包括：历史文化名镇、名村，历史文化街区（历史地段），传统村落；各级文物保护单位、历史建筑、不可移动文物、优秀近现代建筑；各级非物质文化遗产名录等。

乡镇域生态修复和全域土地综合整治项目表　单位：hm²　　　表 9

序号	工程名称	工程类型	重点任务	实施区域	建设规模	主要技术指标	建设时序
1							
2							
……							
合计							

注：工程类型为水域湿地修复、森林草原修复、矿山生态修复、乡村生态保护修复、农用地整治、建设用地整治、后备土地资源开发等。

重点建设项目规划表　　　　表 10

序号	项目类型	项目名称	建设性质	建设年限	用地规模/hm²	新增建设用地/hm²	所在地区
1			新建/改扩建				
2							
3							
……							

用地用海分类名称、代码 表 11

一级类		二级类		三级类	
代码	名称	代码	名称	代码	名称
01	耕地	0101	水田		
		0102	水浇地		
		0103	旱地		
02	园地	0201	果园		
		0202	茶园		
		0203	橡胶园		
		0204	其他园地		
03	林地	0301	乔木林地		
		0302	竹林地		
		0303	灌木林地		
		0304	其他林地		
04	草地	0401	天然牧草地		
		0402	人工牧草地		
		0403	其他草地		
05	湿地	0501	森林沼泽		
		0502	灌丛沼泽		
		0503	沼泽草地		
		0504	其他沼泽地		
		0505	沿海滩涂		
		0506	内陆滩涂		
		0507	红树林地		
06	农业设施建设用地	0601	乡村道路用地	060101	村道用地
				060102	村庄内部道路用地
		0602	种植设施建设用地		
		0603	畜禽养殖设施建设用地		
		0604	水产养殖设施建设用地		
07	居住用地	0701	城镇住宅用地	070101	一类城镇住宅用地
				070102	二类城镇住宅用地
				070103	三类城镇住宅用地
		0702	城镇社区服务设施用地		
		0703	农村宅基地	070301	一类农村宅基地
				070302	二类农村宅基地
		0704	农村社区服务设施用地		

续表

一级类		二级类		三级类	
代码	名称	代码	名称	代码	名称
08	公共管理与公共服务用地	0801	机关团体用地		
		0802	科研用地		
		0803	文化用地	080301	图书与展览用地
				080302	文化活动用地
		0804	教育用地	080401	高等教育用地
				080402	中等职业教育用地
				080403	中小学用地
				080404	幼儿园用地
				080405	其他教育用地
		0805	体育用地	080501	体育场馆用地
				080502	体育训练用地
		0806	医疗卫生用地	080601	医院用地
				080602	基层医疗卫生设施用地
				080603	公共卫生用地
		0807	社会福利用地	080701	老年人社会福利用地
				080702	儿童社会福利用地
				080703	残疾人社会福利用地
				080704	其他社会福利用地
09	商业服务业用地	0901	商业用地	090101	零售商业用地
				090102	批发市场用地
				090103	餐饮用地
				090104	旅馆用地
				090105	公用设施营业网点用地
		0902	商务金融用地		
		0903	娱乐康体用地	090301	娱乐用地
				090302	康体用地
		0904	其他商业服务业用地		
10	工矿用地	1001	工业用地	100101	一类工业用地
				100102	二类工业用地
				100103	三类工业用地
		1002	采矿用地		
		1003	盐田		
11	仓储用地	1101	物流仓储用地	110101	一类物流仓储用地
				110102	二类物流仓储用地
				110103	三类物流仓储用地
		1102	储备库用地		

一级类		二级类		三级类	
代码	名称	代码	名称	代码	名称
12	交通运输用地	1201	铁路用地		
		1202	公路用地		
		1203	机场用地		
		1204	港口码头用地		
		1205	管道运输用地		
		1206	城市轨道交通用地		
		1207	城镇道路用地		
		1208	交通场站用地	120801	对外交通场站用地
				120802	公共交通场站用地
				120803	社会停车场用地
		1209	其他交通设施用地		
13	公用设施用地	1301	供水用地		
		1302	排水用地		
		1303	供电用地		
		1304	供燃气用地		
		1305	供热用地		
		1306	通信用地		
		1307	邮政用地		
		1308	广播电视设施用地		
		1309	环卫用地		
		1310	消防用地		
		1311	干渠		
		1312	水工设施用地		
		1313	其他公用设施用地		
14	绿地与开敞空间用地	1401	公园绿地		
		1402	防护绿地		
		1403	广场用地		
15	特殊用地	1501	军事设施用地		
		1502	使领馆用地		
		1503	宗教用地		
		1504	文物古迹用地		
		1505	监教场所用地		
		1506	殡葬用地		
		1507	其他特殊用地		
16	留白用地				

续表

一级类		二级类		三级类	
代码	名称	代码	名称	代码	名称
17	陆地水域	1701	河流水面		
		1702	湖泊水面		
		1703	水库水面		
		1704	坑塘水面		
		1705	沟渠		
		1706	冰川及常年积雪		
18	渔业用海	1801	渔业基础设施用海		
		1802	增养殖用海		
		1803	捕捞海域		
19	工矿通信用海	1901	工业用海		
		1902	盐田用海		
		1903	固体矿产用海		
		1904	油气用海		
		1905	可再生能源用海		
		1906	海底电缆管道用海		
20	交通运输用海	2001	港口用海		
		2002	航运用海		
		2003	路桥隧道用海		
21	游憩用海	2101	风景旅游用海		
		2102	文体休闲娱乐用海		
22	特殊用海	2201	军事用海		
		2202	其他特殊用海		
23	其他土地	2301	空闲地		
		2302	田坎		
		2303	田间道		
		2304	盐碱地		
		2305	沙地		
		2306	裸土地		
		2307	裸岩石砾地		
24	其他海域				

用地用海分类名称、代码和含义　　　　　表 12

代码	名称	含义
01	耕地	指以利用地表耕作层种植农作物为主，每年种植一季及以上（含以一年一季以上的耕种方式种植多年生作物）的土地，包括熟地、新开发、复垦、整理地、休闲地（含轮歇地、休耕地），以及间有零星果树、桑树或其他树木的耕地；包括南方宽度＜1.0m，北方宽度＜2.0m 固定的沟、渠、路和地坎（埂）；包括直接利用地表耕作层种植的温室、大棚、地膜等保温、保湿设施用地

代码	名称	含义
0101	水田	指用于种植水稻、莲藕等水生农作物的耕地，包括实行水生、旱生农作物轮种的耕地
0102	水浇地	指有水源保证和灌溉设施，在一般年景能正常灌溉，种植旱生农作物（含蔬菜）的耕地
0103	旱地	指无灌溉设施，主要靠天然降水种植旱生农作物的耕地，包括没有灌溉设施，仅靠引洪淤灌的耕地
02	**园地**	**指种植以采集果、叶、根、茎、汁等为主的集约经营的多年生作物，覆盖度大于50%或每亩株数大于合理株数70%的土地，包括用于育苗的土地**
0201	果园	指种植果树的园地
0202	茶园	指种植茶树的园地
0203	橡胶园	指种植橡胶的园地
0204	其他园地	指种植桑树、可可、咖啡、油棕、胡椒、药材等其他多年生作物的园地，包括用于育苗的土地
03	**林地**	**指生长乔木、竹类、灌木的土地。不包括生长林木的湿地，城镇、村庄范围内的绿化林木用地，铁路、公路征地范围内的林木，以及河流、沟渠的护堤林用地**
0301	乔木林地	指乔木郁闭度≥0.2的林地，不包括森林沼泽
0302	竹林地	指生长竹类植物，郁闭度≥0.2的林地
0303	灌木林地	指灌木覆盖度≥40%的林地，不包括灌丛沼泽
0304	其他林地	指疏林地（树木郁闭度≥0.1且<0.2的林地）、未成林地，以及迹地、苗圃等林地
04	**草地**	**指生长草本植物为主的土地，包括乔木郁闭度<0.1的疏林草地、灌木覆盖度<40%的灌丛草地，不包括生长草本植物的湿地、盐碱地**
0401	天然牧草地	指以天然草本植物为主，用于放牧或割草的草地，包括实施禁牧措施的草地
0402	人工牧草地	指人工种植牧草的草地，不包括种植饲草的耕地
0403	其他草地	指表层为土质，不用于放牧的草地
05	**湿地**	**指陆地和水域的交汇处，水位接近或处于地表面，或有浅层积水，且处于自然状态的土地**
0501	森林沼泽	指以乔木植物为优势群落、郁闭度≥0.1的淡水沼泽
0502	灌丛沼泽	指以灌木植物为优势群落、覆盖度≥40%的淡水沼泽
0503	沼泽草地	指以天然草本植物为主的沼泽化的低地草甸、高寒草甸
0504	其他沼泽地	指除森林沼泽、灌丛沼泽和沼泽草地外，地表经常过湿或有薄层积水，生长沼生或部分沼生和部分湿生、水生或盐生植物的土地，包括草本沼泽、苔藓沼泽、内陆盐沼等
0505	沿海滩涂	指沿海大潮高潮位与低潮位之间的潮浸地带，包括海岛的滩涂，不包括已利用的滩涂

续表

代码	名称	含义
0506	内陆滩涂	指河流、湖泊常水位至洪水位间的滩地，时令河、湖洪水位以下的滩地，水库正常蓄水位与洪水位间的滩地，包括海岛的内陆滩涂，不包括已利用的滩地
0507	红树林地	指沿海生长红树植物的土地，包括红树林苗圃
06	**农业设施建设用地**	**指对地表耕作层造成破坏的，为农业生产、农村生活服务的乡村道路用地以及种植设施、畜禽养殖设施、水产养殖设施建设用地**
0601	乡村道路用地	指村庄内部道路用地以及对地表耕作层造成破坏的村道用地
060101	村道用地	指在农村范围内，乡道及乡道以上公路以外，用于村间、田间交通运输，服务于农村生活生产的对地表耕作层造成破坏的硬化型道路（含机耕道），不包括村庄内部道路用地和田间道
060102	村庄内部道路用地	指村庄内的道路用地，包括其交叉口用地，不包括穿越村庄的公路
0602	种植设施建设用地	指对地表耕作层造成破坏的，工厂化作物生产和为生产服务的看护房、农资农机具存放场所等，以及与生产直接关联的烘干晾晒、分拣包装、保鲜存储等设施用地，不包括直接利用地表种植的大棚、地膜等保温、保湿设施用地
0603	畜禽养殖设施建设用地	指对地表耕作层造成破坏的，经营性畜禽养殖生产及直接关联的圈舍、废弃物处理、检验检疫等设施用地，不包括屠宰和肉类加工场所用地等
0604	水产养殖设施建设用地	指对地表耕作层造成破坏的，工厂化水产养殖生产及直接关联的硬化养殖池、看护房、粪污处置、检验检疫等设施用地
07	**居住用地**	**指城乡住宅用地及其居住生活配套的社区服务设施用地**
0701	城镇住宅用地	指用于城镇生活居住功能的各类住宅建筑用地及其附属设施用地
070101	一类城镇住宅用地	指配套设施齐全、环境良好，以三层及以下住宅为主的住宅建筑用地及其附属道路、附属绿地、停车场等用地
070102	二类城镇住宅用地	指配套设施较齐全、环境良好，以四层及以上住宅为主的住宅建筑用地及其附属道路、附属绿地、停车场等用地
070103	三类城镇住宅用地	指配套设施较欠缺、环境较差，以需要加以改造的简陋住宅为主的住宅建筑用地及其附属道路、附属绿地、停车场等用地，包括危房、棚户区、临时住宅等用地
0702	城镇社区服务设施用地	指为城镇居住生活配套的社区服务设施用地，包括社区服务站以及托儿所、社区卫生服务站、文化活动站、小型综合体育场地、小型超市等用地，以及老年人日间照料中心（托老所）等社区养老服务设施用地，不包括中小学、幼儿园用地
0703	农村宅基地	指农村村民用于建造住宅及其生活附属设施的土地，包括住房、附属用房等用地
070301	一类农村宅基地	指农村用于建造独户住房的土地
070302	二类农村宅基地	指农村用于建造集中住房的土地
0704	农村社区服务设施用地	指为农村生产生活配套的社区服务设施用地，包括农村社区服务站以及村委会、供销社、兽医站、农机站、托儿所、文化活动室、小型体育活动场地、综合礼堂、农村商店及小型超市、农村卫生服务站、村邮站、宗祠等用地，不包括中小学、幼儿园用地

代码	名称	含义
08	**公共管理与公共服务用地**	**指机关团体、科研、文化、教育、体育、卫生、社会福利等机构和设施的用地，不包括农村社区服务设施用地和城镇社区服务设施用地**
0801	机关团体用地	指党政机关、人民团体及其相关直属机构、派出机构和直属事业单位的办公及附属设施用地
0802	科研用地	指科研机构及其科研设施用地
0803	文化用地	指图书、展览等公共文化活动设施用地
080301	图书与展览用地	指公共图书馆、博物馆、科技馆、公共美术馆、纪念馆、规划建设展览馆等设施用地
080302	文化活动用地	指文化馆（群众艺术馆）、文化站、工人文化宫、青少年宫（青少年活动中心）、妇女儿童活动中心（儿童活动中心）、老年活动中心、综合文化活动中心、公共剧场等设施用地
0804	教育用地	指高等教育、中等职业教育、中小学教育、幼儿园、特殊教育设施等用地，包括为学校配建的独立地段的学生生活用地
080401	高等教育用地	指大学、学院、高等职业学校、高等专科学校、成人高校等高等学校用地，包括军事院校用地
080402	中等职业教育用地	指普通中等专业学校、成人中等专业学校、职业高中、技工学校等用地，不包括附属于普通中学内的职业高中用地
080403	中小学用地	指小学、初级中学、高级中学、九年一贯制学校、完全中学、十二年一贯制学校用地，包括职业初中、成人中小学、附属于普通中学内的职业高中用地
080404	幼儿园用地	指幼儿园用地
080405	其他教育用地	指除以上之外的教育用地，包括特殊教育学校、专门学校（工读学校）用地
0805	体育用地	指体育场馆和体育训练基地等用地，不包括学校、企事业、军队等机构内部专用的体育设施用地
080501	体育场馆用地	指室内外体育运动用地，包括体育场馆、游泳场馆、大中型多功能运动场地、全民健身中心等用地
080502	体育训练用地	指为体育运动专设的训练基地用地
0806	医疗卫生用地	指医疗、预防、保健、护理、康复、急救、安宁疗护等用地
080601	医院用地	指综合医院、中医医院、中西医结合医院、民族医院、各类专科医院、护理院等用地
080602	基层医疗卫生设施用地	指社区卫生服务中心、乡镇（街道）卫生院等用地，不包括社区卫生服务站、农村卫生服务站、村卫生室、门诊部、诊所（医务室）等用地
080603	公共卫生用地	指疾病预防控制中心、妇幼保健院、急救中心（站）、采供血设施等用地
0807	社会福利用地	指为老年人、儿童及残疾人等提供社会福利和慈善服务的设施用地
080701	老年人社会福利用地	指为老年人提供居住、康复、保健等服务的养老院、敬老院、养护院等机构养老设施用地
080702	儿童社会福利用地	指为孤儿、农村留守儿童、困境儿童等特殊儿童群体提供居住、抚养、照护等服务的儿童福利院、孤儿院、未成年人救助保护中心等设施用地

续表

代码	名称	含义
080703	残疾人社会福利用地	指为残疾人提供居住、康复、护养等服务的残疾人福利院、残疾人康复中心、残疾人综合服务中心等设施用地
080704	其他社会福利用地	指除以上之外的社会福利设施用地，包括救助管理站等设施用地
09	**商业服务业用地**	**指商业、商务金融以及娱乐康体等设施用地，不包括农村社区服务设施用地和城镇社区服务设施用地**
0901	商业用地	指零售商业、批发市场及餐饮、旅馆及公用设施营业网点等服务业用地
090101	零售商业用地	指商铺、商场、超市、服装及小商品市场等用地
090102	批发市场用地	指以批发功能为主的市场用地
090103	餐饮用地	指饭店、餐厅、酒吧等用地
090104	旅馆用地	指宾馆、旅馆、招待所、服务型公寓、有住宿功能的度假村等用地
090105	公用设施营业网点用地	指零售加油站、加气站、充换电站、电信、邮政、供水、燃气、供电、供热等公用设施营业网点用地
0902	商务金融用地	指金融保险、艺术传媒、研发设计、技术服务、物流管理中心等综合性办公用地
0903	娱乐康体用地	指各类娱乐、康体等设施用地
090301	娱乐用地	指剧院、音乐厅、电影院、歌舞厅、网吧以及绿地率小于65%的大型游乐等设施用地
090302	康体用地	指高尔夫练习场、赛马场、溜冰场、跳伞场、摩托车场、射击场，以及水上运动的陆域部分等用地
0904	其他商业服务业用地	指除以上之外的商业服务业用地，包括以观光娱乐为目的的直升机停机坪等通用航空、汽车维修站以及宠物医院、洗车场、洗染店、照相馆、理发美容店、洗浴场所、废旧物资回收站、机动车、电子产品和日用产品修理网点、物流营业网点等用地
10	**工矿用地**	**指用于工矿业生产的土地**
1001	工业用地	指工矿企业的生产车间、装备维修、自用库房及其附属设施用地，包括专用铁路、码头和附属道路、停车场等用地，不包括采矿用地
100101	一类工业用地	指对居住和公共环境基本无干扰、污染和安全隐患，布局无特殊控制要求的工业用地
100102	二类工业用地	指对居住和公共环境有一定干扰、污染和安全隐患，不可布局于居住区和公共设施集中区内的工业用地
100103	三类工业用地	指对居住和公共环境有严重干扰、污染和安全隐患，布局有防护、隔离要求的工业用地
1002	采矿用地	指采矿、采石、采砂（沙）场，砖瓦窑等地面生产用地及排土（石）、尾矿堆放用地
1003	盐田	指用于盐业生产的用地，包括晒盐场所、盐池及附属设施用地
11	**仓储用地**	**指物流仓储和战略性物资储备库用地**
1101	物流仓储用地	指国家和省级战略性储备库以外，城、镇、村用于物资存储、中转、配送等设施用地，包括附属设施、道路、停车场等用地

续表

代码	名称	含义
110101	一类物流仓储用地	指对居住和公共环境基本无干扰、污染和安全隐患，布局无特殊控制要求的物流仓储用地
110102	二类物流仓储用地	指对居住和公共环境有一定干扰、污染和安全隐患，不可布局于居住区和公共设施集中区内的物流仓储用地
110103	三类物流仓储用地	指用于存放易燃、易爆和剧毒等危险品，布局有防护、隔离要求的物流仓储用地
1102	储备库用地	指国家和省级的粮食、棉花、石油等战略性储备库用地
12	**交通运输用地**	**指铁路、公路、机场、港口码头、管道运输、城市轨道交通、各种道路以及交通场站等交通运输设施及其附属设施用地，不包括其他用地内的附属道路、停车场等用地**
1201	铁路用地	指铁路编组站、轨道线路（含城际轨道）等用地，不包括铁路客货运站等交通场站用地
1202	公路用地	指国道、省道、县道和乡道用地及附属设施用地，不包括已纳入城镇集中连片建成区，发挥城镇内部道路功能的路段，以及公路长途客货运站等交通场站用地
1203	机场用地	指民用及军民合用的机场用地，包括飞行区、航站区等用地，不包括净空控制范围内的其他用地
1204	港口码头用地	指海港和河港的陆域部分，包括用于堆场、货运码头及其他港口设施的用地，不包括港口客运码头等交通场站用地
1205	管道运输用地	指运输矿石、石油和天然气等地面管道运输用地，地下管道运输规定的地面控制范围内的用地应按其地面实际用途归类
1206	城市轨道交通用地	指独立占地的城市轨道交通地面以上部分的线路、站点用地
1207	城镇道路用地	指快速路、主干路、次干路、支路、专用人行道和非机动车道等用地，包括其交叉口用地
1208	交通场站用地	指交通服务设施用地，不包括交通指挥中心、交通队等行政办公设施用地
120801	对外交通场站用地	指铁路客货运站、公路长途客运站、港口客运码头及其附属设施用地
120802	公共交通场站用地	指城市轨道交通车辆基地及附属设施，公共汽（电）车首末站、停车场（库）、保养场，出租汽车场站设施等用地，以及轮渡、缆车、索道等的地面部分及其附属设施用地
120803	社会停车场用地	指独立占地的公共停车场和停车库用地（含设有充电桩的社会停车场），不包括其他建设用地配建的停车场和停车库用地
1209	其他交通设施用地	指除以上之外的交通设施用地，包括教练场等用地
13	**公用设施用地**	**指用于城乡和区域基础设施的供水、排水、供电、供燃气、供热、通信、邮政、广播电视、环卫、消防、干渠、水工等设施用地**
1301	供水用地	指取水设施、供水厂、再生水厂、加压泵站、高位水池等设施用地
1302	排水用地	指雨水泵站、污水泵站、污水处理、污泥处理厂等设施及其附属的构筑物用地，不包括排水河渠用地
1303	供电用地	指变电站、开关站、环网柜等设施用地，不包括电厂等工业用地。高压走廊下规定的控制范围内的用地应按其地面实际用途归类

代码	名称	含义
1304	供燃气用地	指分输站、调压站、门站、供气站、储配站、气化站、灌瓶站和地面输气管廊等设施用地，不包括制气厂等工业用地
1305	供热用地	指集中供热厂、换热站、区域能源站、分布式能源站和地面输热管廊等设施用地
1306	通信用地	指通信铁塔、基站、卫星地球站、海缆登陆站、电信局、微波站、中继站等设施用地
1307	邮政用地	指邮政中心局、邮政支局（所）、邮件处理中心等设施用地
1308	广播电视设施用地	指广播电视的发射、传输和监测设施用地，包括无线电收信区、发信区以及广播电视发射台、转播台、差转台、监测站等设施用地
1309	环卫用地	指生活垃圾、医疗垃圾、危险废物处理和处置，以及垃圾转运、公厕、车辆清洗、环卫车辆停放修理等设施用地
1310	消防用地	指消防站、消防通信及指挥训练中心等设施用地
1311	干渠	指除农田水利以外，人工修建的从水源地直接引水或调水，用于工农业生产、生活和水生态调节的大型渠道
1312	水工设施用地	指人工修建的闸、坝、堤林路、水电厂房、扬水站等常水位岸线以上的建（构）筑物用地，包括防洪堤、防洪枢纽、排洪沟（渠）等设施用地
1313	其他公用设施用地	指除以上之外的公用设施用地，包括施工、养护、维修等设施用地
14	**绿地与开敞空间用地**	**指城镇、村庄建设用地范围内的公园绿地、防护绿地、广场等公共开敞空间用地，不包括其他建设用地中的附属绿地**
1401	公园绿地	指向公众开放，以游憩为主要功能，兼具生态、景观、文教、体育和应急避险等功能，有一定服务设施的公园和绿地，包括综合公园、社区公园、专类公园和游园等
1402	防护绿地	指具有卫生、隔离、安全、生态防护功能，游人不宜进入的绿地
1403	广场用地	指以游憩、健身、纪念、集会和避险等功能为主的公共活动场地
15	**特殊用地**	**指军事、外事、宗教、安保、殡葬，以及文物古迹等具有特殊性质的用地**
1501	军事设施用地	指直接用于军事目的的设施用地
1502	使领馆用地	指外国驻华使领馆、国际机构办事处及其附属设施等用地
1503	宗教用地	指宗教活动场所用地
1504	文物古迹用地	指具有保护价值的古遗址、古建筑、古墓葬、石窟寺、近现代史迹及纪念建筑等用地，不包括已作其他用途的文物古迹用地
1505	监教场所用地	指监狱、看守所、劳改场、戒毒所等用地范围内的建设用地，不包括公安局等行政办公设施用地
1506	殡葬用地	指殡仪馆、火葬场、骨灰存放处和陵园、墓地等用地
1507	其他特殊用地	指除以上之外的特殊建设用地，包括边境口岸和自然保护地等的管理与服务设施用地
16	**留白用地**	**指国土空间规划确定的城镇、村庄范围内暂未明确规划用途、规划期内不开发或特定条件下开发的用地**

续表

代码	名称	含义
17	**陆地水域**	**指陆域内的河流、湖泊、冰川及常年积雪等天然陆地水域，以及水库、坑塘水面、沟渠等人工陆地水域**
1701	河流水面	指天然形成或人工开挖河流常水位岸线之间的水面，不包括被堤坝拦截后形成的水库区段水面
1702	湖泊水面	指天然形成的积水区常水位岸线所围成的水面
1703	水库水面	指人工拦截汇集而成的总设计库容≥10 万 m³ 的水库正常蓄水位岸线所围成的水面
1704	坑塘水面	指人工开挖或天然形成的蓄水量＜10 万 m³ 的坑塘常水位岸线所围成的水面
1705	沟渠	指人工修建，南方宽度≥1.0m、北方宽度≥2.0m 用于引、排、灌的渠道，包括渠槽、渠堤、附属护路林及小型泵站，不包括干渠
1706	冰川及常年积雪	指表层被冰雪常年覆盖的土地
18	**渔业用海**	**指为开发利用渔业资源、开展海洋渔业生产所使用的海域及无居民海岛**
1801	渔业基础设施用海	指用于渔船停靠、进行装卸作业和避风，以及用以繁殖重要苗种的海域，包括渔业码头、引桥、堤坝、渔港港池（含开敞式码头前沿船舶靠泊和回旋水域）、渔港航道及其附属设施使用的海域及无居民海岛
1802	增养殖用海	指用于养殖生产或通过构筑人工鱼礁等进行增养殖生产的海域及无居民海岛
1803	捕捞海域	指开展适度捕捞的海域
19	**工矿通信用海**	**指开展临海工业生产、海底电缆管道建设和矿产能源开发所使用的海域及无居民海岛**
1901	工业用海	指开展海水综合利用、船舶制造修理、海产品加工等临海工业所使用的海域及无居民海岛
1902	盐田用海	指用于盐业生产的海域，包括盐田取排水口、蓄水池等所使用的海域及无居民海岛
1903	固体矿产用海	指开采海砂及其他固体矿产资源的海域及无居民海岛
1904	油气用海	指开采油气资源的海域及无居民海岛
1905	可再生能源用海	指开展海上风电、潮流能、波浪能等可再生能源利用的海域及无居民海岛
1906	海底电缆管道用海	指用于埋（架）设海底通信光（电）缆、电力电缆、输水管道及输送其他物质的管状设施所使用的海域
20	**交通运输用海**	**指用于港口、航运、路桥等交通建设的海域及无居民海岛**
2001	港口用海	指供船舶停靠、装卸作业、避风和调动的海域，包括港口码头、引桥、平台、港池、堤坝及堆场等所使用的海域及无居民海岛
2002	航运用海	指供船只航行、候潮、待泊、联检、避风及进行水上过驳作业的海域
2003	路桥隧道用海	指用于建设连陆、连岛等路桥工程及海底隧道海域，包括跨海桥梁、跨海和顺岸道路、海底隧道等及其附属设施所使用的海域及无居民海岛
21	**游憩用海**	**指开发利用滨海和海上旅游资源，开展海上娱乐活动的海域及无居民海岛**
2101	风景旅游用海	指开发利用滨海和海上旅游资源的海域及无居民海岛

续表

代码	名称	含义
2102	文体休闲娱乐用海	指旅游景区开发和海上文体娱乐活动场建设的海域，包括海上浴场、游乐场及游乐设施使用的海域及无居民海岛
22	**特殊用海**	**指用于科研教学、军事及海岸防护工程、排污倾倒等用途的海域及无居民海岛**
2201	军事用海	指建设军事设施和开展军事活动的海域及无居民海岛
2202	其他特殊用海	指除军事用海以外，用于科研教学、海岸防护、排污倾倒等的海域及无居民海岛
23	**其他土地**	**指上述地类以外的其他类型的土地，包括盐碱地、沙地、裸土地、裸岩石砾地等植被稀少的陆域自然荒野等土地以及空闲地、田坎、田间道**
2301	空闲地	指城、镇、村庄范围内尚未使用的建设用地。空闲地仅用于国土调查监测工作
2302	田坎	指梯田及梯状坡地耕地中，主要用于拦蓄水和护坡，南方宽度≥1.0m、北方宽度≥2.0m的地坎
2303	田间道	指在农村范围内，用于田间交通运输，为农业生产、农村生活服务的未对地表耕作层造成破坏的非硬化道路
2304	盐碱地	指表层盐碱聚集，生长天然耐盐碱植物的土地。不包括沼泽地和沼泽草地
2305	沙地	指表层为沙覆盖、植被覆盖度≤5%的土地。不包括滩涂中的沙地
2306	裸土地	指表层为土质，植被覆盖度≤5%的土地。不包括滩涂中的泥滩
2307	裸岩石砾地	指表层为岩石或石砾，其覆盖面积≥70%的土地。不包括滩涂中的石滩
24	**其他海域**	**指需要限制开发，以及从长远发展角度应当予以保留的海域及无居民海岛**